本书编委会

主　任：张绍祖
副主任：王勇则　张志壮　周利成
编　辑：于　滨　万鲁建　王玉琪　王振良　刘　正
　　　　刘桂芳　孙肇净　张文琴　张志亮　张建虹

天津记忆第二十三种

主编 王振良

水产教育家

张元第集

张绍祖 编

天津出版传媒集团
天津古籍出版社

图书在版编目(CIP)数据

水产教育家张元第集 / 张绍祖编. —— 天津：天津古籍出版社, 2016.12
(天津记忆 / 王振良主编)
ISBN 978-7-5528-0475-1

Ⅰ.①水… Ⅱ.①张… Ⅲ.①张元第(1898-1956)—生平事迹 Ⅳ.①K826.3

中国版本图书馆 CIP 数据核字(2016)第 308071 号

水产教育家张元第集

张绍祖 编

出版人 / 张玮

*

天津古籍出版社出版
(天津市西康路 35 号 邮政编码：300051)
http://www.tjabc.net
今晚报社印刷厂印刷
全国新华书店发行

开本 880×1230 毫米 1/32 印张 14.875 字数 325 千字
2016 年 12 月第 1 版 2016 年 12 月第 1 次印刷

ISBN 978-7-5528-0475-1

定 价：58.00 元

张元第(摄于1942年)

中国最早的水产学术刊物《水产学报》创刊号封面(1931年7月出版,张元第主编)

河北省立水产专科学校创立21周年师生合影(摄于1932年3月20日,前坐右起第16人是张元第)

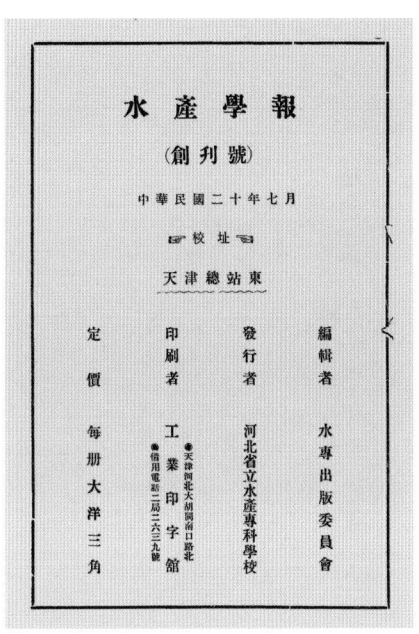

中国最早的水产学术刊物《水产学报》创刊号版权页(1931年7月出版,张元第主编)

张元第著《河北省渔业志》封面(1936年6月出版)

张元第著《河北省渔业志》版权页

张元第 1946 年 11 月 5 日致杜建时市长、张子奇副市长履新贺函(一)

农林部冀鲁区海洋渔业督导处

市长勋鉴顷准
副市长
钧函敬悉
荣膺
简命膺任为天津市长副市长业钦闻之下无任雀跃查津市纪载南北华洋杂处非深识时务应变有方者不能胜任愉快
两公夙秉文武早裕经世之谋
念切阊阎盂深安民之策行见外交猕臻友好

张元第 1946 年 11 月 5 日致杜建时市长、张子奇副市长履新贺函(二)

农林部冀鲁区海洋渔业督导处

内政倍進安全定如下颂
元第忝主冀鲁渔政
於渔业进行事宜谨拾维
建树毫无尚祈
殖悍资发展而匡不逮是所至祷耑此奉贺
敬颂
公绥诸惟
勋鉴不备

农林部冀鲁区海洋渔业督导处主任张元第鞠躬
十一月

张元第1946年11月5日致杜建时市长、张子奇副市长履新贺函(三)

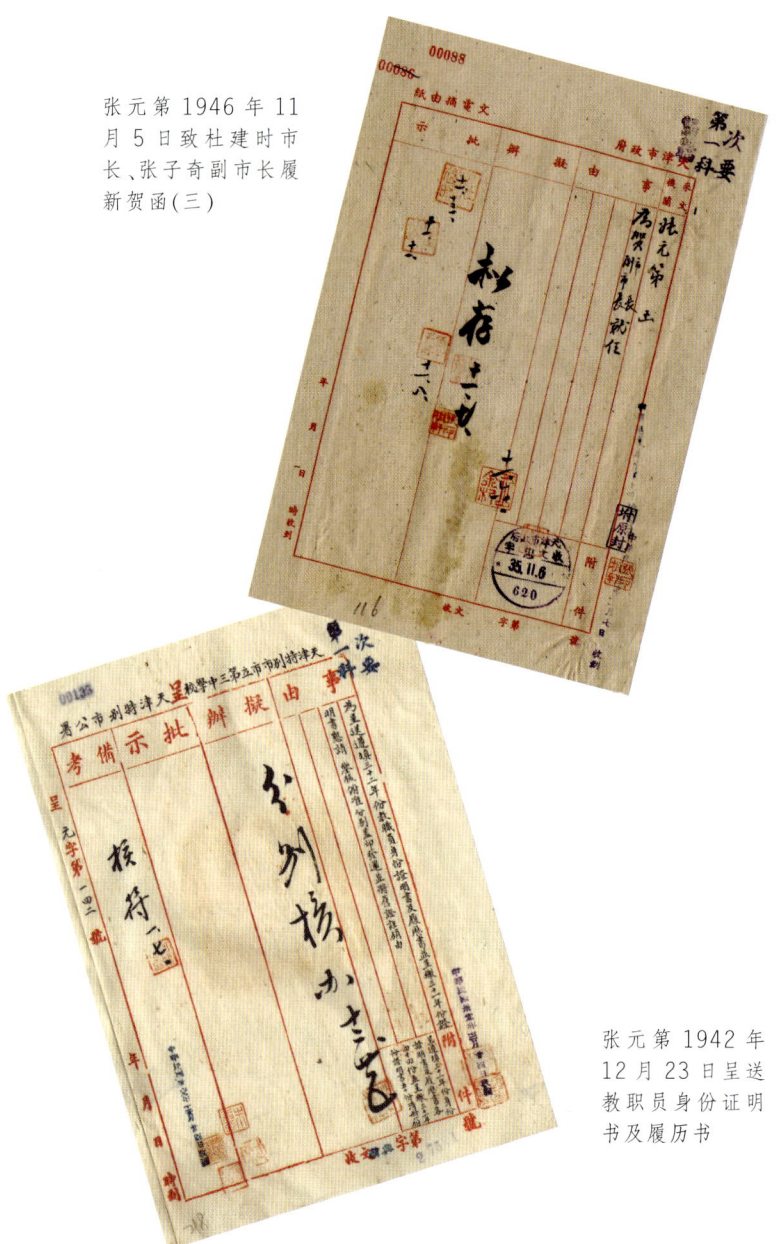

张元第1942年12月23日呈送教职员身份证明书及履历书

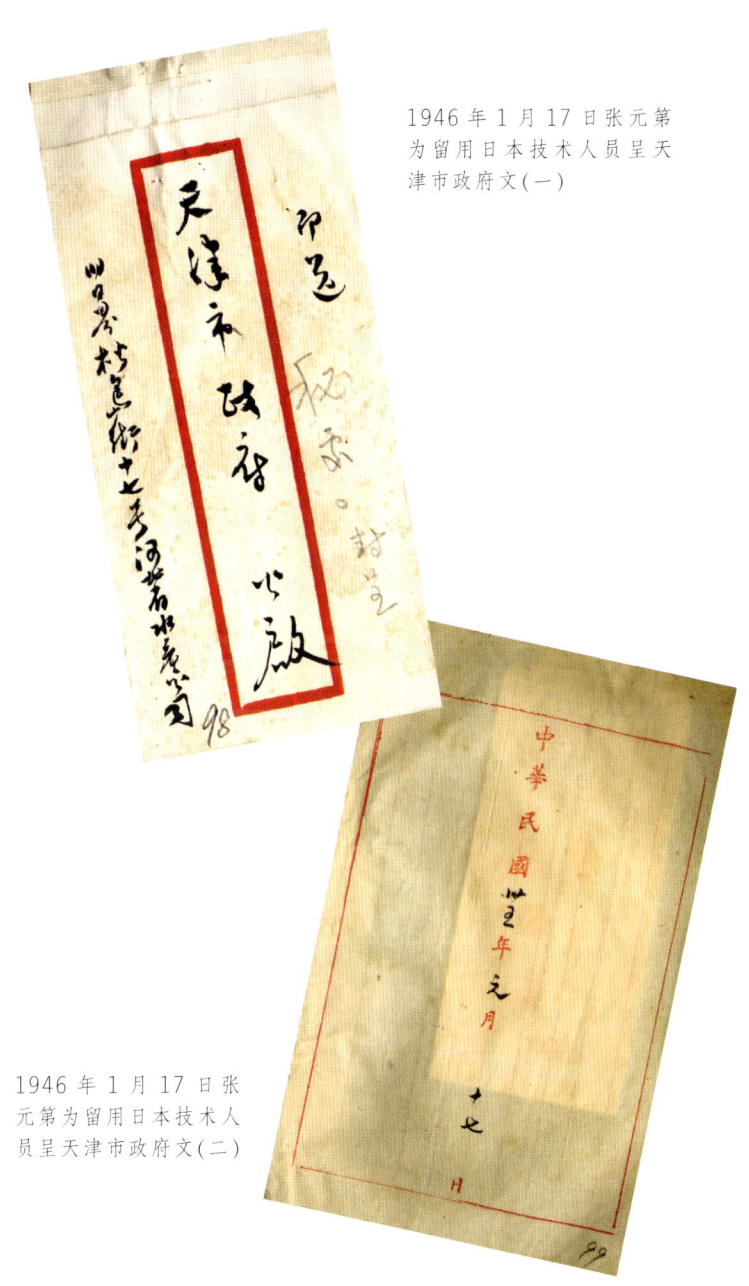

1946年1月17日张元第为留用日本技术人员呈天津市政府文(一)

1946年1月17日张元第为留用日本技术人员呈天津市政府文(二)

1946年11月17日张元第为留用日本技术人员呈天津市政府文(三)

1946年11月17日张元第为留用日本技术人员呈天津市政府文(四)

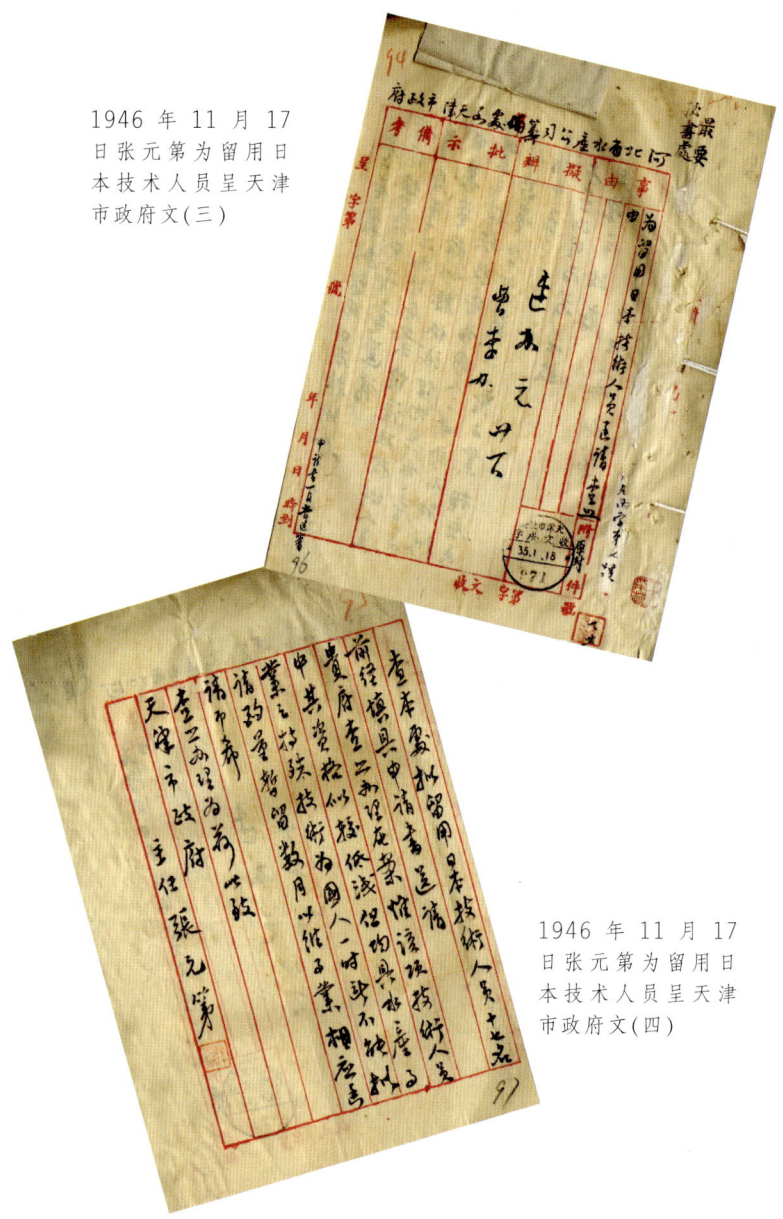

前言

张绍祖

《水产教育家张元第集》是《水产教育家张元第》的姊妹篇。《水产教育家张元第》是专家学者、亲属弟子写张元第;而《水产教育家张元第集》则是其本人的文集。文集收录了目前搜集到的张元第四个方面的著述,一是专著(《河北省渔业志》),二是文章,三是呈文,四是信函。

这里特别要重点提一提张元第的专著《河北省渔业志》。河北省地方志编纂委员会编《河北省志》第19卷《水产志·编辑说明》中载:"为便于保存和使用历史资料,本志将我国著名水产专家张元第于1936年所著《河北省渔业志》收录于后,并由出版社编辑作了点校。"从《河北省志·水产志》整本收录该书这一点,就足以说明《河北省渔业志》的历史地位及其重要性。原书由河北省立水产专科学校出版委员会于1936年6月出版,天津工业印字馆印刷。收入本书时,根据1996年天津人民出版社出版、河北省地方志编纂委员会编《河北省志·水产志》附《河北省渔业志》,又参考原书进行整理点校的。原书中河北省河流湖泊沿海图比例尺为二百万分之一,收入本书时对图幅进行了压缩;本书还使用了《河北省志·水产志》模仿原图重新进行绘制的比较清晰的插图。

张元第撰写的文章包括序言、提案、讲话稿、学术论文、科普小品等;呈文既包括张元第给管理当局的上行文,也附录了少量"河北水专"职工写给张元第的呈文;信函多是张元第写给上峰、同仁、挚友、下属的信函,但也附有几封别人写给他的信函。

从《水产教育家张元第集》的字里行间,我们可以了解到一个活生生的张元第。他爱国敬业、博学多识、精通水产、忠诚教育、强我渔业、固我海权、理论实践、立身立言,是名副其实的著名水产教育家。

《水产教育家张元第集》收录的有关著述、档案资料仅限于目前搜集到的,散佚者还有待深入挖掘、补充、整理,以使本书日臻完善。

2015 年 9 月 21 日

目　录

前言 / 张绍祖 ·· 001

第一辑　河北省渔业志

引言 ·· 003
第一章　旧式渔业 ·· 011
　第一节　沿海各县渔业 ·································· 012
　　第一　临榆县渔业 ···································· 012
　　第二　抚宁县渔业 ···································· 017
　　第三　昌黎县渔业 ···································· 019
　　第四　乐亭县渔业 ···································· 033
　　第五　滦县渔业 ······································ 037
　　第六　丰润县渔业 ···································· 039
　　第七　宁河县渔业 ···································· 040
　　第八　天津县渔业 ···································· 044

  第九　沧县渔业 048
  第十　盐山县渔业 050
 第二节　淡水渔业 052
 第三节　本省水产生物及渔期 063
  第一　咸水产物 064
  第二　淡水及淡咸水产物 066
  第三　各项统计表 068
  第四　本省渔期经验谈 071

第二章　渔民生活状况 073
 第一节　内地及沿海之渔民 073
 第二节　渔获物贩卖法 075
 第三节　买卖鱼类之方法及习惯 078

第三章　本省需要之水产制品 080
 第一节　本省土产之水产制品 080
 第二节　各地输入之制品 084
 第三节　本省海产贸易之状况 087

第四章　本省渔业行政 090
 第一节　沿革 090
 第二节　关于渔税船捐征收章程 094

第五章　本省水产教育 103
 编后语 112

第二辑　文稿

《水产学报》发刊词 115

河北省高等教育会议校长报告本校概况	117
建议实业部冀鲁区渔业管理局改进冀省渔业计划书	120
提议中华职业教育社改进职业教育议案	124
《河北水专二十三年班毕业纪念册》序	127
《河北省立水产专科学校一览》序言	129
河北省立水产专科学校（附设高级水产职业学校）	130
《河北省立水产学校二十六年班毕业同学录》序言	136
发刊《校友通讯》之意义	138
复校经过	139
本校现状	144
河北省立水产专科学校沿革	148
河北省立水产学校渔捞科概况	150
制造科兴建计划	152
海产物害虫驱除及预防	154
鱼种标本制作法	174
鱼介类与虎列拉菌之关系	187
蚀船虫	201
产卵及发育	203
鱼类恋爱	206
船体安全装置	208
活鱼输送	209
世界最大之汽船	210
世界第一深海	211
渔捞飞行船	212
风行船	213

巴黎水产会议	214
海带粉	215
海藻可做家畜饲料	216
枯夏症与鱼肝油	217
女船员	219
世界最奢侈之船	220
深海舰海镜 透视四十寻	221
呜呼东北之水产业	222
鲑皮金鱼皮制造妇女鞋	223
鱼肉味之素	224
废海草利用	225
罐藏食品与维他命（Vitamine）	226
牡蛎觅铜	228
船底涂料	229
无结节渔网	230
海内自行车	231
鱼目混珠	232
斗鱼	233
日本输入中国之水产物	234
虾蟹壳利用	235
金鱼治病	236
造船之敏捷	237
鱼亦溺死	238
移动性鱼群渔之不尽	239
日本暴风之收获	240

海水制造煤油 241
鱼之表情 242
融化浓雾之新发明 243
无舵轮之操舵机 244
无骨鱼 245
鲍鱼治病 246

第三辑　呈文

张元第呈教育厅为呈送迁校计划书并请拨发迁移建筑费
　　由（1933年2月2日）.. 249
张元第呈实业部请介绍参观上海各大工厂（1934年4月
　　6日）.. 251
张元第呈实业部请查验放行由烟运津鲜鱼（1934年12月
　　14日）... 253
张元第代表河北省立水产专科学校呈实业部（1935年3月
　　16日）... 255
张元第呈送迁校计划书并请拨发迁移建筑费由（1936年5月）...... 256
张元第呈送教职员身份证明书及履历书（1942年12月23日）... 258
张元第为留用日本技术人员呈天津市政府（1946年1月
　　17日）... 260
张元第为请拨还没收敌伪渔船事呈河北省政府主席文
　　（1946年4月1日）.. 261
张元第为起运没收物资事致中央调统局平津区天津分区
　　清查组函（1946年4月22日）............................... 262

张元第为请转函海关暂予结关事致交通部天津航政局函
　　（1946年5月4日）………………………………………… 263
张元第为报河北号渔轮出海作业事呈河北省公营事业管
　　理委员会暨河北省政府主席文(1946年5月9日)……… 264
张元第为呈报与起兴渔行合作事呈河北省政府主席暨河
　　北省公营事业管理委员会文(1946年6月1日)………… 265
张元第为请迅拨实习船只事呈河北省政府教育厅长文
　　（1946年6月28日）……………………………………… 267
张元第代表河北省立水产专科学校为请发给航行执照事
　　致交通部天津航运局函(1946年6月)…………………… 268
张元第为派员接收渤海二号渔轮事致青岛市政府函
　　（1946年7月1日）………………………………………… 269
张元第为接收渤海渔轮事致王贻观等函(1946年7月1日)…… 270
张元第为报查明渤海一号渔轮停泊青岛等事呈河北省政
　　府主席文(1946年7月22日)……………………………… 271
张元第为报告春季试渔收支概况等事致河北省政府主席
　　孙连仲暨河北省公用事业管理委员会函(1946年7月)…… 274
张元第呈天津市政府(1946年8月13日)…………………… 276
张元第为请拨发渔轮出海用品事致行政院善后救济总署
　　农委会函(1946年8月19日)……………………………… 278
张元第为呈送职校受敌人摧毁损失详细报告单请鉴核由
　　（1946年9月3日）………………………………………… 279
张元第为将本校复员情形及教职员学生名册呈请报部由
　　（1946年12月）…………………………………………… 280
张元第为渔船登记事致交通部天津航政局函(1946年)…… 282

张元第为村井洋行仓库内物品证明函(1946年前后)·········· 283

张元第就成立会计室事函请农林部会计处备案(1947年
2月8日)··· 284

张元第为请登记渔船以便出海作业呈河北省教育厅厅长
文(1947年4月10日)·································· 285

张元第为报本校训育委员姓名清册等呈河北省政府教育
厅文(1947年4月22日)······························ 286

张元第为出海捕鱼请发船簿事致财政部津海关函(1947年
5月1日)·· 289

张元第为洽租房屋手续事致河北省立水产专科学校函
(1947年5月20日)···································· 290

张元第为请拨部分敌伪盐斤价款事呈保定教育厅厅长代
电(1947年6月2日)··································· 291

张元第呈送教职员学生工役名册函与名册(1947年6月
18日)··· 292

张元第函送本校校长科主任姓名表(1947年6月27日)········ 296

张元第为添置学生桌椅费用等事呈河北省政府主席(1947年
上半年)··· 298

张元第函送本校选举人名册(1947年10月)················· 300

张元第为接收渔轮事致河北平津区敌伪产业处理局函
(1947年)··· 301

张元第为教师租赁房屋事致行政院河北平津区敌伪产业
管理局函(1947年)···································· 302

张元第为请拨还本校原有家俱致第五补给区营产管理所
天津分所函(1947年末至1948年初)················ 303

张元第为呼吁制止军队强占校舍事致某某电（1948年
  5月）·· 304
张元第为推荐毕业生事致各机关函（1948年6月29日）······ 305
张元第为省参会质询本校拍卖物资请派员调查事呈河北
  省政府教育厅长文（1948年7月13日）······················ 306
张元第为临参会质询本校处理渔具案复河北省政府教
  育厅长函（1948年7月26日）···································· 308
张元第为答临参会质询本校处理渔具案复河北省政府教
  育厅长函（1948年7月26日）···································· 309
张元第为检送本校印模呈天津市政府人事处（1948年8月
  11日）·· 311
张元第请协助准在本市三区内指定配粮店供给食粮
  （1948年10月21日）·· 312

[附] 呈张元第文

于秉新等为新港冷库事呈张元第报告（1946年4月11日）······ 313
于秉新等为校务等事呈张元第报告（1946年5月15日）······ 314
于秉新等为报告购油等事呈张元第文（1946年5月17日）······ 316
于秉新等为报告修理桌椅等事呈张元第文（1946年5月
  25日）·· 318
李家瑞等为报告旧机器等事项呈张元第文（1946年5月
  30日）·· 320
王贻观等为汇报停泊青岛渤海渔轮等事致张元第函
  （1946年6月6日）·· 322

于秉新等为报告营业所内拟办事项呈张元第文
（1946年6月24日） ………………………………………… 325
于秉新等为校务等事呈张元第报告(1946年8月6日) …… 327
于秉新等为修理冷藏库房事呈张元第文(1946年8月7日) …… 329
于秉新等为冷藏库与塘沽鱼市场事呈张元第报告（第五号）
（1946年） ………………………………………………… 330
会计员葛呈报张元第关于冀鲁区海洋渔业督导处会计
室成立事(1947年2月) ………………………………… 331
王汝南为河北水专实习场事呈张元第报告（1947年3月
8日） ……………………………………………………… 333
北塘泰发鱼店杨郁堂为报告存渔盐量呈河北省水产学校
校长文(1947年3月) …………………………………… 335
王汝南为河北水专实习场诸事呈张元第报告（1947年7月
30日） …………………………………………………… 337
王汝南为钢丝缆事呈张元第报告（1947年10月26日）……… 339

第四辑 信函

张元第电请河北省教育厅函知津海关拨给本校购置机
器免税由(1933年11月) ………………………………… 343
张元第致天津市商会函(1942年9月16日) ………………… 344
大津市商会函贺张元第就任市立第三中学校长（1942年
9月22日） ………………………………………………… 346
贺翊新致函张元第(1946年2月22日) ……………………… 347
谢书田给张元第函(1946年6月21日) ……………………… 349

张元第电贺市长杜建时副市长张子奇履新（1946年11月
　　5日）………………………………………………… 350
杨郁堂致张元第函（1946年11月14日）…………… 352
北塘镇公所致天津水产学校函（1946年）…………… 353
青岛振瑛致张元第函（1946年底至1947年初）…… 355
刘瑶章致张元第函（1947年2月4日）……………… 356
刘瑶章致张元第函（1947年2月4日）……………… 357
张元第复刘瑶章函（1947年2月12日）…………… 358
刘瑶章为请搜集标本事致张元第函（1947年2月）… 359
张元第复刘瑶章函（1947年3月8日）……………… 360
张元第复贺厂长函（1947年2月12日）…………… 361
贺翊新致张元第函（1947年4月2日）……………… 362
张元第关于盐包拍卖事给教育厅长贺翊新函（1947年4月
　　15日）………………………………………………… 363
张元第与殷祖英来往函（1947年4月中旬）………… 364
张震东致张元第函（1948年4月18日）…………… 366
张震东致张元第函（1948年4月26日）…………… 367
贺翊新致张元第函（1947年4月22日）…………… 369
斯颂声致张元第函（1947年4月26日）…………… 370
福建省渔业管理局黄文澧校长致函张元第要求推荐二位
　　老师（1947年5月1日）…………………………… 371
冶坚致张元第函（1947年5月15日）……………… 372
张授卿（张渲）致张元第函（1947年6月7日前不久）…… 373
张元第致张授卿（张渲）函（1947年6月7日）…… 374
张元第复教育厅谢书田函（1946年6月22日）…… 375

河北省教育厅殷祖英致张元第函(1947年7月15日) ……… 376
张元第致张宝树函(1947年9月17日) …………………… 377
张元第致鸿年函(1947年9月25日) ……………………… 378
张元第致上海渔管处赵君迈处长函(1947年9月25日) … 379
张元第致青岛渔管处王闽生处长函(1947年10月1日) … 380
张元第致张宝树函(1947年10月5日) …………………… 381
张元第笺函南京张宝树(1947年10月7日) ……………… 383
张元第致青岛渔管处王闽生处长函(1947年10月7日) … 384
张元第致上海渔管处赵君迈处长函(1947年10月9日) … 385
张元第致黄鸿年刘仲安函(1947年10月9日) …………… 386
赵君迈致张元第函(1947年10月14日) …………………… 387
张宝树致张元第函(1947年10月17日) …………………… 388
张元第致景汉函(1947年10月18日) ……………………… 390
河北省教育厅谢学田给张元第函及张元第复函(1947年
  10月22日) ……………………………………………… 391
李祖超为推销著作事致张元第等函(1947年10月) ……… 393
李祖超致张元第函(1947年10月) ………………………… 394
张元第复李祖超函(1947年10月24日) …………………… 395
张元第致真味科长函(1947年10月29日) ………………… 396
赵君迈致张元第函(1947年11月1日) …………………… 397
张元第致河北省教育厅谢科长(真味)函(1947年11月
  1日) …………………………………………………… 398
张元第致张宝树函(1947年11月2日) …………………… 400
张元第致张宝树函(1947年11月4日) …………………… 401
张元第刘峥南往来函(1947年11月9日) ………………… 402

刘景汉致张元第函（1947年11月15日） …………… 404
刘景汉致张元第函（1947年11月26日） …………… 406
王敦序致张元第函及张元第批示（1947年11月27日及
　29日） ……………………………………………… 408
北塘泰发鱼店杨郁堂关于盐斤致张元第函（1947年） ……… 409
刘景汉致张元第校长函（1947年） ……………………… 411
国防部关于腾迁校舍问题复张元第函（1947年） ………… 413
张元第致教育部朱家骅部长函（1947年） ………………… 414
张元第致王汝南函（1947至1948年间） ………………… 415
大夏大学欧元怀给张元第函（1948年1月10日） ………… 416
张元第致学哲科长函（1948年3月14日） ………………… 417
张元第致河北田粮处天津储运处函（1948年4月16日） …… 418
贺翊新致张元第函（1948年4月24日） …………………… 419
李星颉致函张元第关于补办毕业证书事（1948年5月7日） … 420
欧元怀致张元第感谢函（1948年5月8日） ……………… 422
张元第致李星颉函（1948年5月10日） …………………… 423
张元第致河北省田粮处天津储运处函（1948年5月17日） … 424
张元第致凌坚函（1948年5月20日） ……………………… 425
张元第以冀鲁区海洋渔业督导处主任名义复河北水专函
　（1948年5月22日） ………………………………… 426
张元第致黄文澧函（1948年5月24日） …………………… 427
王贻观致张元第函（1948年5月27日） …………………… 428
杜建时致张元第函（1948年6月4日） …………………… 430
梁子青致张元第函（1948年6月5日） …………………… 431
张元第致葛瑞奇函（1947年6月4日或1948年6月4日） …… 432

杨扶青致张元第等函(1948年6月14日) ………………… 433
张元第向福建黄文澧校长推荐二名毕业生(1948年6月
　15日) ……………………………………………………… 434
张元第致杨扶青推荐毕业生函(1948年6月29日) ………… 435
张元第致天津市统一检查组函(1948年11月15日) ……… 437
张元第复柏行骞等九人函(1948年12月1日) …………… 438
张元第署名的证明信(1948年) …………………………… 439

后记 / 张志壮 ………………………………………………… 440

第一辑 河北省渔业志

引 言

我国地大物博,水面极广,除内地河川湖淀之水产物未计外,每年沿海出产,约有百万顿(吨),价值一万万四千余元,其于国家经济上之重要性,为何如耶?我国海岸线延长二千三百余海里,水深二百米线内之天然渔场,约占四十万九千八百三十一平方海里。寒暖二流,交错其中,大小岛屿,星罗棋布,新旧渔业,均能实行,沿海居民,赖以维生者,约三百万人,渔船总数,仅五六万只耳。其未能开发之水面,尚极广泛,货财弃地,水产湮没,可惜孰甚!加之强邻侵渔,海盗横行,渔具渔法,多已落伍,致使安善守分之渔民,无法谋生,铤而走险也。

河北省东滨渤海,自山海关南之老龙头起,至山东界之老黄河口止,平坦蜿蜒,约一千四百里。沿岸沙泥连绵,鱼虾贝蟹,出产极丰。较佳之港,首推秦皇岛,次为大沽口及北塘口。近日于滦河口西之青河口,兴筑大港,不但便于商船之出入,于提倡渔业上,亦受惠实多。内地泽沼,其较著者如白洋淀文安注(三角淀)七里海,宁晋泊大陆泽等,盛产淡水鱼类,行销全省,利莫大焉。故河北省就河海而论,诚天然之府库,无量之宝藏,只以吾人知土地有农矿之利,而不知海淀有鱼盐之富。昔管仲相齐，首兴鱼盐；范蠡讲水产，三致钜富。苏俄近以日人侵渔，迭起严重交涉，将来导火线，或即因此而爆发。欧洲大战后，食粮缺乏，各国均极力设法补充以水产物。日本地狭人稠，素以水产立国，号称于世界，其奖励渔业，开拓海面，尤不遗余力，每年海产三百五十万吨，价值五万万九千万元，占本国全部生产百分之五，居于产业中之第三位。

东西各国，重视水产事业，既如上述，故其研究改善，一日千里，不特学术日精，渔获物数量亦递增无已。冀省在清末叶，开办渔业公司，以利渔户渔商，设立渔船捐局，用所收捐款，编练炮舰，巡弋海面，以保证渔船捕捞，更创设水产学校，培养技术人材，以改进水产事业。降及今日，硕果仅存者，水产一校耳。加之民元以来，沿海渔村，兵连祸结。富有渔户，转徙他方，另谋生路；贫困渔户，颠沛流离，伺机出海，官府不加保证，专恃苛敛摧残。以故渔户生计日蹙，无力捕捞，天然富源，坐而丧失，兴言及此，良堪浩叹！试一查吾国海关贸易册，每年由外洋输入吾国水产品，年约四千余万元。金钱外溢，漏卮滋甚。元第有鉴于斯，爰编此志，远自清代，近及今日，举凡河北省水产事业上之行政设施，出产之销路，旧式之渔具，及简单制造等项，悉分别纳之于册中，以供研究斯业者之参考。将来吾冀水产事业发展，民生充裕，海权巩固，岂独沿海渔户之幸，抑亦国家之福也。惟是文仓猝刊行，调查容或未详，先登诸《水产学报》，俟异日编集完善，再行增订。尚希海内贤达，时加纠正指导，元第不禁馨香膜拜焉。

张元第识

中华民国二十三年十月十日

塘沽北于堡制造虾油虾酱之情形

于堡渔村景象

大沽口南驴驹河煮网晾网情形

塘沽一带以猪血料染网情形

沿海渔民所建之瞭望台及灯标

煮虾蟹所用之锅灶器具

临榆县海岸渔船返港运搬情形

北塘一带渔民所用之挂网

大沽口附近之渔村

北塘南菅河之对网船

丰润县港内浅水所用鱼箔

沿海渔民所用之冈椗船

宁河县蛏头沽之排子

沿海之毛虾装运船

大网渔业渔夫拉网之情形

驴驹河一带所用之抢网

沿海口各处所用之张网

归港后之抢网渔船泊岸情形

第一章 旧式渔业

河北省东临渤海,南界豫鲁,地势平坦,川泽纵横,海有鱼盐之利,陆多农矿之区,交通便利,商业繁盛,华北兴衰,胥赖是焉。然数十年来,迭遭兵匪战争诸灾,人民涂炭,贫困至甚。尤以沿海边陲各地,盗贼猖獗,永无宁日,渔户破产,民不聊生,强邻逼迫,随地侵渔。政府既不闻问,人民只得听诸天命,于是生产日落,流为盗贼,一任其自生自灭。官府复对于渔户,增捐增税,剥削备至。如沿海船捐征收处之征收船捐,航政局之征收渔船丈量费、检查费、注册费,渔业管理局之征收牌照捐,海防指挥部之征收临时出巡费等项杂税,不胜枚举。政治愈劣,渔民担负愈重,生活愈艰,渔业愈衰,盗匪愈众,缉捕愈难,因果循环,不就轨道,危险之状,有如燎原。自"九·一八"后,东北四省,既非我有,收复失地,几时实现。以故河北一省,在国防上、海权上,均形成险要区域,急起直追,尚虞落后,况依然鼾睡,不事振作,深恐大好河山,天然美利,任人宰割矣。

河北省沿海十县,沿淀十三县。沿海之县计临榆、抚宁、昌黎、乐亭、滦、丰润、宁河、天津、沧、盐山，北自临榆，南迄昌黎，底质概为砂砾。由昌黎而南，多为粘土。天津以南为砂土质。沿淀之县，计文安、大城、霸、安新、高阳、任邱、雄、静海、宝坻、宁河、天津、任、宁晋。各县渔具、渔法，虽因地而殊，大致尚无特异。渔船为木制小艇，名辞复杂，如天津海河一带之登游子，大沽附近之马槽子、簸箩船。天津独流胜芳专至沿海一带贩运水鲜之独流扁又名冰鲜船。宁河丰润一带之闷棍。沿海岸之分帆船、钩船、坝网船、流网船、风网船、大网船、家难船、排子，等均属渔船一种也。所用渔具，不外大网、挂网、刺网、流网、推网、风网、地网、拉网、抢网、撒网、钩网、步网、张网、起落网、打网、挂钩、空钩、延绳钓，及各项杂渔具。沿淀渔具，有箔旋、苇箔、打丝网、拉网、搬罾、卡钩、赶网、鹈鹕、虾篓、蟹钩、蟹罟（拉网）张网、旋网、粘钩、打冻网、器篓等，均系浅水渔具也。查沿海各县渔户，每当渔期，辄乘木船航海离岸，远者不过五六十里，近者二三十里而已，鲜有从事远洋捕捞者。惟独流扁船，贩运冰鲜，往来冀鲁海岸，冒风涛远出，经营鱼鲜，勇气能力，均堪钦佩。其他渔船渔户则故步自封，专恃天时，渔况不丰，自叹命乖，收入稍裕，恣意挥霍，绝无储蓄思想，改进能力。是以沿海渔民，往往流为盗贼，反为渔害者，胥由于此也。

第一节　沿海各县渔业

第一　临榆县渔业

临榆县东北接辽宁绥中县，西南界抚宁，东南临渤海。本县沿岸多砂砾，潮流急湍，海水碧清。东北与西方半面，皆无障风处。海深距岸一里半处，深四五寻(每寻六尺)，距岸近处，水深二寻，又有浅滩。渔村有田庄、沟渠寨、向河寨、南里庄、秦王岛、东盐坨、西盐坨、白塔岭、道沟庄、归堤寨、赤土山、小泊河寨、大泊河寨、刘庄、草厂、河东寨、王胡庄等处，经营渔业之网户钓户，约二百余家，其著名者为王孙山、杨广德、杨文才、杨连举、杨炳城、刘德开、刘得国、王起安诸人。以前渔业征收所属第九区，为商民刘玉科承办。该县所用渔法渔具，规模较小。

一　流网

甲　构造

网形长幕状，以麻丝五十根，左捻，网目四寸二分，蛙股织，每领长二十寻，宽三寻三尺余。

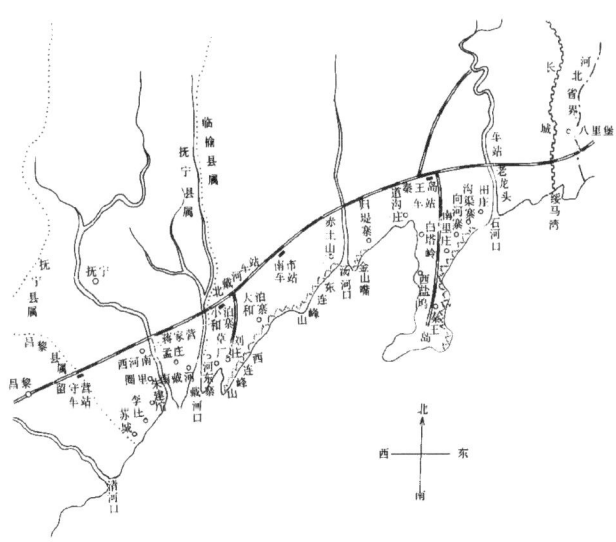

临榆、抚宁沿海渔区

浮子 荆木制,长方形,长八寸五分,宽二寸一分,厚一寸八分,每领附三十五六个。

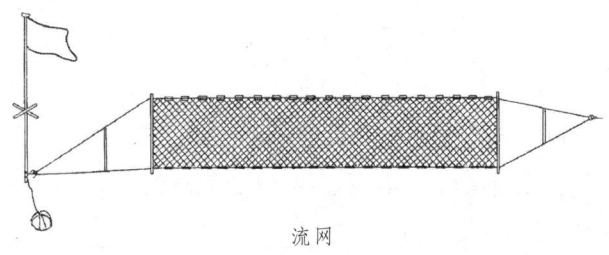

流网

沉子 石块椭圆形,每个重约三两许,每领共附四十余个。

浮子纲 青麻二根右捻,直径五分许,长同网等,用二条。

沉子纲 青麻二根右捻,直径五分许,长同网等,用二条。

曳纲 青麻三根右捻,直径五六分,长随海深规定之,用一条。

染网法 网一领,用栲皮五斤粉碎后加入淡水,投网煮之,半日后停火,取出曝干,年染一次。

保存法 渔期过后,晒干,以绳系于屋内,堪用二年。

乙 使用法

船一只长三丈,宽一丈二尺。当夏历谷雨节及芒种节之间,出船载网七十领,渔夫人数,凡捕偏口鱼者九人,捕燕鱼者七人,至适当渔场,日落时测定鱼类通路,遮断其方向下网,网之一端系锚投水中,上置浮标,落毕,至他端以曳绳连结船上,待日出扬网归岸。该县使用此网,以刘庄大泊河寨为著,余王胡庄、河东寨、古城等,亦间用之,依地方不同,网具构造稍差,然其规模无特异。

渔场在老处石、猫豕湾、干石等所。

二 挂子网(刺网)
甲 构造

网形长带状,棉线四股右捻,网目六寸六分,蛙股织,每领网长六丈,宽二丈,一渔户共用百八十领,分十五排,每排连结十二领,规模稍大者长十三丈宽九丈。

浮子 荆木制,长七寸五分,宽厚各一寸八分,每领共附十五六个。

沉子 石块每个重四两许,每领共附二十五个。

浮子纲 青麻二股右捻,直径五分,长与网同,用二条。

沉子纲 青麻二股右捻,直径五分许,长与网同,用二条。

浮标 长竿上揭布旗下系青麻绳,长七丈,每排两端各附一个。

锚 织锚重十斤余,每排两端各附一个。

染网 以苏子油染一次,约用二年后,再染之。

乙 使用法

用船一只,柳木制,长一丈八尺,深二尺七寸,宽八尺。乘渔夫四人,于谷雨至小满之间,每午后载网十五排,出船离海岸十五里,水深约七丈五尺之处,开始落网,至落毕一排后,间隔六十丈,再落一排,如是落完,观定标示归岸。待翌晨黎明,出船扬起检捕罹网之鱼,运归渔村,售诸商人,渔获物以偏口鱼为主,杂鱼亦捕之。

丙 经营

船值七八十元,每年船税六元,修理费五元。网每领二元,堪用十年,每年需修理费二十余元。渔夫佣金,每季多者十五元,少者八九元。每年渔获金八十元多者仅达二百元。

该县以草厂、王胡庄、陆庄、古城、河东寨等处,多用此网,各地所捕鱼类不同,于是渔网构造,亦稍异。

三 延绳钓

以延绳钓捕古䒌鱼、启米子、铜罗鱼、鳖鱼、偏口鱼等为目的,有浮延绳钓及底延绳钓二种,构造略同,仅分沉子多少而已。

甲 渔具

干绳 棉线六股,分作三股,合为右捻,长约一百八九十丈,用一条。

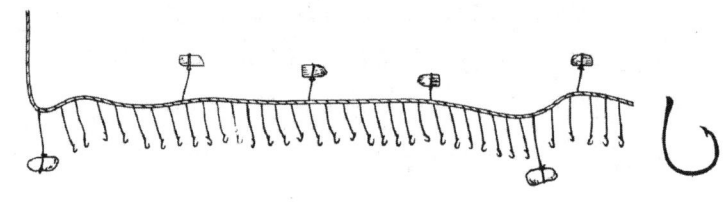

古䒌鱼延绳钓

枝绳 细麻线十二股,左捻,长五尺一二寸,共百八十,至百九十根。

浮子 桐木制,长三寸,宽厚各二寸,每钵二十五个,每隔钩八个,附一浮子。

沉子 石块,每个六两,隔三十钩,附沉子一个。

钩 织制镀锡,购自大连,千个价二三元,本地间有自制者,然不如大连之廉,土人乐用之。

浮标 木周一尺长约三尺,上附小旗,下结五寻余长浮标绳,每钵两端各附一个。

锚 铁锚重六斤,每钵两端各附一个。

饵料 小八带鱼及虾。

染料 干绳以桐油染之,每钵需油一斤,枝绳以栲皮染之。

乙 使用法

船一只，柳木造，长一丈八尺，宽六尺，深二尺四寸。每一组渔夫四人，每早当出船时，留一人看屋，他三人乘船出帆，载钓具七八钵，至离海岸十余里，择定渔场，接连钓具数钵，以备应用，视天气之良否，投钵数有多少，横断潮流，操作至晚四时归岸。

四 钓渔业

钓船渔业，为临榆海岸主要渔业之一，全体渔民，经营此业者，达八十余户。东自石河口起，西至金山嘴一带，无地无之，有钓船、滚钓船二种，二者之中，以钓船为最多。钓船中之规模大成绩著者，以钓大口鱼带鱼为主要目的，滚钓船多捕杂鱼，规模较小，至二者构造法尚未调查，容后续述。

本县除上述渔业外，尚有地曳网一种，即俗称大网，其构造与昌黎团林镇者略同，在第三内详述之。

第二 抚宁县渔业

抚宁县东北接临榆，西界昌黎，南临渤海。底质细砂，自蒲河口有一带沙山，高三十尺。蜿蜒向东北八里，有洋河口，距河口四五里处，深四五寻。渔村为南戴河、洋河口、西河南、西苏城等地，经营渔业者较少，仅百余户耳。无大规模之渔业，以产虾为最著名，俗称洋河米。以前渔税征收所，属第九区，由二人承包。自洋河口东至戴河口，为渔户李寿岩承办。洋河口西至蒲河口止，为渔户周春野承办。渔市在西河南，当春季丰渔之际，鱼贩丰集，夏季较少。该县渔权属于南戴河国民小学校，盖该校经费，专赖鱼税维持，经营渔业者，为学校纳租，年缴款若干，方有拥鱼权利，昔时行之有素，今则未必若是。西部之海面，有属私产者，但亦无正式备案手续，自实业部颁发渔业法规后,应由省政府训令县政府,责成遵办,以维法令,以裕收入为宜。但贫苦渔户,绝难服从,倘事在必行,不免掀起风波,将来俟渔业振兴,因势利导,或易就轨道。当此农村破产,渔户穷困时代,大可不必重苦吾民也。

本县渔业,有粘钩、挂子钓、流网、挂子网、大网(地曳网)等渔具,流网挂子网与临榆县者同。大网构造,与昌黎县团林镇者同。

一 定置网

该县捕虾,多用定置网,网目甚细,长十五丈至二十丈,最后部网形为袋,以木桩插置浅海中。每年清明节下网,每日一潮,潮来时乘舟用兜子网抄取小虾,每次可获百余篮,每篮五六十斤,至夏至节,即行拔桩,否则附着船蚀虫,网及木桩均易腐朽,且至夏后,虾来亦少,得不偿失也。

二 粘钩挂子钓

粘钩挂子钓者,即空钩延绳钓,成本极廉,效力甚佳,渔民乐用之,专捕古董鱼、铜罗鱼、白米子、鳖子鱼、偏口鱼、洋鱼及其他杂鱼。

干绳 麻丝二根右捻,直径一分五厘,长六百尺。

枝绳 麻丝三根右捻,长五寸,一端结干绳,他端附钩,于干绳上每间隔三寸,附一枝绳。

浮子 桐木制,长二寸五分,宽二寸,厚一寸三分,每一条干绳共附三十八个。

钩 铁丝制,大小形状如图,一钵有钩三十七

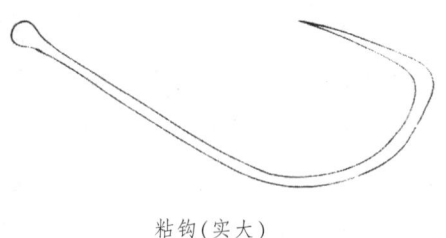

粘钩(实大)

八个。

沉子 小石块每个重二三两,每一干绳附二十余个。

以上诸项,制成为一钵,于各钵两端,系重石约一斤,上附浮标,船长二丈五尺,一只载十数钵,每早二三人,乘舟至适当渔场,落绳钓鱼至晚归岸,每日所获,多者百斤。

三 八带鱼钓具

麻绳二根右捻,直径五分许,长六七寻,每间隔一尺四寸,穿附大红螺壳一个(又名香螺),利用八带鱼钻孔之习惯,效力甚著,每当日没时,一渔夫乘一小船,带绳数十条,至离海岸二十里许,落于出鱼较盛之区,遂扬帆回陆,翌晨再去扬之。此种渔具,俗名簸螺钓。此外该县所用带鱼钓甚夥,然渔具之构造,于昌黎县所用者相同。

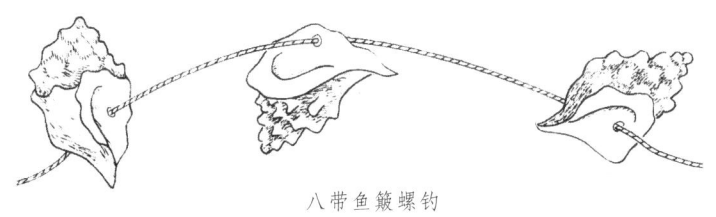

八带鱼簸螺钓

第三 昌黎县渔业

昌黎县北界抚宁,南接乐亭,东临渤海,海底沙质,深度三四寻至十一二寻,波浪平静。渔村有团林镇、漕河庄、王庄、甜水沟、赤洋口、蒲河口、浪窝子等处,渔户凡二百余户。以杨冠三、李玉、王树才、李运保、萧耀亭诸人,称为大渔户。渔场均归渔户所有,乃自昔有先占权者,其强有力者犹可扩张势力。如团林镇虽有三十余户,而渔场权尽操于杨冠三、胡老林、李耀望、郭焕章、穆月庭、郭玉昆等大网户之手,均于春季行渔。其余诸渔户,皆于秋季大网户休渔时,假其渔场以捕鱼虾。以前渔税征收所,属于第八区。

一　大网

大网即地曳网之一种,网形长带状,网无囊,以棉线为材料。全网分数部,各部皆有俗名。棉线粗细,网目大小,皆有不同,大致全网分三大部。

甲　构造

大网(全网之中央部称)棉线十股右捻,直径一分,本目织,网目一寸,每领长二丈五尺,宽五百网目,以十领相连为大网。

大码子网(大网左右相结之网称)棉线六股右捻,直径八厘,本目织,网目一寸一分五厘,每领长二丈二尺,宽五百网目,共十二领,左右各分六领,结于大网上。

卦子网(大码子网以下相结之网称)棉线五股,右捻,直径六厘,本目织,网目一寸八分

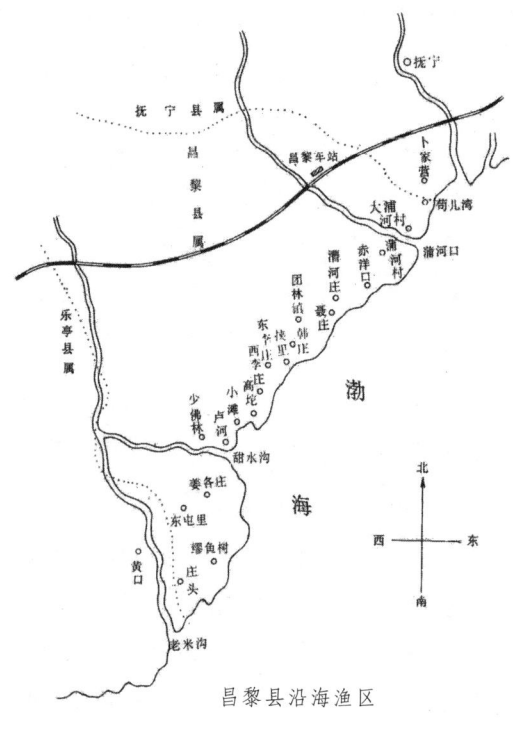

昌黎县沿海渔区

五厘,每领长二丈二尺,宽五百网目,共二领,分结于大码子网之端。

浮子 桐木制,长八寸三分,宽二寸,厚一寸五分,以浮子纲二条相夹之,结法大网部与大码子网部,每领共附十一个,卦子网部,每领共附十二个。

沉子 石制椭圆形,以沉子纲二条相夹之,结法大网每领共附八十五个,共重十六斤,大码子网部每领共附六十五个,共重十二斤,卦子网部,每领共附四十五个,每个重八钱五分。

浮子纲 青麻三股右捻,直径五分,长较网稍短,用二条。

沉子纲 同浮子纲,惟直径约六分,用二条。

木棍 横附于卦子网端,直径一寸许,长三尺,并用以系曳纲。

曳纲 青麻三股右捻,直径二寸许,长二十五寻,共二条,又有用长四十寻者。

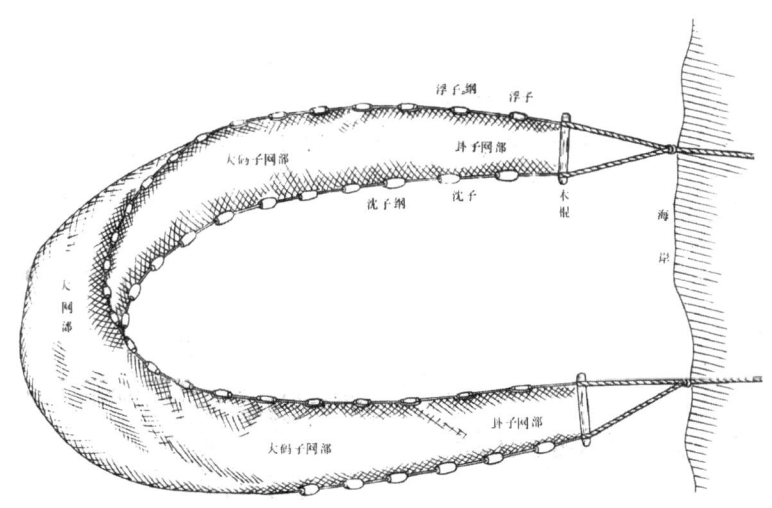

大网略图

乙　染网法

将苏子油煎成适度，以全网分段放入油内，煮染二三小时，取出日干之。每领需油九斤，再用猪血煮二次，干后锅熏之即成。

丙　使用法

船为松木制，长四丈三尺，中部宽一丈三尺，后宽六尺，前宽二尺。当渔期时，每日依渔夫之经验，检视潮流风向及水色等良否而落网。一船乘渔夫三十二人，分二组，交换摇棹，一棹二人摇之，共八把。由岸向外航出落纲及网，绕行半圆形，仍回岸上，渔夫上陆休息，海上留守渔夫一二人乘小船在网之中央部看守。约历四小时余，渔户主人发命扬网，岸上渔夫九十余人，左右分配，协力拖纲扬网，拉至岸上，检出渔获物，分售于鱼行再投网如前操作。

二　渔户杨冠三之大网

甲　构造

一　本网

A. 大网　或称大梢子网，棉丝九股捻合，二十节，六百挂，每长二丈五尺为一领共九领。

B. 大裹扛　棉丝五至七股捻合，十八节六百挂，两翼（俗名两梢）各为一欠，每欠八领，渐至两端者渐低，但近鱼捕之一领长二丈二尺五寸。

C. 梢子网，棉丝四股捻合，十二节五百挂，两翼各十三欠，亦渐至两端而渐低，近大裹扛之一欠，称二裹扛，至末端之一欠，称把头网，因修理或染网之必要，每欠间有缺一领者，以便更换之用。

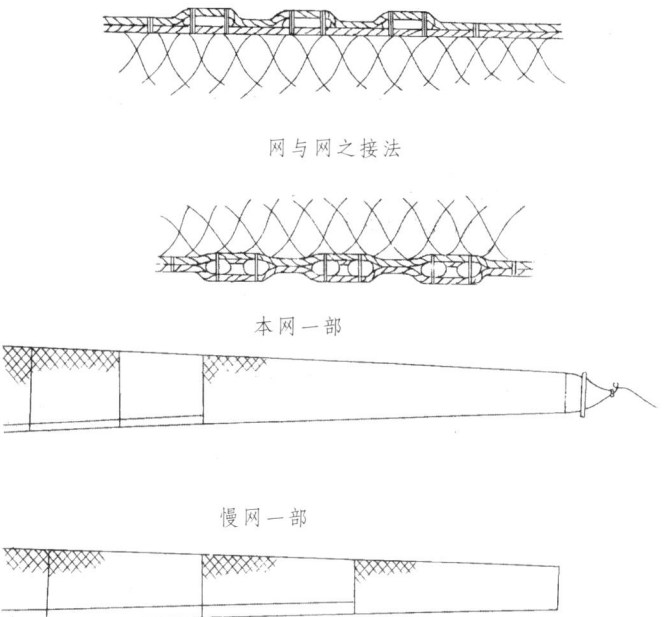

网与网之接法

本网一部

慢网一部

欠与欠之接合法

领与领之接合法

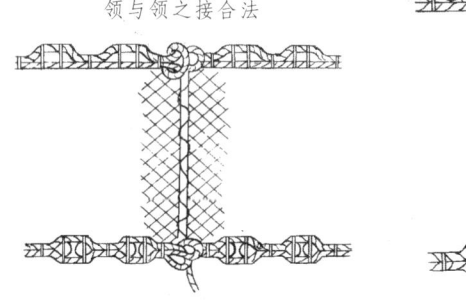
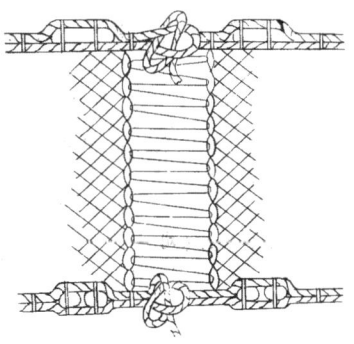

曳纲与网地结合图

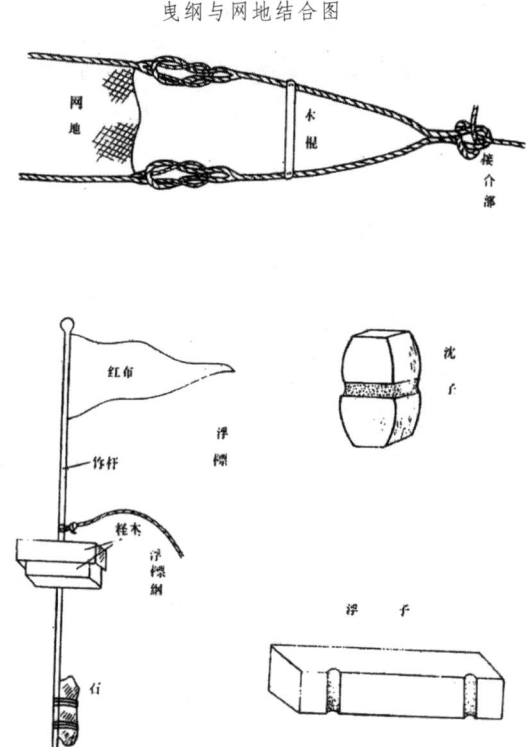

D. 底部缘网　俗称铺水,绳线制,网目较身网颇大,挂数不定,依身网之长短而不同,用以防身网之损伤,只附于鱼捕部及大裹扛之下缘,梢子网无之。

二　慢后网(斗网)

A. 犀杜　即鱼捕,棉丝三股捻合,网目极细,仅容箸,挂数不定,宽一丈二尺,随时随地略有差异,下缘附缘网,缘网绳线制,目较本网梢子网者稍大,长与身网同,挂数不定,宽一尺内外,此网仅有犀杜一欠,每欠六领,与本网者不同。

B. 梢子网 棉丝三股捻,目梢大,排数不定,其两端之二领,为七八尺,每翼各二欠(同前),唯末端之一欠,无缘网,其近戽杜一欠之缘网,与戽杜者同。

以上各领网之结合,先将浮子纲与浮子纲相结,沉子纲与沉子纲相结。然后用一条较粗之细纲,缝合邻接二网地之各一缘,但欠与欠之结合,必与其相结合之两缘,各附二条并列之纲,以增强力,用他一纲之中部,并而系于一缘纲之中部,将网地与网地用缝合法,向两端而缝合之,其本网与缘网。均系纵目,用编合法纵缝之,其与浮沉子纲之连合,即将在上或下方之一纲(此网之浮沉子纲均系二本并列),穿于上或下缘之一列网目中,再用绳线固着之。

三 染网

此网每年只用二季,每季须染二次。当春季可将网置锅中水煮之,经二三十分钟后,捞出投入猪血缸中,以木棍搅拌,经相当时间后,捞出晒干,即可使用。于阴历五月中旬,渔期将毕,再照前法煮染一次,解去全部浮沉子,以淡水洗涤网地置砂滩上晒干之,叠存于通风向阳之仓库中,覆以草席,留备下季之用。

四 附属品

A. 浮子 俗名浮铃,柽木制,长一尺,宽二寸,附于斗网者厚寸许,重不定,共十一枚,附于大裹扛者,厚不及前,重亦不定,数目同。附于两翼者,(梢子网)厚不及寸,重亦不定,共十二枚。

B. 沉子 俗名脚子,石制,长二寸,宽一寸,厚八分,每个重约二两上下。斗网每领,约七十余,大裹扛每领约附五六十个许,两翼每领约附三十二乃至四十二个者不同。

C. 浮标 俗名大标子,以两块大小不同之方形木材相重叠,中部贯一竹竿,竿之上端,附红色角旗,下端系一重石,以重标纲,结于必要部分之浮子纲上。全网共备三个,即鱼捕一,两翼端各一,用以表示网地之所在,及改正网之局势,与左右出入之方向。

D. 曳纲　俗名大绳,青麻制,径一寸,三股捻合,一面共用三十六根,至三十八根,每根长百九十尺,至二百尺。

E. 浮子纲　良麻制,径四分,三子捻。用二本,以夹浮子,其长短依网地而不同。

F. 沉子纲　良麻制,径四分,三子捻。用二本夹沉子,长短依网地而异。

G. 目通纲　同上径三分,每领俱一本,其长依网地之宽而异。

乙　船及水手

使用大网者备纲网船及挂棹船二种,挂棹船俗名照斗船。

网船为最大之船,长四丈,中宽为一丈二尺,深四尺,松木制,其分配之位置如图。

(A)置网位置,(B)漕手位置,(C)漕手坐位,(D)投网者位置,(E)舵手及梢公位置,(F)摇棹位置。

以上人员,计大梢工一人,舵手一人(如无舵手时,以梢公代之)投网者四人,漕手二十八至三十六人。

纲船长约二丈余,宽六七尺,楂木制,其装置及形状,与前者大同小异,唯人员较少。至挂棹船则更小,装置较简单。

丙　使用法

渔船二艘,网船载全网及一边之纲,纲船载一边之纲,出发时由二梢公率渔夫二三十人,登纲船,依大艄公(渔捞长)所定之方向进行,随时放纲,至适宜地点,纲亦放尽。网船出发,横断潮流,进行约八九里许,与纲船相遇,将网船之纲,投于纲船上,两纲结相毕,纲船归陆,网船转向潮流上方,进行投网,须成直线,将网尽投于海中时,然后转向陆方进行投纲,抵陆后将纲付予陆上之渔夫,分左右两翼引曳之,依艄公命令而有缓急,至见大㞢子(囊网)近陆,渔夫则群到海边,有曳网之中央部使成囊形者,有将网之浮子提高,以防鱼群逸出者,有足踏网之沉子部,以防网底鱼群逃逸者,至全网曳至陆地而后止。

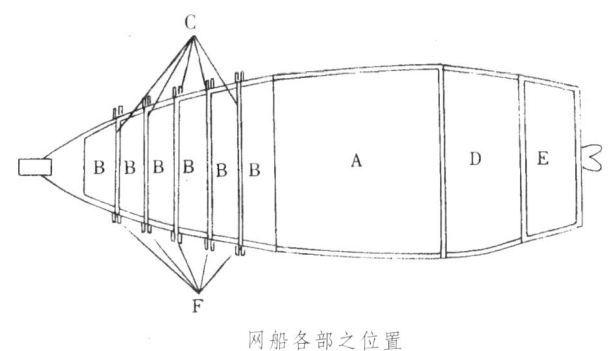

网船各部之位置

有时于囊网近陆时,以极密小网,投于前网之后方,包围由前网逃逸之鱼类,使不脱漏,徐徐仍曳至陆地而后止。

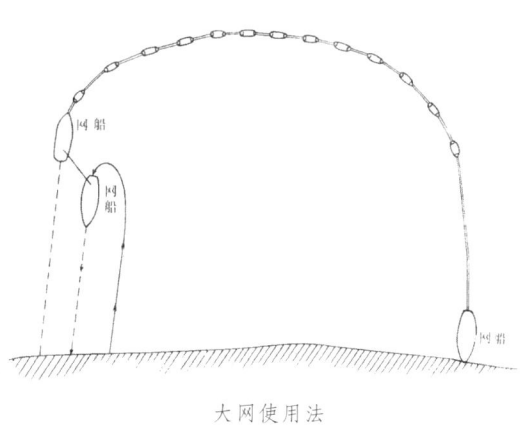

大网使用法

有时将斗船开至网之中央部,曳大㞢子网,以防网缠络于海底沙泥之中(依海底而不定),或警告其他渔船,勿通过己网,每日出网二次,早网于夜间十二时投网,至翌晨八点起网,起网后继投第二网,至下午三时起网。

丁　经营法

A. 贩卖渔获物　捕获鱼类后,鱼商携筐,群集岸上,购卖鲜鱼。售时分贵贱二等鱼类,凡下等鱼类,随意选择,上等鱼类则按人数之多寡而分配之,以免商人互争。小鱼贩之销路多在近村,此等小商,概为渔业主之乡党亲旧,以多年主顾之情面相关,无大变更。

B. 组织　东家二人,掌柜一人,艄公三人(分大二三等艄公),司账一人,网船之前后各一人,专司投锚操航之职,前者称老艄公,纲船上者专司投纲,后者司航海职务。

网船有棹十把(左右各五把),左右之第一把由一人操之,第二三四五把各有一人操之,名曰打棹者。纲船之棹,左右各二把,第一把由一人操之,第二把二人操之,当囊网近陆时,须有渔夫下水举浮子方,或踏沉子方,或整网形,以防鱼群逃脱。其人数有十五至二十四五名,依风浪之缓急而不一定,此种渔夫,名曰下脚者。曳网时纲绳当常触地,多费时间劳力,须有渔夫以肩抗纲,共八人,左右四人,名曰抗纲者,渔夫长五六名,监察工作之勤惰。

网船中,有大艄公指挥一切,投网时亲自操航,立于船首,管理投锚操航各事,以上打棹者共三十人,以备分班交替。纲船有二艄公一人,指挥全船,将纲投毕,返陆领导工作,舵手一人,打棹者十七人,亦为分班交替。

拉钩者(渔夫)约百余名,其中有舵手、打棹者、投网者。至曳纲时,皆辅助曳纲,并有三艄公及数十名雇人者(拉钩者呼之曰头)指挥监督陆上诸事。陆上窝铺中,厨夫及杂役数名管理炊饭及杂务。

C. 资本及工资　经营时资本至少一二万元,网船每只约三百五十元,纲船每只约二百三十元。

网地每领二元二角至二元五角。挂棹船每只二百三十元。慢后网每领二元。浮子每个五分,沉子每个二分。司账人工资三四十元,铺内掌柜工资三四十元,铺外掌柜二三十元,大艄公二百至二百五十元,二艄公一百至一百五十元,三艄公五十至八十元。渔夫每名有四元、八元、十元、十五元、二十元不等。以上各工资,除渔夫外均按年计算,渔夫则按季计算。

D. 渔场渔期　渔场在团林镇海面十里左右,海底为平坦泥砂,易于拉网。渔期分二季,春期自阴历三月上旬至六月下旬,秋期自阴历七月下旬至九月上旬,渔获物为黄花鱼、带鱼、鲜、鲙、对虾、海蟹等,以带鱼最占多数,其他杂鱼,亦收获不少。

戊　渔夫雇用

各网铺有雇人者三四人,内有总头一人,雇人者多兼任数家雇用渔夫之责任。雇用时期,依渔期分为二季:春季渔期,概由谷雨起,故在前一年腊月间即着手招募;秋季渔期,概由立秋起,故在春季渔期终事后,即着手预备。雇人者受渔业主之依托,携带若干预定金(俗名押头钱),分到留守营、秦皇岛、唐山等地,及昌黎附近村落中,雇用拉网渔夫。以庙会及有婚丧之处为最宜,寻访无业民众及市井乞丐,与之面商职务及劳金,觅铺保后先交少许预定金,俟人数足额,返铺报命,届渔期则齐来该网铺,听候使用。此等渔夫,多为年年一定之熟人,故寻访较易,间亦有来寻雇人者之人。但海滨愚民,刁顽不驯,时有潜逃哗变及反抗运动者,故雇人者,皆威严待遇之,时带利器以吓之,如发生以上诸事,则加以严酷处罚(如拷打及以绳穿耳等)。至船上之渔夫,则与曳网者不同,多为有家业之贫民,劳金较多,待遇亦较优。渔夫所住之窝铺,秩序紊乱,空气污秽,食高粱米,佐以盐茶(或无之),间因发生时疫,恐渔夫多病有碍作业及收益者,则给食素煮白菜。每日夜半,由头目唤起渔夫操作,寒暑风雨,置不过问,稍有怠惰或误事,则横加拷打,或唾骂不休。凡被打死或病死者弃之砂山中。间或因病,遣之返里,不给劳金,或与以少许。总之待遇不良,有如禽兽,为不可掩之事实也。

三 棍网

甲 网地构造

棍网又名小酸鱼网,网形长带状,丝线本目织,网目三分,全网长八十尺至九十尺,宽约五尺。

缘网 棉线三股右捻,网目五分,长与网地同,宽五目。

浮子纲 棉线三根右捻,纲之直径二分,长较网地稍短,沉子纲同。

棍 柳枝棍,长一尺二寸,一端结浮子纲部,他端结沉子纲部,共用二十乃至三十四根。网之两端,以柳枝弯成圆形,下夹半砖,以三条细索系于圆柳枝上,每条长约二尺五寸许,接联曳纲之用。

曳纲 青麻制三根右捻,直径五分,长三十六尺,共二条。

染网 用苏油熬煮如桐油,施染一次。全网价约十余元。

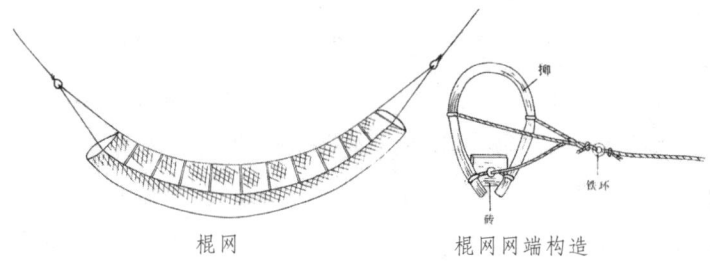

棍网　　　棍网网端构造

乙 使用法

小船一只乘三人,夜间于河口或湾内,落网海中,由二人分两岸曳之,约一小时扬网,渔获物为鲛鱼及杂鱼类。

四 带鱼饵钓(带鱼延绳钓)

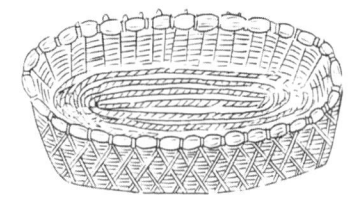 

带鱼饵钩容器　　　　　　　　带鱼钩

干绳　棉线二十一股,分捻二大股,右捻长二丈。

枝绳　苎麻二根右捻,长七尺,干绳一条,共附枝绳百八十或二百根。

沉子　粗石,每个重二斤半,每隔枝绳十六条附一个。

浮子　桐木制,长三寸,厚二寸,宽二寸余,每隔枝绳八条附一个。

钩　长一寸二分,上端系五寸许长之铜线,再结枝绳。

饵料　小梭鱼。

容器　柳枝编,直径二尺二寸,深五寸,周边附草,以便挂钩。

浮标　柳枝长四五尺,上附小旗,每钵(上述各项组成之称)附一个。

使用法,小船一只,乘渔夫二三人,载六七钵,日将出时出帆至适宜渔场,落下钩绳,约经二小时扬上,至正午归岸。

钓鳖之延绳其构造无异上述,惟钩之上端,不附铜线。

五 黏钩渔业

此种沿岸渔业,资本较小,而获利颇厚,能获下层鱼类,主获物为鲽、偏口、带鱼、同乐、鲷蟹等。渔期自正月下旬至九月中旬而止。渔场距陆四五里许,水深三四寻,海底以泥土为宜。每船费用,年支出三百三十元,除渔夫三人工资需二百元外,平均每年得利,约三四百元。

甲　渔具

干绳　棉制八十股,二本合,左捻,长八十寻。

枝绳　苎麻制,三股四股捻,长四五寸。

浮子　桐制,每组约用四十五个,每个为一寸五分立方。

沉石　附于干绳之两端,浮标竿之下缘,每个重三四十斤。

钓钩　铁丝制,角形,每百重八两,每组约附一千一百至一千二百个不等。

浮标竿　长竹约二丈余,下端穿孔,以备系沉石之用,中间附软木,为浮上之用,其数依竿之多少而不定。

浮标绳　麻制,普通长六七寻,但依海深而不定。

沉子　每竿附石子五六个,每个重六两许。

乙　渔法

渔船乘三四人出发,约距岸四五里许,横断潮流,于船舷之左方,顺次下钩,依潮流方向左右不定。渔夫一人,以橹徐徐进行。一人踞于左舷之前梢,由他一人将钩一组,递于此人,架子该舷外突出之二横竿上,先将大沉石及浮标投下后,用左手整理,使钩离散,右手牵出干绳送下水中,每隔十余寻,则结附沉子一个,直至他端,亦附沉石及浮标投下。一组毕,取他组之干绳,结于此组干绳之末端,按前法顺次投下。每船至多投二十组为止。然后扬帆归停泊处,翌朝至渔场起钩收鱼。同时一人,将已起之钩,一一濡油,起毕后,再于原地,或改地点下钩。

船员配置

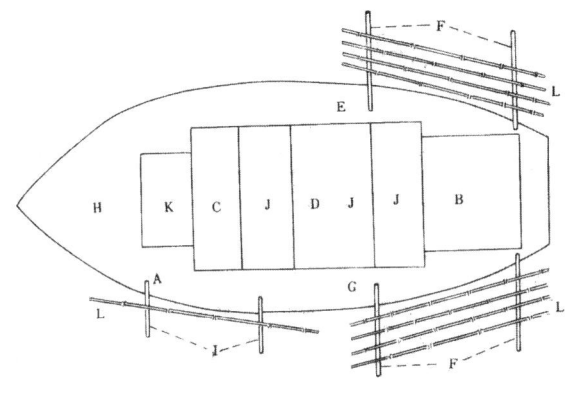

船员配置图

(A)起钩下钩者(多以艄公充之),(B)漕舻者,(C)鱼舱,(D)插樯处,(E)置樯帆及浮标竿,(F)竿架,(G)竿之传递者,(H)沉石沉子置放处,(I)起落钩架,(J)舱,(K)蓄物舱,(L)细竹钓竿长六七尺。

第四 乐亭县渔业

乐亭县,北界昌黎,西南接滦县,自老米沟起,至下马坨一带,海岸线延长百余里。深度由三四寻至十二三寻,潮流急湍,沿岸斥卤不毛,底质多砂,渔野荒凉,殊少村落。去海面十余里,方有居户,渔户约二百余家。将来之北方大港,即在大清河口附近修筑。清河长五十里,上流水少,河口所泻之水,较少于滦河。距河口东南二里半,海深四五寻,以东深二三寻,通河口水道,有浅亘,潮退尽,仅深三四尺,亘内多泊渔船。渔村渔堡有老米沟、刘庄、老爷尖、腰口子、五坨、石臼坨、月坨、蛤坨、下马坨、曹妃淀等地。盛产虾、蟹、梭鱼、黄花鱼及杂鱼,渔具多用张网、钩子钓、起落网、挂网等,著名渔户为孙述达。春季渔期,在惊蛰节最盛,秋季渔期在七八月间。

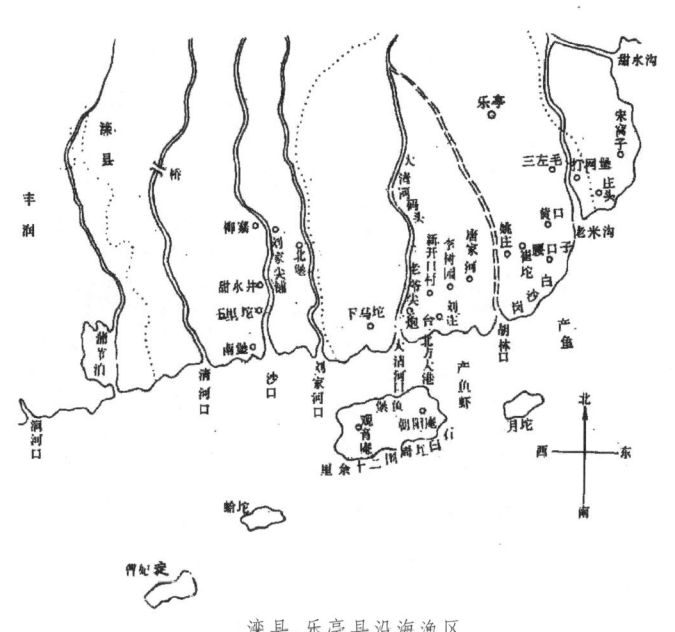

滦县、乐亭县沿海渔区

一 挂网

挂网为底刺网类之一,于昌黎乐亭一带多使用之。

甲 构造

网身 原料用棉线,网目二寸,九十挂,网身之高约二丈,浮子部沉子部各四十寻,称曰一把。

浮子 桐制,长八寸三分,宽厚各八分。结附方法,在浮子纲上相隔五尺七寸,结附一个,每把共附四十四五个。

沉子 扁石,重二斤,每把结附二十三四个。

浮子纲 青麻三股右捻,径四分,共二条,用以挟附浮子。

沉子纲 青麻径三分五厘,用一条。

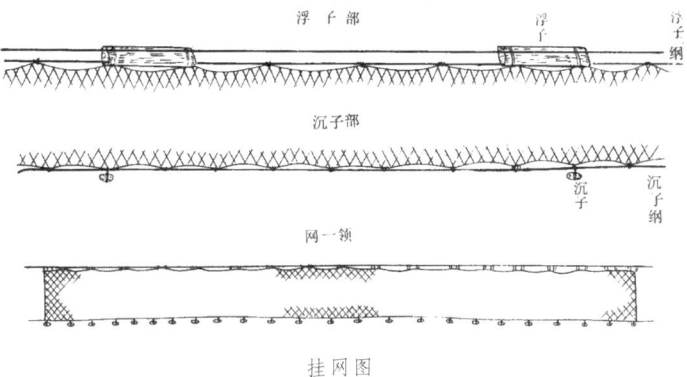

挂网图

网之保存年限,约四五年,每网新制需银七八元。

乙 使用法

挂网渔船,长二丈五尺,载三四十石,乘渔夫四人至六人(四人带十二把,六人带十八把),带网十数排,连成一大网,称曰一排。凡十数排,投入海中,成一直线,使网之方向与风平行。投毕后,将船系于风下之网端以看守之。每一排网,附浮标数个,浮标长七八尺,竹竿上束棕毛三四处,以便远望。竿下端结石,石上附桐制浮木,上有十寻馀之浮标绳连结网上,待鱼类罹挂网目后,即扬起网身捕之,每日一次,或经一二小时后扬网一次,此网捕捞黄花鱼、比目鱼及虾、蟹。

二 虾挂网(俗名丝网)

此网昌抚乐滦各县海沿一带均用之,寻捕对虾,渔期于夏历四月间。

甲 构造

用极细之蚕丝织成之,网目一寸馀,每尺间有七八节,长二丈,宽三尺,以高粱茎制成浮子;小沉子铅制,附二十馀个;网之下端,附锤,是为一领。此网悬迴于水面,以便缠络虾体,故蚕丝须用纯良耐腐者。

乙　使用法

小船一只,乘二人至三人,于微风静浪时出渔,是时虾类游泳于水面,检查颇清,由对面投网,用十余领,连成一直线,或作弓形,在水中如张幕之状。数小时后虾类触网,冲突缠络,不得跳跃,徐徐收网,曳至海滨,于沙滩上检获之。

三　滚钩钓

滚钩者即空钩也,一名张钩,又名钩子钓,由本省内地文安县一带所传来。原西淀养殖菱藕,预防盗窃,水内插入滚钩,窃贼入水,即被钩伤。嗣插置日久,获鱼甚多,渔人方知利用之以捕鱼。递次传播,沿海渔人,亦仿制使用,不费饵料,不费人工,获利极丰,故均乐用之。构造系延绳钓之一种,其要点在鱼类之自动缠络,无法逃脱。钩之干绳,长六十寻,支绳长短不一,以钩之大小而定之。结附方法,,每个约隔三寸余,每筐有钩约二三百个不等,每隔三十个,有浮竹一根,系于干绳,插入水中,干绳每长二寻系一铁锚沉入水底,钩端锐利,于水内浮荡,鱼类遇钩,则负痛乱窜,不罹于此,即罹于彼。鱼被挂后,钩着甚紧,虽有力大鱼亦难逃逸,渔获物不一,概为羊鱼、鲶鱼及杂鱼类。

四　带鱼排钩

甲　构造

排钩钓即延绳钓之一种,由干绳一根,系枝绳、沉子绳及浮子绳,枝绳下端,系以铁制之钓钩而成。

干绳枝绳　干绳苎麻制,二股左捻,枝绳棉线制。干绳长每条二百丈,径二分;枝绳稍细,长八尺。每干绳一本,结附枝绳二百根,下端系钓钩,长一寸二分。以上各部称为一具。钩端有倒刺,挂小鲛鱼,或泥鳅鱼之饵料。铁钩须常研磨,并涂菜油,以免锈蚀,钩之上端,附三四寸黄铜之缙系,以防鱼齿切断。

浮子 桐木制,形状大小不一,形如刀柄,长三寸,上端方二寸五分,下端较细。每干绳一本,以浮子绳分部结附浮子二十三四个,浮子绳两端各赢余二尺,重新作环,以便使用时各具互相接合。

沉子 石制,长圆形,其数不拘。

钩架 以竹篾编成圆竹筐,高六七寸,径一尺五六寸,下部稍小,筐边缚有稻藁一束,将干绳及支绳盘于筐内,顺序排挂钓钩,此筐为本延绳收藏时必要之物。

菜油 钓钩每次用毕须竭力磨砺,涂以菜油。

小浮标 竹竿一本长八尺,上端缚旗形棕毛一束,至三四束,每干绳一条之接合处,立植一根,以区别钓具之所在,及钵之多少。

大浮标 竹制长二丈余,上端有竹一条,形如扫帚,置于母船,以为小船目标,及指挥操作收绳之用。

乙 使用法

舢板二只,乘三人,载饵三筐至十余筐,及一切附属品。出渔时有风扬帆,无风操橹,去海面十余里,择定渔场,接合各具,将延绳横断潮流,而后落入水之中层,于延绳各筐之接合部,多附以一尺周围三尺余长之竹制浮标,及五六寻长之浮标绳,并沉落五六斤重之铁锚,以防浮降,惟于潮流急湍之处,多不用铁锚,而任其流动。

第五 滦县渔业

滦县县城,距海百余里,海滨多淤泥,潮流静稳,深约一二寻至二三寻,著名渔区有七堡即柳赞堡、高上堡、家河堡、草基堡、林雀堡、河旺堡、黑洋河堡（南堡北堡）、大庄河、柳寨、五里坨、甜水井等地，盛产虾类，驰名于河北，年产百万余元，渔户二千余家，著名者为姚贵楷、马成年、周圣开诸氏，均富甲一乡，为渔民之领袖。所用渔具，概多张网、步网、插槁网等，渔船为小张网船，均属定置渔具之一种，每年夏历清明节后应用之。

甲　张网构造

网形长囊状，宛如簸箕，不附浮沉子，网目甚小，麻线制，二股捻合，直径一分右捻，网地全长无一定，普通长约四五丈，网口高约五尺，以猪血浸染三次。当使用时，以周径五寸之杉槁缚附网口，杉槁长三丈许，以便插入海底泥中。

乙　使用法

张网船为柳木制，长二丈五尺，宽七八尺，乘渔夫二三人，立夏节时，将已联成之网囊若干排，由船运至海滩，落潮后逐排插入海底，俗称之曰下槁。潮汐升涨，水漫网口，鱼虾随潮入网，潮水降落，鱼坠袋中，用挡网采取，渔获甚夥。盛渔期间，渔户一船，日捕百余篮，每篮重五六十斤，以毛虾为最多。下槁之海面，渔户均划清界限，不得侵越，往往以侵占地界，致涉讼经年者有之。夏历入伏后，用船起网，俗称之曰拔槁。盖入伏后，鱼虾既少，杉木亦易虫蚀，得不偿失，遂尽将网地杉木起出，整理晒干保存之，在下槁拔槁之期间内，适为毛虾盛渔期。

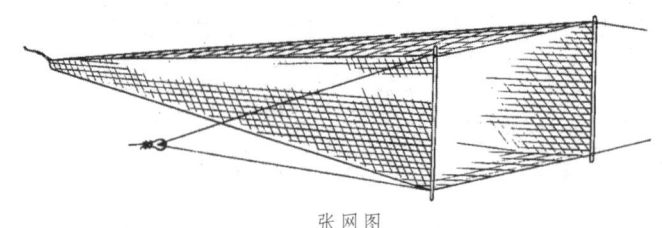

张网图

普通各地,春季下槒一次,惟南堡一处,秋季尚能下槒捕鱼,柳寨于惊蛰节,河水将融,即下槒捕捞面鱼,俗称之日出水烂,鱼获额颇为可观。鲜鱼销售不良时,均制造干制品,向内地海味店贩卖之。

第六 丰润县渔业

丰润县西南界宝坻、宁河,东北界滦县,南临海滨。海深一二寻,底质沙泥。渔村有大神堂、涧河口、黑沿子、尖坨庄等,网户船户约三百余户,著名者为陈恩波、高小川、毕小山诸氏,渔具使用大网、张网、溜网、挂网、建网及船曳网,盛产各种鱼虾,网类构造,与前述者均同。

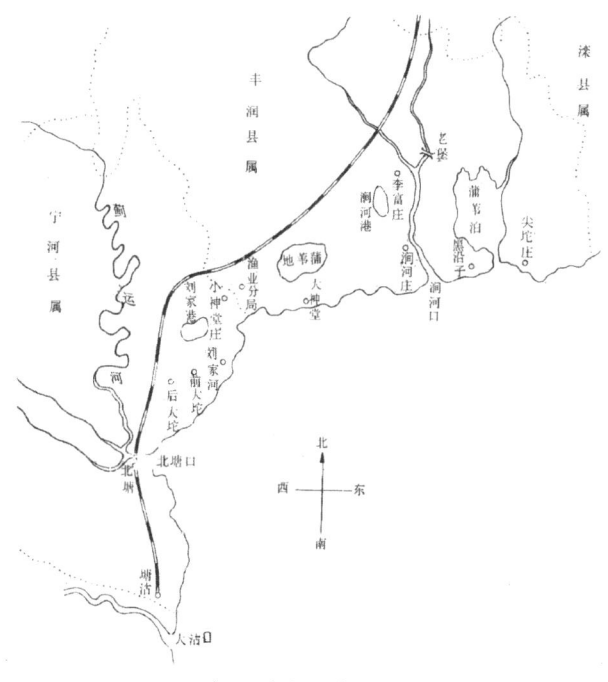

宁河、丰润沿海渔区

第七 宁河县渔业

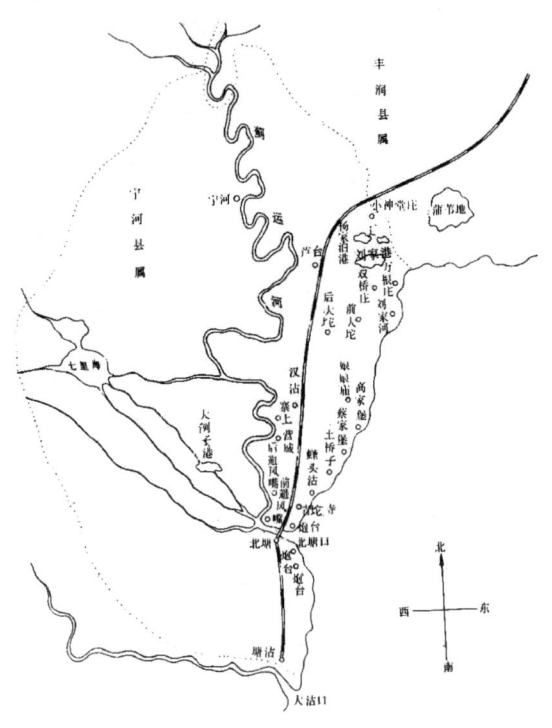

宁河县沿海渔区

宁河县南临海滨,居民大部以渔盐为业,农田较少,内地湖泊及港淀,丰产鲶鱼、梭鱼、比目、晃虾、对虾、琵琶虾、黄花、麻蛤、海蟹等,海深二三寻至五六寻,底质多粘泥。潮流和缓,有风则急。著名渔村为北塘、青坨寺、蛏头沽、蔡家堡、小神堂、前避风嘴、后避风嘴、于家堡、土桥子、双桥子、娘娘庙等处。渔具多用张网、袖网、棍网、抢网、打网、鲶鱼网、地网、大网、钩网、挂网、风网、拉网,及手钓等类。

一 黄花鱼网

甲 构造

网形长方状,无囊袖之分,全网以十二挂成一网,每挂长二十四寻,宽十八寻,麻线二股,左捻,

网目为本目,每尺间十五节,分挂缝合,为纵目横缝。

浮子 桐木制,长八寸,厚二寸许,宽二寸五,每挂附二十四个。

沉子 陶制,圆形,每个重四两,每挂附三十个。

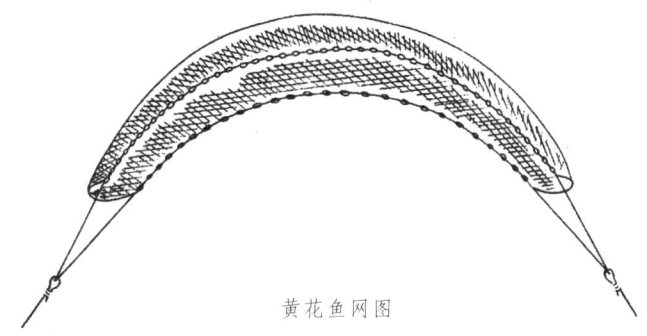

黄花鱼网图

浮子纲 青麻制,三股捻,直径三分,长二十寻,每挂二条。

沉子纲 青麻制,三股捻,直径三分,长十二寻,每挂二条。

叉纲 青麻制,直径四分,网端上下各附一条。系于支棍端之环,相接于曳纲,左右相同。

支棍 荆木制,长七尺,直径二寸,木之上下端,各有一孔,以便插入叉纲。

曳纲 青麻制,由九小股,分三大股,捻成一纲,直径二寸,长八十寻,左右各附一条,使用时结于叉纲环形之一端。

乙 使用法

渔船二艘,一为网船,柳木制,长四丈,宽一丈余,渔夫八人;一

为小船,柳木制,长二丈宽一丈,载渔夫六七人。渔期出帆,离岸约百里,寻得适当渔场,摇棹下网,徐徐进行,约一小时许,两船相遇,协力引纲扬网,使鱼集于中部,而后以挡网由船侧抄捕之,装置鱼舱后,再事操作。若遇南风顺利,一日可扬十数次,至日落整理归岸。

此网除捕大宗黄花鱼外,其他鲦鱼虾蟹等杂鱼亦能捕捞之。

二　拉网

此网由捕捞目的物不同,所用编网之材料,及网地之长短,皆有差异,兹述棉线制造捕虾蟹之拉网如下:

甲　构造

网为囊状,棉线二股捻,直径五厘,右捻,六分本目,网长二寻至三寻,网头五百六十目至六百目,有于网口后方,网目渐小至四分者。

沉子　俗名网脚子,铅制,半圆形,每个重三两左右,围网口下部,共附三十七个。

支棍　竹或柽木制,长约二寻三四尺,直径不及一寸,附于网口之上,以代浮子,并结系曳纲之用。

吊纲　麻线二股右捻,直径一分,长二尺五寸,系于网口上下,每隔沉子四五个,结一条,共用四五条。

曳纲　青麻制,结于网口之部,有四条,二股捻,直径三分许,平均结系于支棍上,每二条渐合为叉状一条,以便结附曳纲,曳纲为三股绳右捻,直径七八分,长不定,普通备二条,全网用桐油或苏子油染之。

乙　使用法

渔船一只,长三丈,宽九尺,三人乘之,黎明支帆出海,有远达三四十里者。到适当渔场后,投网入海,扬帆引曳,经过一小时余,合力拉网,检出渔获物,再行投下,终日反复操作,至日落归岸。

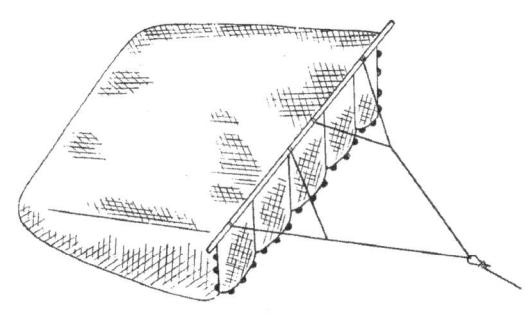

拉网图

三 流网

流网系刺网之一种,构造与临榆县渔业所述者,大致无何差异,其形状横长纵短,宛如幔幕,预测鱼群通路,日落时将网投入海中,壁立张开,以遮断其要冲,或围包其去路,使鱼类撞触后,即惊愕失措,缠于网目中,经长久时间,约在黎明引网得鱼。

四 罾网

罾网渔具,我国内地沿海之渔人,均乐用之,以其规模小,用人少,收益多,时间省,故无处无之。乃四手网具之一种,尤以家难船使用更多,将网具设置船头上,全家长幼,终年居住船中,游航各地,捕捞为生。网系麻线制,染以猪血,网口二丈,网目大小不一,有小至三四分,大至八九分者。

五 港渔业

宁河县内蓟运河,蜿蜒曲折,港湾甚多,经过本境,共有十三曲,下流会合其他小河,至北塘口而入海。春夏秋三季,为淡咸水产鱼类最盛时期,春季多产河刀鱼、黄花、麻蚶、鲙鱼等,夏季多产鲤梭,秋季多产鳞刀鱼及河蟹,冬季以银鱼为大宗。宁河境内,最大湖泊为七里海,产鱼亦夥,其他若刘家河,在汉沽东二里许,面积约二十余顷,港内盛产港鱼,滋味鲜美;大泖子港在北塘西二里许,车站以北,面积约六七十顷,亦盛产淡水鱼类;新河在车站以东,其鱼港多在庄北,共有五处:(一)孟家港,(二)小港子,(三)王府淀,(四)荒滩港,(五)北大坟港,各港面积,以北大坟及孟家港为最大,王府淀次之,小港子又次之,荒滩港界乎王府淀、小港子之间,春季开港,汲取海水,鱼虾类在港内天然繁殖,至七月底,得伏雨后,生长更速,冬季秋后即贩卖,每年产鱼之盛衰,恒视雨量之多寡而有差别。换言之,雨水愈多,产量愈丰也。

第八 天津县渔业

天津县沿海底质,概为砂泥,水向东流,深度由二三寻至五六

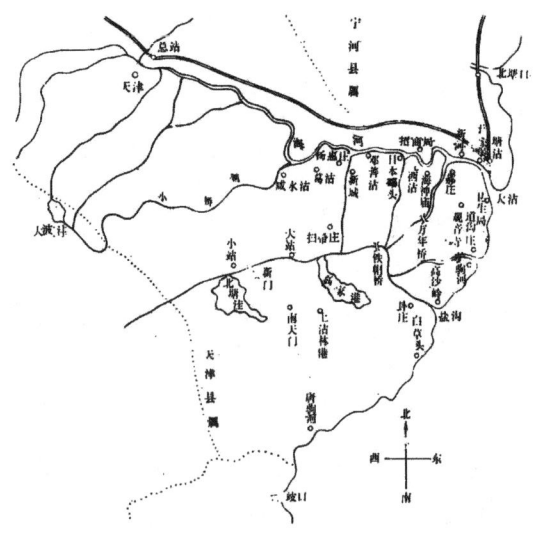

天津县沿海渔区

寻,离岸十数里,俗称盖子,捕鱼者驾舟载网,于盖子外捕捞,以求多获。盖海河入海,夹土带泥,全海尽黄,其黄蓝海水交界之外,即俗称盖子外。渔村有东大沽、西大沽、道沟庄、驴驹河、高砂岭、白草头、唐驹河、块庄及上古林港等,渔户三千余家,著名者为哈世荣、鲁栋、王仲奎、杨贵、杜玉盛、李子恒、吴国瑞、李振等数家,当地所用网类,有打网、风网、张网、挂网、拉网,所用钓具,有饵钓、空钩钓等,与其他各县,大略相同。

一 打网

甲 网地构造

网地 长带状,无囊,上下结绳,两端稍狭,系以曳纲,网目伸长一寸三分,麻线二股捻,直径一分许,右捻,全网为本目,网地之长,共十二领,每领之长,依目的物不一,如捕鲶鱼网每领长十二寻,黄花鱼网每领长二十寻,普通捕杂鱼网,每领长七寻,各领之宽,皆八寻,使用时各领相缝,作成一网。

浮子纲 以青麻制,二股右捻。直径五分许,二根,长与网同。

沉子纲 与浮子纲制法相同,惟直径较粗,约一寸。

牌子(浮子) 以柽木或桐木制之,长方形,长八寸,宽二寸五分,厚二寸,黄花鱼网及鲶鱼网,每领附二十八个,普通捕杂鱼网,每领附十二个。

网脚子(沉子) 陶制,椭圆形,每个重约三两许,黄花鱼鲶鱼网,每领结附二十八个至三十二个,普通捕杂鱼网,每领附十六七个。

曳绳 青麻制,三股右捻,直径约一寸许,其长不定,普通者长二十寻,共备四本。

染网 使用猪血,俗名血料,新制之网,每领需血三十斤,施染二次,始能下水应用之,以后每经半月,煮染一次,以防腐坏。

乙　使用法

春季渔期时,每晨乘大猎船、网船,一同出帆,二船分载网地、曳绳。大猎船柳木制,长三丈二尺,宽九尺,梁柱高三尺。此船只载曳绳,容渔夫四人。网船柳木制,长三丈五尺,宽一丈,深四尺,载网地及渔夫六人。捕黄花鱼鲙鱼时,共用渔夫十四人,航行距离海岸三十余里之所,大猎船即接近网船,将船上曳绳,系结网地,遂曳网航行,网船同时指挥渔夫落网,落毕拉网,为软风法(船网随风飘流),约历半时许,二船相接,大猎船切近网船,一同张帆前往,为硬风法,此际网船渔夫,于船首者引扬沉子部,在桅附近者,引扬浮子部,所有渔获物,落积于网船上。如渔获过多,则分置大猎船上。满舱后或日落时,乘顺风或升潮,扬帆归岸,售诸鱼商。每年黄花鱼鲙鱼盛渔期间,有夜行渔业者,往往预备半月之食物逗留海上,其渔获物由倒包船运销各地,渔期将过,方归港休息。雇用渔夫供给膳食,工资概无一定,大多以获利十分之三为全体渔夫之红利,丰年每季可得四五十元。

二　凤网

甲　构造

凤网构造,本省沿海各地使用者略有不同,兹述其一种如下,网为一种带状之旋网,浮子方长二百寻,小者长一百三四十寻,沉子方缩结颇多,较浮子方约短十分之三,网高中央者十八寻余,向端渐次缩减,两端约高十五寻。网线用棉线,于大沽口则用赤卤滩产之女儿麻线(人工捻),网地中央二三十寻处,网目一寸六分,大沽口之网,网目为二指尖,中央之左右各五十寻处,为二寸目,再向两端各三十寻处,为二寸五分目。

浮子纲　为青麻制,三股右捻,径三分五厘,至三分八厘,用二条,以挟浮子。

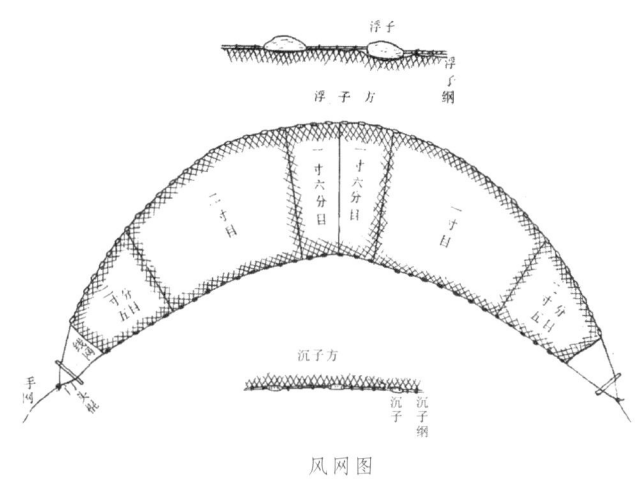

风网图

浮子 桐木制,长七八寸,宽二寸五六分,厚二一寸至二寸五分,网之中央部每寻结附五个,由是递减,至两端每寻结附二个。

沉子纲 青麻制,三股左捻,径五分至五分五厘,用二条以挟沉子。

沉子 陶制杏仁形,每个重三两五钱,网之中央部,每寻结十个,由此渐减至两端,每寻结六个。

缘纲 青麻制,三股捻,径三分五厘,长十寻余,于网之左右,各结附一条。

手纲 青麻制,三股捻,径一寸五分,长五六十寻,左右两端各一条,用以曳网。

每网一付,制价需银五百元左右,堪用六七年,以猪血(干燥血)染之,或以豆油七成、桐油三成之混合油染之,每年出渔前染一次,至收航时惟用海水洗净,晒干收藏于仓库中保存之。渔船于休渔期间,多半埋于沙滨干燥放置之,一船堪用四十年。

染网 渔户在旧历夏至节前后,不论新旧网地均须煮染一次,先将干猪血置锅,内加水煮熬,沸腾后投网煮之,再沸后取出挂于杉槁架上,天日晒干即能使用。为坚固起见有反复煮染二三次者,煮染时渔民习俗鸣锣祀神以预祝丰收。

乙 使用法

风网渔业,用渔船二艘,载重量五六十石者曰带头船(俗称簸箩),载重二百余石者曰网船。渔夫十二三人至十八九人,内分老大、写账、厨师夫各一人,其余均称船夫。载舢舨一只扬帆放洋,达渔场后,待潮流稍缓乃放下舢舨,乘渔夫一名,拉住网身一端之手纲,维持不动,网船扬帆,无风用橹(下网时须查鱼群发音之大小,而断定渔场是否相宜)。由右舷落网,使成半圆形,引曳手纲,经十数分钟,回至原处,与舢舨相会,将舢舨之手纲,由左舷取来,渔夫分立网船之左右两舷,乃曳扬网身。但网必受潮流,方能张开,故风向潮流反对时,使用适宜。投网一次约三四十分钟,不分昼夜,夜间燃灯工作,每日约下网十次。于渔期中,北风多则渔获少,南风多则渔获必多,此潮流风向,与鱼类多少有绝大关系也,渔获物主为黄花鱼,其他鲐鱼、对虾、海蟹、鲽鱼、鳓鱼等,均使用之。

渔场昔时水深不过六寻,今已逾十二三寻,故网之构造必须增加高度。

鲶鱼风网之形状,与前述风网相同,惟网目为三寸三分(俗称插巴目),每船使用十二领,每领高八百节,宽六百挂,使用法均同,无甚差别。

第九 沧县渔业

沧县近海海深一二寻至四五寻,海底为沙泥质,潮流平缓,秋季丰产麻蚶,春季渔业与天津、宁河县所行者大致相同,著名产物,为荒虾、鲐鱼、黄花鱼、对虾、梭鱼等,所用渔具,多为小张网、抢网、拉网、地网、片网、冻网、鱼绠苇箔等,渔户约三百余家,著名者为刘恩波、刘椿、张书严等,渔村有东西马棚口、歧口、东西高尘头、刘港庄等。

一 地网

地网为定置网之一种,网地长片状无囊,麻线制五分目,宽四尺,长不定,以长一丈之柳杆数十根至二三百根,当潮落时,按相当距离,排插海滩,入地四五尺,在杆上结系网地,宛如鱼箔。网与海底相接,网口向内,海水潮汐,没杆而上,鱼虾随潮游泳,落入网中,潮落水退,鱼为网阻,渔人入内捕拾之。丰渔时,每日潮汐可获五六十筐,每筐五十斤。

二 各种小网类

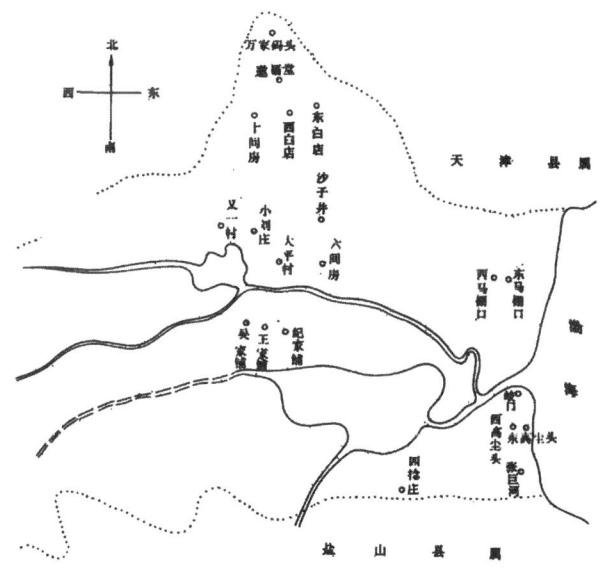

沧县沿海渔区

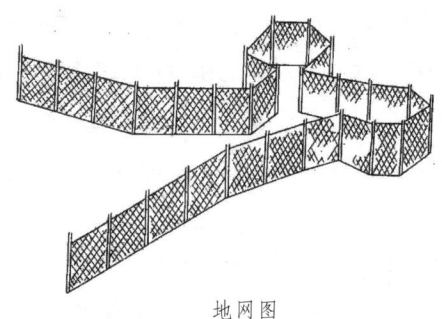

地网图

1. 流网　本县流网构造,与前述者无大差异,在芒种节下海,专捕鲶鱼(俗名回雷鱼),网地长墙状,长十八寻,至二十五寻,宽三寻,上端结浮子,长五寸,樫木制长方形,下端结沉子,石块制,重三四两,使网张立海中,落毕后,系于船尾而行,鲹鱼成群,浮海而来,一罹网目,即失其自由,络于网上。

2. 片网　片网与流网相同,形状颇小,于浅滩捕海蟹用之,以竹竿插入海泥中,不使动摇,蟹触网片即缠络网孔中。

3. 小张网　较滦县之张网甚小,以二条长竹竿,插入泥中,支持网口,上端有一绳索,横系其间,网张如袋,鱼随潮来,游入网口,潮落络于袋内。

4. 鱼箔　海滨小港(俗名海叉)捕鱼者插苇成阵,俗名曰箔,即定置杂渔具之一种,分大城、二盖、三盖、漩涡四部,层层缩小,游鱼随流进入大城,顺而再进二盖三盖,终迷入漩涡中,不得复出,渔人每日以挡网抄取之。

第十　盐山县渔业

盐山位于本省之东南部,与山东无棣县交界,海深一二寻至五六寻,海底系沙泥质,潮流平缓,有风则急,沿海渔村,有十八堡,其中心地为狼坨子、赵家沟、徐家沟、直沟子等,渔户六百余家,渔船五百余只,著名者有刘恩士、刘恩福等。所有渔具,与宁河天津者概同,有撒网、打网、拉网、流网、挂网等,当春秋两季,十八堡一带,渔人驾船出海距岸六七十里,使用挂网捕获黄花鱼,以拉网地网捕捞杂鱼,又有于海滨潮水涨落之处,使用小张网者,收获亦不少也。渔获物多运销平津,不销运者即盐藏之。鲜鱼装船,由盐山到大沽,沿白河顺流而抵天津。以家畜运搬者,必须经过天津之小站、葛沽,再由军粮城,转火车而达天津北平。

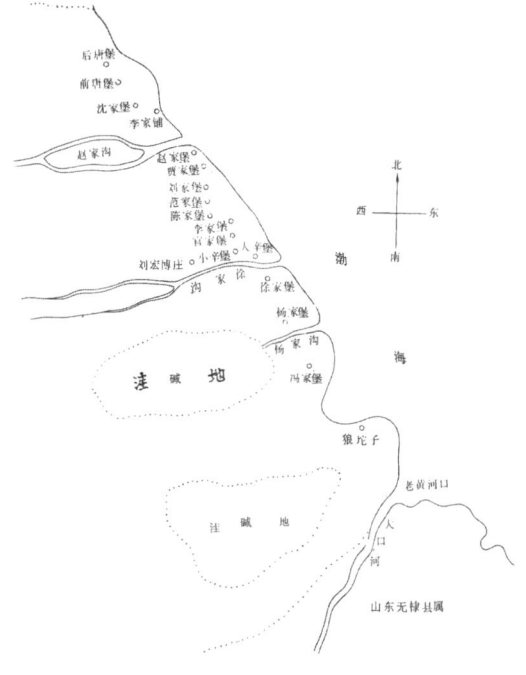

盐山县沿海渔区

沧盐两县渔业,以近年土匪猖獗,旅客裹足,虽有来津之渔商,但多不据实申述,据调查颇不周详,一俟材料充实,尚须补续。

第二节 淡水渔业

河北省沿海渔民,除于海上捕捞之外,有在港湾行渔者。港湾之水,介乎咸淡之间,而所用渔具,均为内地淡水渔业惯用之工具。经营淡水渔业之渔人,多系贫苦居民,虽云无足重轻,亦属维持大部之民生经济也。

本省较大湖泊有三,即三角淀、白洋淀(西淀)、宁晋泊是也。三淀之中,以白洋淀为最广。三淀盛产淡水鱼虾,运销各地,沿淀居民,赖以生活者,不下数万人。他若七里海、毕家圈、大洌子港、上古林港、蒲苇泊、涧河港、高家港等水泊及河流,亦均生产淡咸水鱼类,惟渔业范围甚小,不足以引起社会之注意耳。

一 冻网

此种渔业,行于冬季,当溪水或湖泊结冰,可载行人,渔人结队廿余人,至相当地点之冰上,检查冰下藻类较多地方,先择一端,冰上穿两洞,相距四五丈,于甲洞中,纳入径五分,长一丈之竹竿,竿上系七丈长之曳绳,此竿作用宛如针之引线,绳端与网相联,网长十余丈,竹竿放入水内后,用力推向乙洞,在乙洞渔人,由洞内钩上竹竿曳绳,即网地居于两洞中间,网身附有浮子及沉子,沉子接触水底,甲洞之网身,亦系以长绳竹竿,与前者均同。两洞渔夫,各分配十余人,各于同侧,沿溪或湖上前行,每隔数步,穿洞如瓯,每对相称,至末端则凿一大洞,两端竹竿,用钩由小洞递拨,以趋对面之大洞,于是引竹出洞,去竹曳绳分两翼徐进,网在水中,随之进行,渔夫长,旁立指挥,漫声高唱渔歌,于落句歇尾处,两翼渔夫,应声和调,足以忘其冰天冻地中之劳苦。至网出大洞,水中鱼类,尽满装网囊矣。

二 鱼缂

鱼缂构造简单,为守株待兔之渔具。以大绳一条,径五六分,长八丈,每隔一尺六七寸,结附竹竿一条,竿之上端,劈裂如丝,下端系石块沉子,竹竿直立水中,大绳两端,各系支柱上固定之,使沉水之中层,沉子隐入泥中,竹丝浮露水面,绳旁有二三渔人,持篾编鱼罩,等待捕捞。鱼迎水流游泳,见绳即逸,不敢前进,往往沉下水底,以头穿泥遁逃,偶触绳下沉子,则水面竹丝,必致微动,渔人测知有鱼,急落鱼罩,百不漏一,故本省渔人俗云:"鱼过千层网,不过一条缂。"

三 打丝网

网线使用麻丝,或棉线,每幅宽约七八尺,长十余尺,系当地渔人自制,每幅四元,网之上端,附杉制浮子,下方附少数铅制沉子,网目五分,网之大小,由渔捞之人数而不定,小者十余幅,大者数十幅,互相缝合而成。

此网系刺网之一种,使用时期,由春末至秋初,均适用之。渔夫先将网地放入水内之一方,徐徐进行,作成弧形,然后数人至十数人,在水中距网约数十丈之遥,作半圆形,手持铜锣类,且击且走,使鱼闻声惊吓,向前直奔,于是被丝网络罩。渔夫每人胸前悬一篾制小篓,起网取鱼,投入篓中。检净后,再照前法捕捞,或变更位置,以追逐游鱼。此法子浅水行之者,渔人裸腿工作,稍深之水,则乘船下网。当调查白洋淀中,产鱼较盛之地点,往往于同一水面聚集四五家,各家船上之锣声、铁声,通通不绝,振人耳鼓,虽渔获互有多少,但各不相搅,向无争斗之事实。

四 箔旋

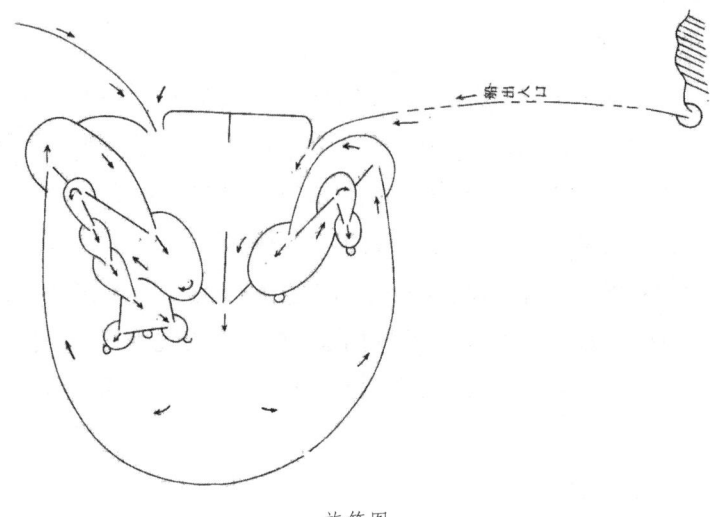

旋箔图

箔旋渔具，属定置杂渔具之一种，中国南北各地，均应用之，本省三角淀，尤为盛行，白洋淀次之，沿海港湾又次之。水深以三尺左右为最宜，构造简单，全部皆以苇帘制成。当春初或秋季时节，渔民视察游鱼通路，插箔围绕。普通分大城、二盖、三盖、漩涡数部。漩涡有最小之收鱼篓，称曰密封，竹片制，鱼类沿苇垣向内进行，迷离失所，不易逃出，最终止于小漩涡内，或竹制密封中。渔夫每日午前午后六时各出鱼一次，以挡网抄取之，丰产时有一次数十斤之多。箔旋之大小，由使用苇帘之多少而定之，普通小者数十丈，数亩，大者达二十余亩，一端由陆地建一苇垣，直至箔旋。苇垣中间，有切断口数处，以便小船出入，对面亦插一苇垣，进门处为喇叭形，愈内愈小。

箔旋价格，以苇帘多少而不同，普通苇帘一条，长约一丈，宽五六尺,价大洋二角。箔旋大者,用帘数十条,至数百条;小者十数条,亦能捕鱼。经营大箔渔业者,乃较富之渔户,雇人工作。至二三十元之小箔,则多为无产渔民,独资购置,由父子兄弟三四人,共同经营之,自备小船二只,约五六十元,每日晨昏二次,为船抄鱼,运至沿岸,贩与鱼店;每日获鱼多时数元,少时数角。箔旋一付,堪用二三季,过久则腐朽多洞,游鱼易逃矣。

五 罾网

罾网渔业,到处皆有,本省俗称搬罾网,分定置及活动两种,定置者于河湖沿岸,相当地点,支柱悬网,一人经营之,亦足温饱,每十数分钟,起罾一次,凡经过之鱼虾,圈入网内,以挡网抄上,置入篓中,活动者将罾装设船上,一人摇网,一人搬网,且行且落,工作不断,家难船经营此业者较多。

六 赶网

此种渔业,多系农夫之副业,行于甚浅之水中。赶网构造,以竹架制成,状如灯罩,上下边联附网片,留前方一面不附网地,长五尺宽二尺。当春末及夏秋季,渔夫一人,左手持网,右手持棍,沿河岸湖边,有草地方,置网于岸旁,即用木棍由外方击水驱鱼,进向网

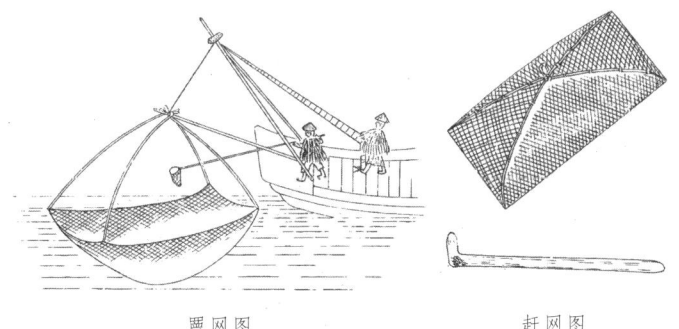

罾网图　　　　　赶网图

方,鱼被惊吓,迷入赶网中,然后渔夫扬网,以手取鱼,装入篓中,再行第二次之逐鱼。此外更简单者,尚有使用大竹筐罩鱼者,凡此渔业,方法虽拙而技术绝妙,无经验之渔人,终日不得一鱼也。

七　张网

网为棉线制,长二十余丈,宽七八尺,上方附浮子,杉木制,下方附沉子,陶制,网地两端,有手绳、木棍及曳纲,渔夫一人登岸,引网之一端,沿河徐步前进,渔船上载网,有渔夫二人,一人摇橹驶船,一人投网,投毕继投曳纲,乃速棹近岸,与岸上人同曳网之两纲前进,网在水中,成为兜状,曳至相当地点,同时停止进行,引上纲网,叠积岸上,检出鱼虾,置于船上,再作第二次之投网。

八　拉网

此种拉网,与海上渔业使用者不同,网为棉线制,染以猪血,大者长十余丈,两端有曳纲,每付网由网地八九条构成,每条长一丈一尺,宽五尺,网目一指尖(三四分),每条上有袖囊四十个,均通于全付网底部之大袖囊中,附沉子铁成。浮子杉木制,网地一条,价约六七元,渔人自制,或购自专门织网之渔家。此网应用于河溪,先将网置水中,二人各登一岸,各曳网上之曳纲,徐徐前进,至相当时间,船上渔人,至一边岸上,取来曳纲,摇船至岸,将曳纲交与对岸之人,引曳二纲,徐徐将网取上,解开囊端之绳索,倾出鱼类。

九　旋网

此种旋网,海上及淡水均使之,网地棉线制,网目甚小,为半指尖(二三分),网边底部,周围有返折之袖囊,袖囊下附沉子,铁或铅制。网地上端,为一长袖,顶端系绳,径二分,长二丈。投网之前,长绳在左手盘绕,右手撒网,旋传成圆状,落入水中,水内游鱼,被网围罩,沉子集中作成袋状,不能逃逸,拉至岸上,则网内鱼虾,多在袖囊中,以手取出,再行投网。

十 挟网

与前述鱼緵略同,惟构造稍异,以藁绳一条,径一寸二三分,长二三十丈,绳上缚浮竿,及陶制或石块之沉子若干个,使绳沉至水底,用船曳绳前进。鱼类见水中有物蠕动,畏缩不前,遂以头插入绳下泥中,绳愈行,鱼益惧,跃动之状,传达船上浮竿,浮竿振动,渔人即知有鱼,摇船近绳另以挟网伸插水底罩住鱼类。渔夫两手持挟网二柱,用力夹缩,挟网之口,系合无缝,提上挟网,置诸船上,取出鱼类。此种渔具,捕捞大型鲤鲫,但业此者甚少耳。

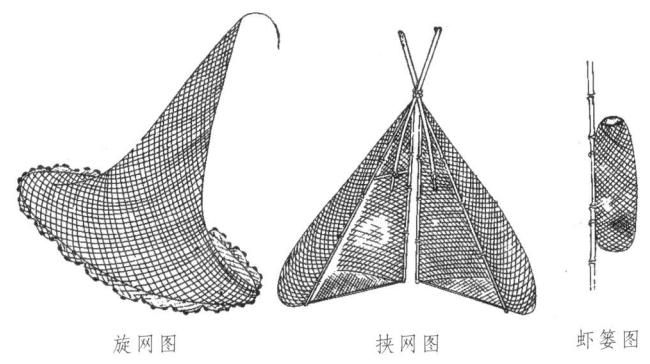

旋网图　　　挟网图　　　虾篓图

十一 蟹钩

秋季为河蟹产卵期,肥满异常,渔夫以铁丝制钩,顶端半圆形,手持一端,沿河岸水田,见有孔穴,即将钩入洞内,钩捕之,每日一人可获七八斤,或于夜间择苇草之附近处,设蟹篓,以灯光引诱,进入篓中。蟹篓图见后。

十二 虾篓

虾篓以苇席编成小篓,一种高一尺三寸,一种高四五寸径三寸。篓之下半段,有向内伸入之喇叭口,外大内小,易入难出,俗名气死猫,以便虾类进入篓中。篓旁附结苇棍一条,长四尺,并有破瓦块,重四五两,用此棍苇插入水底泥中,加瓦块防其上浮。篓内置黍面碎饽块,作为饵料。渔夫驾舟一只,载篓二百余个,沿河两岸或湖中芦苇地方,每隔二三丈处,插篓一个,篓底接触水底,虾见饵料往往进入篓中。渔夫每日晨夕,顺篓线各取虾一次,饵料缺少者,随时添置之。丰产时,搜集各篓一次,可获一二十斤,少时不过二三斤左右。虾篓一个,价约二分至四分。

十三　鹚鹕渔法

鹚鹕俗名鱼鹰,用以捕鱼,非常轻捷,巧者每只三四十元,普通二三元至十数元不等,惟所捕之鱼类,鳞片剥落,外观不美,是其缺憾耳。行鱼鹰捕鱼之先,有数家联合,预以苇箔,由四方追鱼,集中于一较小之箔中。此种工作,至少十余日,然后各家驾舟放鹰捕之。亦有于任何水面之上,以鹰捕鱼者。经营此种渔业,必须备木船一只,长两丈宽四尺,船舷两边,各伸出木棒四五条,以备架鹰之用。每船载鹰十至三十余只,鹰毛灰黑,嘴尖长,先端如钩。渔夫一人,划船至相当地点,逐鹰入水,鹰颈缚细绳,以防吞食鱼类。鹰在水下,追捕鱼类,一口能衔大者一条,小者二三条,鹰头遂覆露水面,各家渔夫,在船上用木板力拍甲板,音响不断,鹰闻拍声,各向自船驰去,渔夫以竹竿架上登船,一手持鹰,一手由口掏出鱼类,取毕再逐之入水,继续工作,群鹰连续上下,颇觉忙促有趣。又遇大鱼,一鹰不能衔上者,则数鹰群集其捕之。渔夫养鹰,饲以小鱼或牛肉,日需五六分钱。

十四　粘钩

粘钩系一种空钩延绳钓,前已述之,今举淡水渔业之一种,渔具构造,有干绳一条,径四分,悬以枝线多条,径一二分,皆为麻制,枝线下端，结系铁制空钩，不置任何饵料。干线两端，有浮木支持之。渔人于下午，将干绳枝线铁钩均放入水中，听其自然，至翌晚始行起钩。此钩须置诸鱼族集聚，或通行之路口处，使其不意中，罹挂于钩上。鱼类罹钩，受痛跃动，往往附近之钩，亦挂身上，愈动愈甚，起钩时检出鱼类，仍将钓具放入水中。近日经营斯业者，以渔获不旺，渐改用其他渔具矣。

空钩保存法，凡新钩先用铁锅煎熟苏子油，投钩入锅，煮沸之，可防锈坏。海上渔业使用之钓钩，亦照此法预防，勤者每使用一二次即用锉刀磨钩端，务求尖锐，然后蘸苏子油一次，永不生锈。

十五　卡钓

卡钓者，系一种类似延绳钓，无铁制钓钩，专利用竹片捕鱼，极尽人工之巧妙，除本省白洋淀、三角淀使用者外，他处尚不多见，此项渔具，成绩良好，操作容易，资本低廉，保存亦久，普通渔民，均乐经营之。

甲　渔具构造

渔具中有卡头、枝线、干绳、浮标、沉石五种。

A　卡头　以竹篾制，须富柔软韧力，渔人取扫帚竹枝，第一节皮部，用刀削成两端尖扁，当中平扁，长寸半，宽二分之小片，称曰卡头。

B　枝线　棉线制，三股捻，径半分，以栲皮煮染，长七寸，上端结于干绳，下端结有卡头。

C　干绳　棉线制，三股捻径一分，栲皮煮染，一条长二百丈，每隔五尺结带卡支线一条，约附卡头四五个，称曰一盘。

D　浮标　以轻木或竹筒或其他容易注目之物制之，有浮标绳系于干绳两端。

E 沉石 以短绳结系石块或陶瓦之物,作为沉石,再将短绳附结干绳上,使干绳于水底中,不致移动。

乙 附属具

A 挡网 用以抄鱼,棉线制,三股捻,径半分,一寸目,长二尺作成圆锥形,边缘附铁圈一只,有五尺长木柄。

B 卡盘 竹篾编或柳条制,圆形径一尺,高二寸,足容一付卡钓渔具。

C 镰刀 凡干绳枝线或鱼罹卡后,有水草缠络者,以刀割断之,与普通镰相同,附有长丈余之木把。

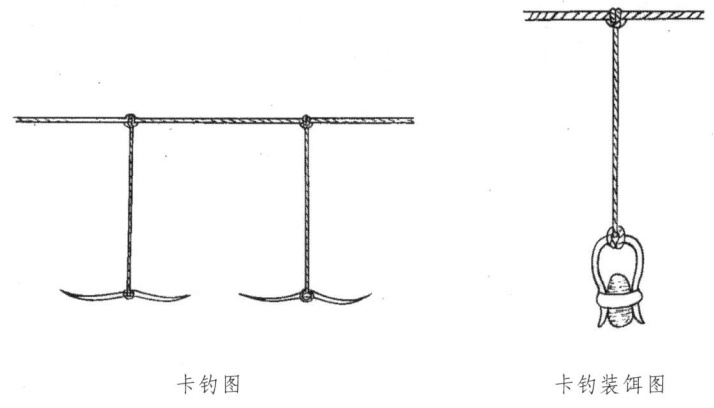

卡钓图　　　　　　卡钓装饵图

本省渔民使用渔具之一部

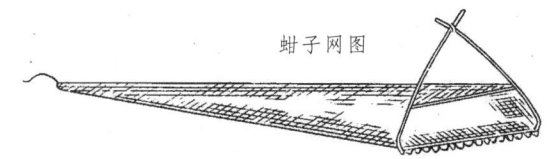

蚶子网图

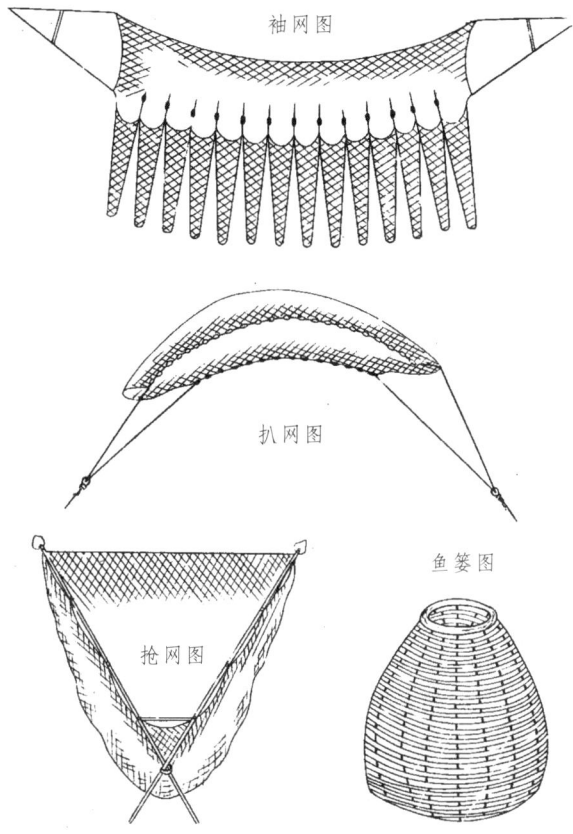

D 饵料 以面制蒸饼为之,厚二分径半尺,切成楔形小块,一端宽大,一端窄小,加麻油拌渍之,俟干后,装入饵袋,以备应用。另用青苇草,或棉苇,择有韧性者,剪成宽二分之圆环(俗名卡箍),将卡头用手向下弯其两端,套以圆环,卡头被箍不致伸开,中间有孔,插入蒸饼小饵。

丙 使用法

渔船一只,渔夫二三人,制饵完毕,晨间支帆或摇棹到渔场,择

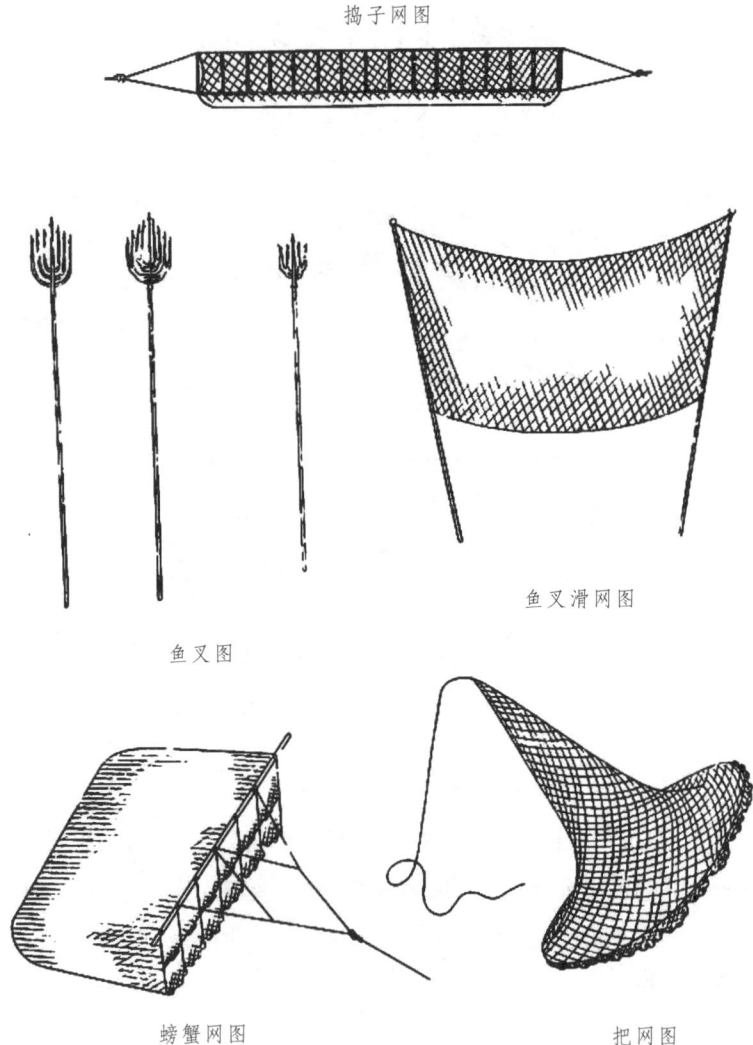

流水顺畅,底质洁净地点,横断水流,投下渔具。此时一人操船,一个蹲伏船舷,将浮标沉石结系,按直线方向投下卡绳等,卡内饵料,经水浸渍,即变白色,鱼类被诱,群来吞食,一入口部,环断卡开支住鳃盖,欲逃不能,遂遭活捉之祸。约三四小时后,方事起卡,一人至船头,一人操船,完全将卡绳取上,以挡网抄鱼,放入活舱。起盖后,检视饵料之有无,整理补充,再行投下,至夕阳西下归岸售鱼。亦有晚间投下,翌晨收鱼者,使用此种渔具,除冬季冻冰外,全年均能应用,尤以夏秋间为最适,所获鲤鲫鱼类,滋味鲜美,价值较昂。

第三节 本省水产生物及渔期

本省水产生物,分淡水、咸水及淡咸水三种。淡水者产于内地河川湖淀之内;咸水者产于滨海各地之海面;淡咸水者,产于沿海各港湾河沟中。查本省沿海当渤海之内湾,受外海影响甚少,且海深颇浅,气温水温之变化,均较激烈,不产暖流鱼类及有用海藻,普通产物,以对虾、毛虾、黄花鱼、鲙鱼、梭鱼为大宗。淡水水产物,以鲤、鲫、白鱼、鲢鱼为大宗,他若卫河(天津市原名天津卫,在该地经过之白河,普通称曰卫河)之金眼银鱼,蛏头沽之美人鲜蛏,乐亭之鲤豪鱼;十方院之河蟹,滋味均香美异常,推为上品,但产量较少,知者殊鲜。

本省关于渔业及水产物产地数量价格等项,向无统计,亦无人过问,建设厅既无此项人才,本省又无调查机关,省立水产学校,固应负责搜集材料,以资统计,无如经费拮据,仅足维持现状,向无此项节余经费派员分赴内地沿海各处从事调查,作一正确之报告,故关乎是项统计,确无根据可稽,仅就所知者述之于下,以作参考。

第一 咸水产物

本省主要渔场,产咸水鱼者,大别有四,即第一由秦皇岛至石臼坨间,第二由石臼坨至神堂间,第三由北塘至大沽口南部间,第四由歧口至老黄河口间,其中以北塘、大沽、南北堡三地,出产最富,北塘大沽各种鱼类俱备,均有水窖数所,又临近北宁路线,运销便利,甲于全省。南北堡一带,丰产毛虾,制造虾酱及盐干品,数量颇多,行销亦远。

东北部海,出产种类,有大头鱼、黄花鱼、带鱼、鲨鱼、梭鱼、青花鱼、鲶鱼、海蟹、鲈鱼、对虾、毛虾、比目鱼、燕鱼、偏口鱼、胖头鱼、海蜇、河豚、墨鱼、八带鱼、针鱼、鳞刀鱼、牡蛎、香螺、鲍、蛏、青蛤、面条鱼、鳖子鱼、镜鱼、白眼鱼、河尖鱼。

中南部海出产黄花鱼、青虾、红虾、毛虾、对虾、晃虾、琵琶虾、白米虾、梭鱼、海蟹、香螺、麻蚶、鲈鱼、羊鱼、银鱼、紫蟹、铜锣鱼、八带鱼、河豚鱼、鲁板鱼等,本省中南部海湾海水较浅,水质泥淄,不若东北部海出产种类之多且富也。

一 临榆县 秦皇岛田庄等处近海,多产带鱼、鲶鱼、对虾、海蟹、大头鱼、八带鱼、黄花鱼、比目鱼、海蜇、墨鱼等,渔期有春秋两季,春季在夏历二月中旬,至七月中旬,秋季由八月至十月中旬,即初期在谷雨节,盛期在立夏节,秋季在立秋至冬至节。

二 抚宁县 洋河口、西河南等处,沿海多产对虾、燕鱼、偏口鱼、黄花鱼、鳞刀鱼、鲶鱼、海蜇、鳕鱼、带鱼、鲤鱼、海蟹之外,亦产牡蛎、鲍、蛏,惟量甚少。渔期分春秋两季,盛渔期在谷雨节后,小满节左右,秋季在立秋以后,夏季冬季休渔,不事捕捞。

三 昌黎县 团林赤洋口等地,多产黄花鱼、八带鱼、对虾、海蜇、鲙鱼、带鱼、鳖子鱼、铜锣鱼、梭鱼、燕鱼、镜鱼、白眼鱼、海蟹等，渔期为春秋两季，与抚宁县略同。

四　乐亭县　大清河石臼坨等地，多产黄花鱼、鲙鱼、毛虾、青蛤、白蚶、对虾、海蜇，渔期春季，盛期为立夏节左右。

五　滦县　南北堡大庄河等口，多产毛虾、蛤、蛏、梭鱼、偏口、黄鳞鱼、大头鱼、带鱼、对虾、海蟹、蛤鱼、海蜇、面条鱼、黄花鱼等，南北两堡，每届立夏后，即设张网，专捕毛虾，每潮每网能捕一百余篮，每篮约一百五十六斤。南堡夏季歇网后，秋季尚能设网一次，北堡因潮流关系，仅夏网一季而已。大庄河除产毛虾及各种虾类外，每届春融冰解时，出产青蛤，行销外埠，并丰产面条鱼（又名草根鱼），以气温较暖，肉多水分，不堪长时贮存，难以运销远地，渔人俗呼之曰出水烂，除出售附近地方食用外，多制成煮干品，以便保存。又该县所产大宗毛虾，专供制造虾酱，及盐干小虾之用，行销华北各省，且远至新疆，为本省沿海一种最大出产也。渔期在三月，盛渔期为四五月，秋季为九十月。

六　丰润县　神堂、涧河、黑沿子各海口，丰产黄花鱼、鲙鱼、毛虾、晃虾、海蜇、白蚶、青蛤、海蟹、黑鱼，渔期在四月，盛渔期为五六月。

七　宁河县　北塘口青坨等处，丰产晃虾、对虾、黄花鱼、鲙鱼、梭鱼、麻蚶、香螺、鲈鱼、河豚鱼、吉头鱼、鲁板鱼、河尖鱼、带鱼、八带鱼、鳞刀鱼、狼鱼、瓶子鱼、虎头鱼、辞暖鱼、海蟹、刀鱼、海鲇鱼、银鱼、紫蟹、羊鱼、铜锣鱼、红虾、白米虾、针鱼、鲤鱼、鳝鱼等，渔期在谷雨左右，盛期在立夏节。

八　天津县　大沽口，每届立春后，渔船冒险冲冰入海，捕捞梭鱼、晃虾，销售平津一带，价值最昂，本省沿海各口，皆望尘莫及，盖该口适在海河下流，冬季有海河工程局，压冰铁船，往来水中，行凿冰工作,使商轮沿道出入,以便交通,渔船遂得冒险出海矣,丰产黄花鱼、晃虾、琵琶虾、梭鱼、海蟹、麻蚶、鳍鱼、鲙鱼、河豚鱼、羊鱼、鳖鱼、鲁板鱼、比目鱼、八带鱼、瓶子鱼、刀鱼、面鱼、带鱼、鳞刀鱼、银鱼、香螺、对虾,葛沽一带,并产河蟹、虾钳。

九 沧县盐山县 马棚口、歧口,产鱼最多,赵家沟徐家沟次之,丰产黄花鱼、晃虾、鲙鱼、毛虾、鱼、海蟹、对虾、蟹钳,渔期多在春季四月间,盛渔期在五六月,至秋季所产有麻蚶、鱼垒鱼。

第二 淡水及淡咸水产物

一 安新任丘雄县 三县毗连白洋淀(西淀),每届夏秋之交,淫雨为灾,水势浩大,鱼虾繁殖,出产甚丰,有鲫、鲤、鳜鱼、厚鱼、鲂鱼、白鱼、鲢鱼、鳝鱼、河蟹、青虾、乌贝、黄钻鱼、红草虾、私包鱼、黑鱼。

二 文安大城霸县 三县毗连东淀,文安堤内所属之淀名文安洼,大城边境曰抬头洼,每届伏泛,大清河水势暴涨,泄入淀内,丰产鲤、鲫、鲂鱼、白鱼、囤条鱼(又名肉棍)、黄瓜鱼、红草虾、青虾、黑鱼、厚鱼、鲢鱼等,大致与白洋淀所产淡水鱼相同。

以上二淀,为本省产淡水鱼类,最富区域,在渔期间有活鱼运搬船沿大清河顺流而下,专运鲤鲫各种活鱼销售天津,自民国六年,天津白河裁湾取直以来,各河泄流较易,而淀水时有浅涸之虞,出产因之减少,不足供给平津各地之食用矣。

三 宝坻县 境内有蓟运河,贯通全县,又临七里海,水产鱼族,有银鱼、紫蟹、花斑鱼、鮰鳇鱼、梭鱼、鲇、鲤、鲂鱼。

四 宁河县 毗连七里海,该处地势洼下,为永定河泄水池,每届秋季,该处盛产河蟹,当地渔人呼之曰蟹秋,间有鲤鲫、白鱼等,入春天气亢旱时,往往干涸,出产全无。

五　天津县　县属小站以南,毗连渤海滨,有产鱼港一处,名曰上古林港,每届夏秋之交,阴雨连绵,该处港沟,接连海水,放入潮流,引进鱼种,下闸蓄养,迨立秋后,即盛产港虾、港梭鱼、辞暖鱼、黄瓜鱼等,以港虾为大宗,辞暖鱼次之,该处无冰窖,渔人捕得鱼鲜,率各制成盐干鱼虾,行销远方,港虾干色红味甜,极为鲜美,销平津闽粤各地,每斤一元三四角,干辞暖鱼,普通制成锅包鱼,专销津平,每斤六角,其他干制品,亦皆精良,本地渔民恃该港出产,维持生活者,约六十余户,惜专依天力,不加人工,如遇海无大潮,东风不亘,则海水不能灌入港内,鱼苗稀少,出产殊鲜,望洋兴叹,徒呼负负而已。该港春秋两季除捕鱼虾之外尚捕野鸭(凫)大雁,为主要之副产物。

六　静海县　杨芬港第六堡二处,每届伏泛水涨,洼地水满,盛产鲫、鲤、河蟹、青虾、泥鳅等,该县专恃天然水涨,充满港内后,临时产有鱼虾。

以上所述,本省出产之水产物,大略如是,惜无统计可稽,兹调查民国十九年度,各区鱼税征收所,每年解缴省财政厅之包商税银,在二十六万余元。其抽税法,于出产区,包商对于买卖两方各抽税金三分,共计六分。换言之,值百元之鱼货,须纳税六分,至偷漏蒙蔽之处,尚不计及之。由此可以推算本省全年产鱼之价值,须在四百余万元。又据本省各处渔行,每年买卖货品之数量,亦为推算之一助,又统计各产鱼区域,大渔户之收入,亦略得其梗概,再加偷漏不报及私运私卖之货则,本省全年产水产物,总价值至低限度,在六百万元以上。其不重要或产量较少之鱼类贝类等,尚未计入之。以北塘泰发鱼店一家而论,近年售日本林间商店,对虾一宗,年达二十五万元,表中所列对虾六十万元,恐尚不止此数,以此估计,当知本省渔业收入,实占一重要之地位也。

第三 各项统计表

本省重要水产物一览表

名称	产地	渔期	数量	价格(元)	备考
对虾	沿海各县	三月~五月(国历)	20000000 个	600000	沿海习惯以百个计算
海蟹	沿海各县	五月	4000000 斤	200000	销全省并干制
鲙鱼	沿海各县	五月~六月	8000000 条	400000	沿海习惯以百条计算一部制盐藏品
晃虾	天津宁河盐山沧县	二月~四月 七月~八月	200000 斤	400000	鲜食及制造煮干品
毛虾	滦县	四月~五月 八月~九月	800000000斤	1600000	为本省沿海大宗出产制品运销华北
黄花鱼	沿海各县	四月~六月	1500000 斤	500000	干制品在北部沿海有制鱼肚者
青蛤	丰润县	二月~四月	600000 斤	20000	运销平津
麻蚶	天津宁河	二月~五月 九月~十月	3000000 斤	100000	大宗运销申粤
海蜇	临榆昌黎	八月~十月	8000000 斤	100000	运销本省及西北各省质净无砂
刀鱼	沿海各县	全年	4000000 斤	200000	
梭鱼	沿海各县	全年	8000000 斤	250000	一部制成煮熟盐藏品在沿海销售
鲤鱼	安新雄县文安等	二月~十一月	2400000 斤	200000	活鱼输运平津
鲫鱼	任邱大城	二月~十一月	3000000 斤	200000	活鱼输运平津
青虾	沿淀各县	三月~七月 九月~十月	2000000 斤	200000	运销全省
河蟹	十方院及沿淀各县	七月~十月	1500000 斤	200000	运销平津宁河县制蟹黄出售
红草虾	沿海各县	三月~六月	1500000 斤	50000	运销全省
鳜鱼	沿海各县	三月~六月 八月~十月	250000 斤	50.000	售平津
鲢鱼	沿淀各县	十一月~三月	1600000 斤	200000	冬季一部制熏制品销售本地
白鱼	沿淀各县	十一月~三月	1200000 斤	150000	冬季一部制熏制品销售本地
其他	各县	无定		100000	
统计				5720000	

本省沿海沿淀水产物数量暨渔户渔船渔港一览表
沿海各县(咸水鱼)

项别 海淀	产量(元)	渔户(口)	渔船(只)	重要渔港	备考
天津县	500000	25000	1500	大沽,驴驹河,草头沽,高沙岭	渔船栏内所载数目,凡各项帆船冰鲜倒包打网船均在内
宁河县	600000	22000	1200	北塘,蛏头沽	同上
沧县	200000	15000	800	歧口,马棚口	同上
盐山县	80000	11000	500	赵家沟,徐家堡	同上
丰润县	200000	28000	700	神堂,涧河	同上
滦县	2200000	30000	500	南堡,北堡	滦县渔船最少,大网户最多
乐亭县	400000	25000	300	石臼坨,大清河	渔船栏内所载数目,凡各项帆船冰鲜倒包打网船均在内
昌黎县	200000	20000	300	赤洋口,团林	同上
抚宁县	200000	15000	250	西河南,洋河口	同上
临榆县	200000	12000	200	秦王岛	同上

沿淀各县(淡水鱼)

项别 海淀	产量(元)	渔户(口)	渔船(只)	重要渔港	备考
文安县	100000	6000	600	胜芳,左各庄	淀河捕鱼专用器,罾、箔等渔具,所有船只均系供用运鲜及载鹈鹕等用
大城县	80000	5000	500	台头洼	同上
霸县	50000	3000	200	苏桥	同上
安新县	350000	6000	400	端村,新安	同上
任邱县	210000	7000	500	白洋淀	同上
雄县	50000	2000	300	赵北口	同上
其他	100000				
全省总计	5720000元	232000口	8705只		

附民国廿一年，河北省沿海船捐征收处，调查本省渔船数目如后，惟限于登记者，殊与本省渔户渔船之数目不符也。

等级\地名数目		北塘渔	大沽渔	歧口渔	大清河渔	洋河口渔	五里坨渔	秦皇岛渔	涧河渔	神堂渔	总计渔	说　明
渔船只数	特等											一、以上各船等级，系按船身长度丈量，四丈八尺至五丈五尺为一等，四丈以上不满四丈八尺为二等，三丈三尺以上不满四丈者为三等，二丈五尺以上不满三丈三尺者为四等，二丈以上不满二丈五尺者为五等，一丈五尺以上不满二丈者为六等，如逾过五丈五尺以外之船统为特等。 二、钩船（一名家眷船）及坝网船、公用船及民户自用船等，向不收捐，故未调查，至船之形状，除洋河口多系槽形窄长外，余均长方形。 三、以上登记均系本省沿海渔船。至临时来自外省之渔船数目无定，故无列入。 四、前项统计本省大小渔船有八千余只确非虚造，此表仅有登记之数，其未登记之船或规避之小船当较此数二倍以上也。
	一等		3							1	4	
	二等	11	9			10	93		24	40	187	
等级数量	三等	374	32	46	16	9	75		58	100	710	
	四等	50	307	434	77	1	73		162	4	1108	
	五等		44	216	11	52	8	11			342	
	六等			13	11	213		145			382	
	合计	435	395	709	115	285	249	156	244	145	2733	

续表

备考	此项渔船统计，系依据河北省沿海船捐征收处，渔船登记数目编造，按大沽海口为河北省最富庶渔区，由高沙岭至大沽沿岸，渔船应不止所登记之数，其余如神堂、五里坨、团林、大清河等口皆为养大网船渔户，其船只数目亦不甚确，惟歧口一带为穷乡僻壤之区，而船只登记数目稍确，以上各口渔船，必有影射规避者，故确数无从查考。又沿海岸如大沽、北塘、大清河、五里坨、神堂等处，均为富庶渔区，何以一等船只仅有登记之数，并无四丈八尺以上之渔船，尤属疑问。 编者附记

第四　本省渔期经验谈

宁河县北塘口，著名渔户杨郁堂先生，经营渔业，不下四十余年，兼自办鱼铺数号，每年营业达五十余万元。据杨君陈述本省渔民捕鱼季节及多年经验如下：窃查渤海湾者，乃泥岛也，非比鲁省各口岸之为山岛也，又非比长江之无潮落也，以故渔民于春初冰解河开，驾船海外，捕捞鱼鲜，必须头戴皮帽，或毡帽，身穿厚棉衣服，外罩狗皮裤袄。举网入水，绳即结冰，手拉冰绳，指粗肤裂。倘遇暴风，则大海扁舟，怒涛汹涌，险象环生，艰苦冒险，不可胜言。其捕捞鱼鲜，乃由其素日实地经验，按照节令，为捕何种鱼鲜之标准，立春节（夏历腊月末正月初）预备船上出海应用之一切绳网等事，雨水节（正月上中旬）竖桅。惊蛰节以前（正月中下旬），冰解河开，谚云开河不过惊蛰，此时捕捞晃虾红虾，春分节（二月上中旬）捕捞海鲶鱼、吉头鱼、马皮虾（即津俗呼琵琶虾）。滦县属东堡，张网插捞麻线鱼、面条鱼，清明节（二月下旬三月上旬）捕捞海蟹、比目鱼、鲁敏鱼，此时青岛、烟台一带，已有对虾、黄花鱼，因该处气候和暖，较渤海湾各地早产半月也。谷雨节（三月上中旬）前后，开网船渔民，捕捞黄花鱼，一网可获两船，为必有之希望，如农民之收麦秋然。立夏节(三月下旬四月上旬)为渔捞最良时期,俗呼满江红,乃指各种鱼类,皆来渤海湾之吉语,亦属实在之事实。小满节(四月上中旬)俗呼探过鱼,乃指鲙鱼、同乐鱼而言,此时黄花鱼已成为过去,不能再获。芒种节(四月下旬五月上旬),俗称打大起,乃指捕捞鲙鱼正旺之时,其旺淡之考查,由小满节探过鱼,可知晓其厚薄矣,因鲙鱼有神鱼之称,由南向北游泳,循沿渤海滨,逐转至丰润昌黎抚宁营口等处为止,伏泥生籽,大伏十五天,小伏七天,必起,芒种节打大起者即此之谓也。夏至节(五月上中旬)渔船收河,清理账目,渔民一年之生活,全基于此。故全年之渔,在于一春,谚云网不打夏至,余期半年,如海产丰收,仅可果腹,倘有荒歉即不聊生。小雪节(十月中下旬)渔船归岸,即为罢海之时矣。大雪节(十一月上中旬)至大寒节(十二月中下旬)略产银鱼,三日捕鱼,两天晒网,尚难充食,亦不过聊胜于无。此乃渔民全年经验之捕捞,亦其全年之生计也。

第二章 渔民生活状况

第一节 内地及沿海之渔民

渔民不知储蓄,性好嫖赌,往往无隔日粮,于是生活浪漫,毫无纪律,渔光曲中,所谓捕鱼人儿世世穷也,今述其生活及金融状况如下。

一 沿淀渔民

内地沿白洋淀东淀,产淡水鱼,各处渔户,春日无水时,操作农事,夏季山洪暴涨,入秋则捕捞鱼鲜,并以割苇采藕、采菱、养鸭以及夏日充船工冬日撑冰床为副业,终年操作,经济尚称充裕,无庸向鱼店借贷,而鱼店亦不储大宗钱款,以备放债之需。沿淀渔户,在淀中捕捞,概不用大宗渔具,日所用者,仅箔、罾、罟、罛、篓、叉、小张网、鹈鹕等,每日每人捕捞有限,多者一二元,少者三四角,捕后靠岸,即卖于淀边鱼店,用苇箔圈养于店前水中,或运鲜船之活鱼舱内,俟集有成数,再分售于平津鱼客。输入北平者,需用人力或马车,因以上各淀,无水可通北平。输入天津,则用鱼店自备活鱼驳船,沿大清河道,直达天津市场,渔户从无有自捕自卖者,其运输鲜鱼之活鱼驳船,仅鱼店备有数只,活鱼输送到达后,将船帮船底之通水铁篾,以木板与油灰紧塞之,揽载人客及各项杂货,为回航时副业,其船小而速,昼夜行驶,人皆称便,多愿弃商船而坐鱼驳,以图便利。惟该船回航时,所得运费,均为船上渔夫一种特别收入,鱼店概不闻问焉。

二 沿海渔民

沿海渔户,在沧盐一带,既无藏冰处所,又因交通不便,春季捕捞,上岸后,即趁潮驶入津市销售,小满后天暖,所捕虾类,即制成咸干,分销各处。大沽北塘一带,藏冰既富,交通又便,一年之中,均以贩鲜为业,神堂涧河干鲜均售。该处距北宁路芦台车站,有四十里之遥,水路距津,亦不过一百里许,交通便利,朝发夕至。南北二堡以毛虾为大宗出产,网户捕得后,天气晴和,制成咸干,运销平、津、营口等处。一遇阴雨,则制为虾酱。石臼坨、老米沟、大清河等处,大网虽不少,然所产黄花鱼、对虾,均不如毛虾之多。昌抚临各口,春夏大网,均捕黄花鱼、对虾、鲅鱼等,入秋专以捕捞海蜇为业。以上各口岸渔户,举网得鱼,或贩鲜或制成咸干。除大沽、北塘、芦台外,各处并无鱼店代客买卖。沧盐渔户,率多自行贩运。滦乐丰一带渔户将鱼虾制成干咸后,屯集海滨,即有津市、营口等处海产商,前往趸购,现金交易,故该处渔户亦最富。昌抚临距铁路线不远,率多用木桶或柳筐,运赴平、津、唐、沈等处贩卖。秋季海蜇期内,则有海产商带款往购,惟大沽、北塘渔户,均与鱼店相依为命,鱼户入秋后,日所食,船所用,无不取之于鱼店,食料如白面、小米、咸菜等,用物如网线、血料、桐油各物,均较市价加高十分之三四,而鱼店一入秋季,即备有大宗款项,高其利率,借给渔户,最廉者利息三分,来年春融冰解,渔户捕得鱼鲜,送给鱼店,过秤与估价,皆任鱼店定之,以备渔店收账,抵偿欠债,以上各种办法,均为真正渔户之致命伤,使其万劫不复,永无发展希望,而渔民受之若饴,无法抵抗,良可概也!倘能设立新式鱼行,或鱼市场,公平交易,则沿海渔民,不为鱼店所蔽,渐次存储,自能解决生活矣。

鱼店收买渔户之捕获物,俟有成数,即运销津、平、唐、榆、沈等处,渔户每于出海前,养船之家,按股招募股份,船主占当然股份,其余渔夫驾掌,均占股份若干,一俟渔期终了,或盈或亏,再按股摊派。每届夏至后,渔闲时期,各该区渔户,酬资演剧,以答神庥,其稍有资产渔户,渔闲时,或赴芝罘,或赴大连等处,贩运粮石,或装运商货,为一种副业。其船小无力者,惟有俟诸来年清明后,入海捕捞,维持生活,一年之中,温饱与否悉听诸天命,并无副业以救济之。

第二节　渔获物贩卖法

河北省沿海渔户,捕获鱼鲜后,有于海上贩卖及陆地贩卖者。海上贩卖法,以渔期工作紧张,无暇返陆,相沿成习,于是有专营斯业者。普通买卖渔获物之组织有四种,即鱼行(或称鱼铺)、秤房子(临时鱼铺)、冰鲜船、倒包船。

一、鱼行

鱼行为陆地贩卖鲜鱼之永久机关,不直接由渔人收买,均取自倒包船,或冰鲜船,将大宗货物,加冰处理,包装妥善,运往大都市贩卖之，利益颇厚。与倒包船交易时，乃临时商洽价格，以现钱易现货，在事前无金融上之通融。与冰鲜船交易时，大都先期约定合同，贷以金钱，运来鱼鲜，必须贩卖于约定鱼行，否则纠纷顿起，不但失却信用，且有斗殴之举动。除沿海鱼行外，各商埠之鱼行鱼铺，亦均如是。

二、秤房子

沿海渔港，每届渔期，即有此种临时组织之鱼铺，宛如中间媒介人，收买渔民或倒包船之鱼鲜，再转售之大鱼行。每次买卖，从中取利，除照规定抽取佣金外，买卖货品之重量上，亦大有蒙蔽之点。组织秤房子之人，无渔业买卖经验者，亦间有参加其中，共同工作，以资糊口。秤房子俟渔期完毕，即行解散，资本既少，信用亦不若鱼行之著。

三、冰鲜船

天津渔行黎明时售渔过秤之情景（摄于文盛渔行门前）

冰鲜船,又称燕飞船,船中装载多量冰块,挂帆凭风航行近海或远埠,于海上收买渔船之渔获物,加以冰藏,或稍施薄盐后,转贩于当地鱼店,或运销烟台营口大连各鱼行中。此种冰鲜船,专恃风力,航行敏捷,富于冒险。以之为专门营业,又有在本省近海各地贩卖鱼鲜后,运销天津北平上海各埠之鱼行,其组织法,船主与船员,系东伙各半,换言之,平均分配红利,即由卖账总额,除去买鱼资本,及各项杂费,所有盈余,一半拨归资本家(船主),一半拨归全体船员。全体船员,再按股分配,各得酬劳若干,绝无争执。经营此种事业者,信用较孚,每届阴历年关之前,多向鱼行借用金钱,以备购置用物,贩买鲜鱼之资本。

贩鲜船抵天津鱼行码头卸鱼上岸时之情形

四、倒包船

倒包船乃小组织之贩鲜船,以沿岸为根据地,由三五人合资经营,购置小木船一只及零星用物,资本既小消耗亦轻,每届渔期,驾小船航行海面，由网船上直接装购鱼鲜，满船后归岸，转售诸本地鱼行或秤房子，每日往返海上一二次，有如运搬船，由买卖价值之高低，从中取利，每人每季约得银百元至二百元之谱。

第三节　买卖鱼类之方法及习惯

渔人售卖渔获物，有于海上及根据地卖出之二法。在渔期内，依天气之寒暖，鱼价之高低，其陆海售出法，稍有不同。大都海上售卖者，居十之六，陆地售卖者居十之四。因盛渔期内，出产丰富，竞争捕捞，一网数十金，天然良机，不使稍逝，于是多在海上售卖，不归岸上休息，此种交易法，不但河北省如是，我国沿海各处，除新式汽船曳网业及发动机船之外，凡旧式渔船，当渔期最盛时，大多于海上售卖也。本省风网船，于黄花鱼、鲙鱼、对虾渔期内，均于海上售卖；而挂网船，则多在陆上售卖。

一、海上交易

渔船将所捕之鱼，满装于舱内，欲贩卖时，于后樯，或舻部，高悬蓝红白三色号旗，或蓝红二色号旗，或鸣铜锣，以待倒包船及冰鲜船之购买。倒包船及冰鲜船，远见渔船揭扬信号旗，遂航赴渔船附近，搬运渔获物，不讲价格，惟秤量最初之二三筐，取其平均量，作为标准斤数，按此标准，以推算总量。渔人信任此种办法，不争长短，倒包船等运完渔获物后，有于海上交付现金者，但大多数，俟若干日回岸后，核算账目，兑取现款，以免海盗觊觎，发生意外。远地之冰鲜船，不在此例。又倒包船每日来往海陆，必须供给海上渔船上应用之清水，不另取费。

倒包船载满渔获物，即张帆回港，整售于鱼行或秤房子后，购运清水食物，再去渔场收买鱼鲜，如遇天气恶劣，倒包船不出海收买时，则渔船只得回岸归根据地，将鱼获物直接售与鱼行鱼铺，俟天气稳静，再行发出。凡倒包船及渔船之渔获物，鲜有零卖于小卖商者。倒包船与鱼行交易，虽有规定佣金多少，以取利益，普通照行市商妥鱼价后，再行交易。鱼行收买鲜鱼，转销客邦，及小卖鱼商，或大宗装包装桶，载上火车轮船，远销平、津、烟、申、连、营各处大商埠贩卖之。

二、陆上交易

渔船捕鱼，积有成数，即回航根据地照当时市价，售诸鱼行，鲜有收受现金者，大都每四五日至六七日，方计算交款，秤房子收买之鱼类，转销售于客邦，及小卖商，均照市价，现金交易，故经营秤房子者不必预备多额资本，即能营业。如遇渔船经营不得意，或工作不得法时，秤房子备款，以贱价收买该渔船之大宗鱼类，以博厚利。陆上渔商收买鱼类后，有自制盐藏者，有装包以马车或火车输送于需用地方者。

陆上秤房子，收买渔船卸下之鱼鲜，辗转间，售与渔商，或小卖商，宛如介绍人，从中收取佣金，绝无备船径赴海上收买货物之办法，故秤房子与倒包船之组织，稍有区别也。至鱼价高低，于海上交易，恒较陆上交易者约廉十分之一，但陆上市价，以各种关系，一日数变，商人从中渔肉，而贫苦耐劳之渔民，惟听其自由定价，无法且无能力过问也。

第三章 本省需要之水产制品

本省重要港口,首推天津。天津自开埠以后,即为本省及华北中外贸易之中心。查输入品中之海产物,每年达五百万元以上,而本省水产制品,每年亦有三百万元之多,除供给本省销费外,其贸易区域,北达蒙古、热河、察哈尔,西至山、陕、甘、绥、新疆,南至山东、河南及闽粤各地。

第一节 本省土产之水产制品

本省沿海沿淀,所产鱼虾等类,除售鲜外,其多量不能卖出者,概以原始之旧式方法,制成咸干制品,装入包篓,因水陆交通之便,运销天津以转售各方。本省主要水产物,厥惟虾类,今略举各种制品名称如下:

金钩米,钳子米,干对虾,沟米,干八带鱼,油光虾,大虾米,中虾米,小虾米,洋河米,节头米,虾米仁,皮子米,毛虾米,虾头,对虾干,海蜇,海蜇头,干墨鱼,蛤蜊干,蚶干,蛏干,虾黄,虾油,虾酱,干面鱼,鲍鱼,虾糠,蟹酱,咸鲶鱼,河蟹黄,咸鳖鱼,咸鲛鱼,咸镜子鱼,淡带鱼,筒子鱼肚,虾子,蟹肉干,咸刀鱼,锅包鱼,熏鲢鱼,熏白鱼等。

一、沿海淀各县出品

各县土产最多者,分别述之如下:

沧盐产咸干品 海虾,对虾,鲶鱼,虾皮,蟹肉,蚶蛤,蟹子(充虾子售卖),晃虾干,港虾。

天津产干咸品 港虾(出上古林港),辞暖鱼(出驴驹河),蛏干,刀鱼,鲐鱼,蚶,蟹肉,面鱼、虾酱,虾油,咸河蟹,钳子米,针鱼,锅包鱼。

宁河产咸干品 海虾,对虾,蛤,蚶,虾子,虾头,鲶鱼,港虾,辞暖鱼,河蟹黄,该属蛏头沽专产蛏干,肉味鲜美名曰美人鲜蛏,全国闻名。

丰润产咸干品 海虾,港虾,虾子,红虾子,毛虾,海蜇,蜇头,刀鱼,辞暖鱼,河蟹黄,海蟹肉,筒子鱼肚。

滦乐产咸干品 毛虾,甜毛虾,虾酱,各种海虾,虾油,鲢鱼。

昌抚临产咸干品 海蜇(红白两种),蜇头,鲶鱼,蛤。

文大霸安任雄产淡干品 红草虾,小刀鱼,熏鲢鱼,熏白鱼等。

以上各县各种咸干淡干鱼虾,天津市海产商,由原产地趸购来津,或由沿海客人运津,售之于各海产商号,再由该商号,分别挑拣,待价而沽,远销闽粤、陕、甘、新、晋、豫各省,近销平、热、察、绥、辽、吉等处,海产商(天津俗称海味店)以津市为最发展,本省他处海产商,直赴沿海购货者,尚不多见。

二、鱼虾制造

本省大宗海产品，为社会上最不注意、最不珍贵之小虾米及虾酱也，色灰红味腥咸，颇不美观，稍有资产阶级者，均不乐食之，为贵族人唾弃之物，掩鼻而过，不敢尝试，不知本省民贫地瘠，生活维艰，距海湾远者，往往有淡食之忧，每餐能食虾米虾酱之家，不啻山珍海错，其乐融融，而有产绅士妇女，奢侈成习，衣必舶来品，食必滋养物，其视虾酱之为物，粪土之不若也。但沿海渔民，幸赖出产毛虾，维持大部人民之经济，否则益难谋生矣，岂脑满肠肥之富贵中人，所能顾虑者哉！

虾酱　滦县出品为全省之冠。原料为毛虾，渔人多乐以之制造干虾，运销天津，每百斤十八九元。晴天时均用咸水煮熟，晒干制成干小虾，遇天阴落雨，则将原料，水分滴净，在船舱内用盐拌合之，每百斤需盐二三斤或用冰块冷藏之。此种粗制品，俗称曰虾坯子，运销各地，每百斤值洋五元。各地制造厂购入虾坯子后，用大木桶或大陶缸，加盐捣碎之，每百斤需盐三十斤。天津海味商近以久大精盐较大盐价廉，故多应用精盐，经一二个月，酿造成熟，即可食用，味极香美，质亦不稠，惟商人售卖时，均将虾酱上层之虾油，取净另装别缸，作为副产物出售之，价较虾酱，恒贵十数倍。出油后之虾酱，质稠色黑，味亦较次，装入大柳条篓或煤油桶，卖于小商，或运销外埠。小商零售时，往往加入豆腐浆，以增重量。外埠海味商，除加豆浆外，尚杂以硝盐、飞罗面及红土粉，以博厚利，其味苦质劣，不顾卫生，莫此为甚，而消费者食之怡然反觉香美，向无人过问，官厅亦不知取缔，盖无佳品比较，蒙蔽购主，由来久矣。运装所用之篓与下述鲐鱼者同，每篓二百斤，本省沿海制造虾酱虾油，较有名誉者，当首推天津大沽口之东天成号及西天成号，其制品远销闽粤香港,获利极厚,品质亦佳,较之运往西北各地者,殊精良卫生也。

河北省淡水用杂渔具之一部 (1.密封 2.鱼篮 3.蟹篓 4.鳖篓 5.小虾篓 6.大虾篓 7.螃蟹篓)

河北省沿海水产制品之包装用具 (1.虾米包 2.海蜇包 3.虾油篓 4.乌鱼蛋篓 5.鲶鱼篓 6.毛虾包)

鲙鱼　鲜鲙鱼百斤,加芦盐十六至二十斤,用缸撒盐醣渍,不除内脏,不用水洗,制法粗糙,品质低劣。为易于浸透起见,撒盐后用木锹上下搅拌,经二三十日,即可运销或积存待沽。至阴历腊月以前,装运平津各处批发出售之。其包装法,使用柳篓,篓内裱糊毛头纸涂刷血料,以防汁液浸出,柳篓小口,用布或油纸包好,捆缚麻绳。每篓装鱼二百斤,亦有使用麻袋,或黍茎制造之篓装运者。

第二节　各地输入之制品

一、舶来制品

我国习惯,每遇年节或庆贺诸事,除衣室焕然一新外,特别注意饮膳,山珍海错,罗列满席,以酬宾客,并可自娱,而珍馐之中,首推燕菜鱼翅海参鱼肚之类,宛如无海产珍味,不足以表示飨客之敬意也。但不敷应用,多仰给于俄日朝鲜南洋等处,兹述本省需要之大宗舶来品种类如下:

柔鱼,海带,海参,干贝,鱼翅,干鲍,罐头鲍,洋粉,蟹肉,鱼骨,紫菜,红菜,鱼肚,鱼皮,淡菜,干咸鳘鱼,笒蚂哈鱼,青鳞鱼等,下表列举舶来品普遍之产地及输出港。

品名	产地	输出港	备考
柔鱼	日本北海道,对州,隐岐。	函馆,横滨,神户,长崎。	
海带	北海道,桦太,俄国。	根室,函馆,横滨,小樽,神户,海参威。	占舶来品之第一位,每百五十斤上下为一捆,尚有海带片一种。
海带丝	北海道	根室,函馆。	以杂碎海带切丝,染以硫酸铜。
海参	北海道,朝鲜,俄国,南洋群岛。	函馆,长崎,横滨,海参威。	一箱装鱼二三十斤,日产者,外观美,煮时不若朝鲜产之柔软,俄产品稍次。

续表

品名	产地	输出港	备考
干贝	北海道,朝鲜。	函馆,神户,横滨,长崎。	俗名江瑶柱。
鱼翅	九州,北海道,南洋。	横滨,神户,函馆,长崎。	堆翅色淡,形中等,丝少而细,胸鳍所制,角翅色白形大,鳍根带肉,南洋产者最高。
干鲍	北海道,朝鲜,青森,长崎,美国。	横滨,神户,函馆,长崎。	色灰黑有白霉,分明鲍、灰鲍二种,尚有罐头。
洋粉	大阪,京都,长野,兵库。	神户,横滨。	华北畅销者为白云及松鹤之细丝洋粉。
答玛哈鱼	俄国堪察加,桦太。	函馆,神户,下关,东乐。	即盐鳟,日本在堪察加捕获大宗盐藏之,输入我国各地。
咸干鳘	北海道,桦太。	函馆,神户,横滨。	又称大口鱼,色极白。
青鳞鱼	北海道,美国。	函馆,横滨。	即盐鳆,味咸多刺价极廉,每斤三四分,国人以其经济乐食之,美国产品,亦经日人之制造。

他若蟹肉、紫菜、鱼骨、鱼皮、淡菜等,亦以日本出产占大量,鱼肚则以香港、南洋所产为最佳,名月光肚、黄毛肚,形大肉厚,价颇昂贵,鱼皮由南洋输入者较多。

二、**本国制品**

我国临海各省,均有特产,运至本省畅销者,有海参、鱼翅、紫菜、海燕、鱼肚、乌鱼蛋、海粉、鱼明、葛仙米为最普通。

海参 山东登州石岛产者,形小有刺,辽宁大连湾产者,形小无刺。

鱼翅 广东香港产品,均系白翅,肉厚形大,味美,有鱼翅、堆翅之分,堆翅有单堆翅及夹堆翅二种,夹堆翅有月翅、半月翅二种,价格较昂,山东亦产鱼翅,惟丝细短小,多散丝,不如堆翅之美观,价亦甚廉。

鱼肚 有辽宁产及宁波产二种,本省及辽宁产者,以鳘鱼为原料,宁波产者,以米鱼、黄鱼为原料,本省神堂、北塘、大沽所产,形小，名曰桶子鳔，为华北普通人食品，上等筵席，多用南洋产品。

干贝　出山东石岛、长山列岛，形圆小，香气少，宁波产者，形小味香。

紫菜　宁波产，较日产者，香气少，制工粗糙。

海蜇　宁波、辽宁金州盛产之，有白赤二种，含砂泥，均不若本省乐亭、临榆所产品质之佳。

乌鱼蛋　山东高密、日照、即墨县盛产之，以乌贼卵制造者，有盐藏及干制二种，近来销售颇多。

乌鱼穗　乌鱼精子干制所成，食时浸水柔软后，细丝分离，宛如毛发，米黄色，山东日照、石岛等处盛产之。

洋粉　烟台、青岛、上海均有制品，稍带褐色，以石花菜冻制者。

带鱼　山东长山列岛、石岛、小平岛各处出产之，盐藏时，除去鳃及内脏，甚味咸。

明骨　黑龙江出产，由吉林三姓输出，质厚形大，褐色透明，以鲟鱼软骨采制，较日货以鲨鱼，或翻车鱼制造者，价值高贵，品质亦佳。

葛仙米　广西湖泊中所产一种之淡水藻也，日本鸭川海苔及素泉苔亦充售之。

发菜　四川湖泊所产之淡水藻也，形色均如发，筵席之冷碟应用之。

海粉　福建产，华北食者甚鲜，售出不多。

淡菜　辽宁金州、复州及广东沿海盛产之，广东者形大色润，味亦佳，又名海虹。

干蛤　营口、烟台出产之，销售西北。

咸鲙鱼　烟台产者味美色洁，销路最广，广东产者名曹白鱼，其他咸鱼,大多由烟台所来。

鱼筋 出黑龙江省,以鲟鱼筋所制,长三丈五丈不等,色白透明,飨客之良肴也。

鲍鱼 宁波附近,山东海洋岛、长山列岛亦产之,山东产形小如铜元,以绳连穿三四十个,宁波产如日本之灰鲍,形亦稍大。

海白菜鹿角菜 出山东石岛、烟台一带,供食用。

龙须菜 又名麒麟菜,山东海阳县产,食用之外,用以拌灰涂壁,使墙灰永久不落。

鱼皮 广东产以鲶鱼皮制之,销华北各埠。

裙边 广东产,以鳖之甲壳晒干即成,食时惟取甲壳外缘之胶质物,味如熊掌。

第三节 本省海产贸易之状况

本省海产贸易,均由天津集散。天津商埠,所有海产物,直接间接由日本、俄国、美国、檀香山、澳州、荷兰、朝鲜、台湾、菲律宾、埃及、亚(阿)拉伯、新加坡、暹罗、东印度、安南、澳门、香港、英国、挪威、瑞典、德国,各国(各地)输入,据海关中外贸易统计年刊调查,天津海关进口海产物之数量,价值如下:

品　名	数量(担)	价　值(两)	调查年
海参	三六七二	三七九二一二	一九三一年
干贝	八九〇	一〇六八一	一九三一年
鱿鱼	一五七六	七七三一九	一九三一年
青鳞鱼	一九八五五	一〇〇〇三七	一九三〇年
其他咸鱼	二三七七	一九二五七	一九三〇年

续表

品 名	数 量(担)	价 值(两)	调查年
淡菜、蛎、蛏	四三	一六一四	一九三〇年
干虾	八七	四〇九	一九二九年
海带石花菜等	一〇五二九四	六七二六四二	一九三一年
鱼翅	八〇八	一〇二二一一	一九三一年
其他海产	一一九六	六一六五四	一九三一年
罐头鲍鱼	七七五	四一七一三	一九三一年
洋粉	二〇九	三三八七九	一九三〇年
总计	一三六七八二	一六〇〇四二八	每两以一元五角合计洋二四〇〇六四二元

本省除天津口外,由秦王(皇)岛有一小部分之输入,今录其统计如下:

品 名	数 量(担)	价 值(两)	调查年
海参	三〇	二五二四	一九三〇年
干贝	六	六二一	一九三〇年
青鳞鱼	四三	三二〇	一九三一年
其他咸鱼	一五	一一三	一九二九年
海带石花菜	七二	三八〇	一九三〇年
鱼翅	一	五八七	一九二九年
其他海产	二	三八九	一九二九年
罐头鲍鱼	一	八五	一九三〇年
洋粉	一	九〇	一九三〇年
总计	一七二	五一〇九	一元五角合七六六三五元

以上两口总计,每年输入舶来海产制品,为二百四十七万余元,但进口漏税走私者,不在其内,调查天津各家海味商,购进本国海产制品,年达三百余万元,本省制品年达二百万元,合计各项海产贸易,年达八百余万元。

现时天津市,海产商较为著名者,以隆昌、源丰永、庆丰恒、复丰成、义成德五家,占贸易上之重要地位,其他商号,范围较小,有十四号之多,而日本三井物产会社及武斋洋行,直接输入大宗昆布、咸鱼等货,运销华北各地。以上较大海味商,多在函馆、横滨、神户、长崎、元山、釜山、上海、宁波、大连、张家口、香港各埠,设立分庄,选购制品,且每年派熟练人员,分赴本省沿海一带,视察渔业丰歉,货价高低,购买运津,以便转销华北各省。

第四章 本省渔业行政

第一节 沿 革

本省渔业,向无组织,更无所谓渔业行政。清季,天津清苑二县,各有鱼行,每年纳帖费若干吊于县署,发给谕帖,代客买卖,抽收佣金。光绪三十一年,袁世凯督直时,取消鱼行,改设渔业公司,以长芦盐运使张镇芳董其事。天津本埠设分公司四处,官家自办,直辖于渔业总公司,沿海沿淀分公司若干处,招商包办,其性质系一种营业兼租税的机关,代客买卖后抽收买卖双方佣金各三分,外加钱色二分,直等于值百抽八,复于沿海歧口、大沽、北塘、神堂、柏各庄,设置渔船捐分局五处,直辖于劝业道,按船之大小,每年收捐一次,用为护洋费,并备有帆船二只,装设炮位枪支,往来巡弋海面。当时盗匪敛迹,海面安谧,渔户颂德。同时又在津市以渔业公司款项,创设直隶水产讲习所,意在招收渔人子弟,改良水产事业,嗣因直隶渔业公司事务繁杂,复委直隶提学司卢靖,兼理其事。迨直隶工艺总局成立，渔业总公司事务，遂又划归该局管辖，以专责成。民国元年一月，津县议参两会，以共和告成，呈请省署，豁免渔税，训令渔业公司停征三个月，任渔户渔商自由买卖，免纳公司费用，以示体恤。三月期满后，各县渔户，纷纷续请豁免，津埠旧鱼行，狡焉思逞，以官督商办，蒙请省署，遂允如所请。渔业公司，改为渔业稽征处，于天津陈家沟、大红桥各设一处，其下设销售所十处，由津市各鱼行承办，所收费用，缴稽征处一半，其余一半，为销售所所有，各县仍旧办理。斯时渔业事务，改归直隶劝业道管理，设立水产股于农林科内，并另设渔业事务所以董其事，添委渔业调查员，督征本市及各县渔税，委朱大信为调查员。民国元年八月，以津市西路稽征处，办理不美，改委朱大信为委员。是年，朱委员以稽征处徒糜省款，建议于劝业道史履晋，相度地势，划沿海沿淀渔区为五大区，天津本市为第一区，静海、文安、大城、霸县、安新、任邱、雄县为二区，庆云、盐山、沧县、天津海河一带、宁河为三区，丰润、滦县、昌乐、抚宁、临榆为五区。改为包商制，税率值百抽六，天津为销场税，值百抽三，其沿海渔船捐，亦划归包商代征，以资挹节。改制伊始，北塘、滦县两处渔户，以包商制度不善，迭起反抗，劝业道史履晋委朱大信为直隶渔业检查员，常川分赴各区，稽查包商，劝导渔户，并会同北塘绅士高赓恩恢复船捐渔税。同时滦县沿海渔户，聚众数万人，亦反抗渔税船捐，委由朱检查员，会同滦县县长袁树滋，率领淮军一营，直赴柏各庄弹压查办，并将肇事为首之人，带县严惩后，方始开征。民国二年，朱检查员以沿海船捐五局，经费太巨，建议劝业道梁建章，河北省沿海沿淀，改为东西二路，东路局设在柏各庄，西路局设在北塘，同时并将渔区割分为七，以免包商把持，以天津为一区，青静沧盐为二区，文大霸为三区，安任雄为四区，宁河及天津海河为五区，丰滦为六区，昌乐抚临为七区，招商承包船捐按两路设局，收归官办。是年全省渔税划归国税厅管理，民三复划归财政厅招商承包，民国五年，三四两区，淀河水势渐涸，该两区渔商藉端把持，五次投标，均不足额，财政厅长汪士元，委令渔税检查员朱大信，兼直隶第二三区渔税稽征处委员，经征该二区渔税，设处于胜芳镇。是年，沧盐津宁海岸人民，李文祥、周馥庭、翟子香等，创设商渔联合会，每年最大船只，纳会费十元三角，作为护洋费，与海防指挥官吴毓麟合作，其权力仅及于以上各县海岸，而丰润以东各县不与焉。每年收会费约三四万元，交海防指挥部支配。至民国十七年，北伐告成，天津警备司令部，以其收费扰民，遂取消之。民六，二三两区，山洪暴涨，复改归商包，朱检查员以渔区太大，包商担负包额过巨，难保不拖欠税款，复建议于财政厅，改划全省渔区为九区，以天津本市为一区，青静为二区，文大霸为三区，安任雄为四区，沧盐为五区，天津海河一带及宁河为六区，丰润滦县为七区，昌乐为八区，抚临为九区。民八，第八区丰滦两县，所属之唐山镇，本非产鱼区，因收税纠葛，时起纷纠，朱检查员建议于财政厅，将该镇划出为销场区，收税三分，名曰第十区。民十，直隶财政厅，奉令将本省厘税划出，另设直隶稽征总局，渔税亦改隶该局，仍招商承包，并委令朱检查员兼西路船捐局长，整理收入。是年朱检查员以第七区滦县沿海收入较巨，包商倘有不慎，一遭赔累，省款收入无着，建议当局，复将该县沿海划为三段，减轻包商担负，俾便容易措缴税款。又宁河与天津大沽口两处渔户，各为风气，时有冲突，划分为二段，以使商人承办。民十三，检查员朱大信建议直隶稽征税务总局，将东西二路船捐局合并，改名为直隶沿海渔船捐征收局，以一事权，而利征收，仍委朱大信充任局长。民十九，河北省财政厅长姚鋐接任后，因鉴沿海渔民，连年灾匪迭至，不堪其苦，海防经费，又无法支付，委令朱委员大信，筹办沿海船捐，取消河务船捐，及旧有之渔船捐局，不分商渔，各船一律征收船捐，名曰河北省沿海船捐征收处，商船按三季半纳捐，渔船按三季纳捐，专备海防经费，缉捕海盗，保证商渔各船。民二十，奉国府令，取消河北渔税，由二十年一月一日实行，本省均系包商制，必俟年度终了，方能取消，遂于是年七月，遵令取消。沿海渔船捐，则仍照纳，沿海渔户，从此减轻渔税的负担，幸何如之，而实业部，适于此时创设冀鲁区渔业管理总局于青岛，委许松圃为局长，又设塘大办事处于河北省天津大沽口，征收护洋费、船舶登记费，交通部航政局亦于此时，在沿海一带，征收丈量登记国籍等费，渔户等，以去一渔税，又添数种负担，力有未尽，聚众捣毁塘大办事处后，航政局亦不征收渔船丈量费矣。旋经官方设法弹压，乃取消冀鲁区渔业管理局之塘大办事处，航政局得以开征渔船丈量等费，至今尚在实行中。二十二年九月，实业部又在青岛设立冀鲁区渔业建设费征收处，委李十豪为主任，总处派徐凌虚到天津筹设办事处，以种种关系，未得开征。是年十一月，奉命取消，是年财政部令本省财政厅，取消沿海渔船捐，以纾民困，财政厅以海防指挥部，经费无着，暂缓撤消，现仍征收。总之，河北省渔业行政，在清末季，当局尚有渔业公司，救济渔户渔商，劝业道署内，有水产股，不时派员，携带拍照器具，分赴沿海一带，调查拍照渔具渔区，藉资改善，征收沿海渔船捐，购置木造炮舰，巡弋海面，保护渔船，设立水产学校，培植技术人才，改进水产事业，复于沿海渔船捐项下，按成补助沿海小学，以宏教育，所有一切措施，尚稍差强人意。彼时全省渔船捐，每年不过四五万元。民三以至民十九之间，渔税船捐两项，税额已增二十五万元以上，巡洋木质炮舰，改隶海防指挥部管辖,因经费支绌,无法出海巡弋,何以保护渔船,以故群盗如林,绑票勒赎,无日无时无之,渔户困苦,不堪言状,老弱转于沟壑,壮者散之四方,生活艰窘,危险已极,矧自渔业公司废除后,专收税渔,私人鱼行,无限制地设立,除代渔户缴纳渔税外,又有所谓秤用钱色等私费,名目不一而足,在渔户方面,亟待售毕回航,自可任其宰割,无人干涉,以故影响渔户渔商生计,至深且巨。此本省渔业行政,自清末以来,沿革大略情形也。将来宜如何改进,增加沿海生产,维持渔民生活,应视省当局提倡水产之毅力如何耳。

第二节 关于渔税船捐征收章程

一 直隶渔税征收所章程

(民国三年,本省财政厅,设立渔税征收所,由商包办,兹抄录其章程以资参考。)

第一条 直隶渔税由本厅分区招商包办,除第一区检查事宜,由天津县知事兼管外,其余各区,由检查专员,常川周行各区认真稽查,以重税收。

第二条 直隶征收渔税地,由本厅相度地势,割分九区,每一区准由一商人承包以专责成,而免流弊,其区域列下。

第一区 天津本埠(东北至西堤头河,宁河、宝坻界,东南至小刘庄海河警区,南至静海界,北至武清界,西至杨柳青、静海界)

第二区 青县 静海

第三区 文安 大城 霸县

第四区 安新 任邱 雄县

第五区　沧县　庆云　盐山

第六区　天津海河警区　宁河

第七区　丰润　滦县

第八区　昌黎　乐亭

第九区　临榆　抚宁

第三条　直隶渔税,以鱼虾蟹蛤四种鲜货为限。

第四条　税率定为六分,由卖主买主各半完纳,纳税之后,领取税票,不再重征,惟天津本埠,应作为特别区域,征收销场税三分,其由天津运往他处者,收过路税,每筐大洋四角,每篓三角,每包二角,他处运津销售之货,如查无本区税票,由第一区补税三分。

第五条　各商承包某区渔税,其办事处,即名为某区渔税征收所,所有该区渔户,均应对于该所照章纳税,但民间购买自食之零星渔货,估价在津钱三吊以内者,得免纳税,若本系大宗渔贩,故意分作零星,捏称自食,希图免税者,一经查明,仍责令照章缴税,并照偷漏罚额,加重科罚。

第六条　渔户捕得鱼鲜,就海滨咸晒,制成干货,先未完过渔税,不问是否出境,完纳关税厘捐,一律补收渔税,惟虾油、虾酱,不得收税。

第七条　招商包办渔税,照投标方法办理,共规则另行规定之。

第八条　各征收所,应用税票,由本厅订定式样,发给各包商,自行刷印制用,不得改用小票。

第九条　渔户偷漏,及渔贩取巧应由该征收所,呈请该管县公署讯明,按照应纳税额,加二十倍罚办,不得私自处罚,此项罚金,由主管县知事,以二十分之一,发给该包商具领外,其余径解本厅核收。

第十条　承包区域,有与他区毗连者,应任渔税,任便投税,不得拦截强征。

第十一条　包商对于渔户只能照章令其纳税,此外不得强为干预。

第十二条　各征收所所在地,应由本厅令行该管县公署,出示保护。

第十三条　包商如有违犯第十条第十一条及本条,左列各项调查得实者,由本厅分别情节轻重,处以相当之罚金,其情节尤重者,得将其承包案,随时撤销,预缴税款充公示儆。

(一)有浮收勒索及留难情事等。

(二)过秤时意为高下者。

(三)税票上,有虚伪情事者。

(四)于应征渔货外,巧立名目者。

(五)对于执有税票之渔户,违章从征者。

(六)强定市价,干预渔业。

以上各项情弊,经检查员或该管地方官,查出报厅,或由渔户呈揭,由厅调查属实,分别科以罚金,倘不遵缴,并由铺保负其责任。

第十四条　本章程自公布日施行。

第十五条　本章程施行后,遇必要时随时修正之。

二　直隶渔业船捐局章程

民国五年,渔业船捐局,分设东路西路船捐局,以征沿海各县船捐,东路船捐局,设于滦州之西河南,经收乐亭、昌黎、抚宁、临榆、滦州五县之船捐,西路船捐局,设于宁河县之北塘,经收天津、丰润、宁河、沧县、庆云、盐山六县之船捐,兹将西路船捐局征收船捐之规定,抄录于下。

等次　船长　捐银(每年一船之捐)
头等　四丈二以外　洋十八元七角
贰等　三丈七以外　洋十四元七角
叁等　二丈七以外　洋十元三角
肆等　二丈七以内　洋八元八角

神堂所管船捐,例照以上减半征收,其他一半,拨归本地维持警察学校各费,北塘所收船捐,提成十分之二,拨归本地小学学费之用。(编者按西路船捐局,系属渔业船捐,并非厘税,亦无所辖分机关,经收以上六县之船捐,至东路船捐局,经收所辖如滦、乐、昌、抚、临、五县境内之船捐,地面辽阔,设施不便,向由该局遴派司巡,分赴各县,查船散旗,并僦屋常驻,催收所收捐款,随时送局,并无分局分卡名称,但东局之征收船捐,较西局捐率,略有出入,其章程规定,一时不易搜辑,仅将西局之调查表,及渔船旗式,说明如下。

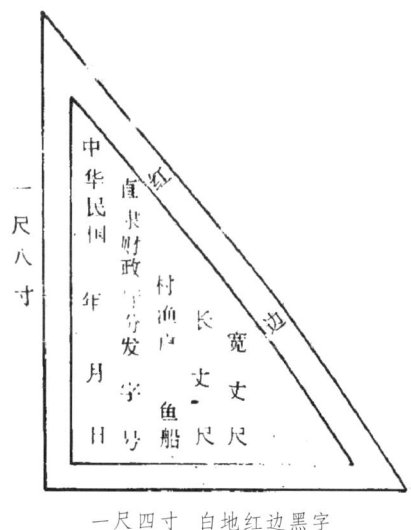

一尺四寸　白地红边黑字

渔船持此旗照,可向渔盐局购买渔盐,本省惯例,渔盐每百斤值洋一元二角五分,无此旗照者不得任意购买渔盐。

总机关名称	坐落	距省里数	水陆冲要	设置年月	稽征大宗货物	所辖分机关		
						分局卡名称	坐落	距总局里数
西路船捐局	宁河县北塘村	距天津一百二十里	靠近海河,上通宁河县并扼金钟河之上游。	民国三年三月,经前民政长委员设立。	此项渔船捐,并非货税,向于每届春融,由局呈请财政厅颁发船旗,转给各渔户收执,每船一旗以船身丈尺大小,照章分别等级按年收捐,无非鱼类,并无货物可言。	天津,大沽丰润,神堂沧县,歧口		二十五里九十里一百六十五里

三 本省现行沿海船捐征收处章程

民国十九年,经本省省府会议,议决变更渔业船捐局组织,及征收章程,由民国二十年一月起开征,兹抄录该处征收标准如下。

第一条 本章程依河北省沿海船捐征收处组织章程第二条,既河北省沿海船捐征收章程第十条规定之。

第二条 征收船捐按船只长度,尺寸分别列等如下:

一等四丈八尺以上,至五丈五尺。每季十四元。

二等四丈以上,不满四丈八尺。每季十元。

三等三丈三尺以上,不满四丈。每季八元。

四等二丈五尺以上,不满三丈三尺。每季六元。

五等二丈以上,不满二丈五尺。每季三元。

六等一丈五尺以上,不满二丈。每季交纳免照费一元。

逾五丈五尺者,每长五尺,递加一元,不足二尺者不加。

量船应前让浮头,后让滚水,漕船照长度半数折算。

以上尺寸均暂按市尺计算。

商船三季半缴纳,渔船免冬季半捐。

凡完纳船捐者,由本处或各卡,发给旗照,每季应纳旗照费三角。

第三条 钓船、坝网船,均向不输捐,但须向本处或各卡,请领免照,并免收照费,以示体恤。

第四条 贫户腐朽渔船,确系无力缴捐者,由渔会会长,或村长佐证明,经调查属实,准每季交免照费一元。

第五条 商渔各船,无论本籍外籍,凡在本省沿海境内经商,或捕鱼者,均应向本处,或各卡,按照等级纳捐。

第六条 外省船只,初来本省营业,本省船只久在外省营业,持有外省各季输捐照者,应于其驶至本省之季缴捐,免追以上各季捐款,但每季于两省往来营业者,仍应按季补纳漏捐。

第七条 公用船只,及民户专备自用船只,确非经商及捕鱼者,均免征船捐。

第八条 船户缴纳船捐后,应即发给缴捐执照,不准另外收费。

第九条 船户已在本处,或各卡纳捐者,经过其他各卡查验,旗照相符,立即放行,不得留难重征,但驶入内河者,须照沿海河工两船捐征收界限暨办法办理。

第十条 输捐时限

一 春季由阴历正月一日起,至三月底止。

二 夏季由阴历四月一日起,至六月底止。

三 秋季由阴历七月一日起,至九月底止。

四 冬季由阴历十月一日起,至十一月十五日止。

商渔船只,应一律依限输捐,否则逾限满十五日者,照捐十分之一,科以罚金,逾限满三十日者,照捐额十分之三科罚,但同时缴纳两季捐款者,得免科罚金。

第十一条 冬季船已入坞,逐只查勘,或船数及尺丈等级,有不符者,即依第十三条补捐处罚。

第十二条 本处为统计船只,及征收便利起见,得举办船只登记,但不收登记费,新造船只,应于下水前,报请勘验,照章输捐,否则于营业时,查无旗照,应照偷漏补捐处罚。

第十三条 船户如有下列情事之一者,经查明属实,除将应纳捐款,照章完纳外,并照应纳捐款数目,按一倍至三倍处罚。

一 绕越偷漏,或停船岛屿,隐匿不报,及长度尺丈,勘验不符者。

一 借用他人旗帜捐照,希图蒙混偷漏捐款者。

一 假冒公用,或自用船只,经查明确有实据者。

第十四条 伪造本处执照,勒索捐款者,一经查出,即送官署依法惩办。

第十五条 本章程如有未尽事宜,得由征收处,呈由财政厅转呈修正。

第十六条 本章程自公布之日施行。

四 冀鲁区海洋渔业管理局管理渔船规则

民国十九年,财政部训令各省政府,豁免渔税,以纾民困,由廿年度起实行,廿一年实业部将沿海各省,分四大渔区先后成立江浙区,闽粤区,冀鲁区,及辽宁区海洋渔业管理局,以资整理渔业,嗣以辽宁"九·一八"事变有外交关系,未能实现,查冀鲁区所管辖者,为河北山东沿海渔业,设总局于青岛,分局于天津烟台等处,以经费无着,进行困难,复遭渔民之反对,遂由实部训令取销,兹检出其管理渔船规则,以备参考,民国廿二年,经部训令修正。

第一条 本局为求管理便利,护渔周密起见,依照本局组织条例第五条第六项之规定,编订渔船号牌。

第二条 凡在冀鲁区本局管辖区域内经营渔业之各种渔船一律均须遵照本规则之规定,编订番号,颁钉船牌,方准行驶作业及停泊。

第三条 渔船内如有自备之枪械,确为正当防卫之用者,须详细开明呈报本局核准备查。

第四条 渔船请领渔船号牌,应将下列各种事项,详列具报,经本局查核相符,即发给号牌,其应分别列报事项,计开如下。

一 渔船所有者之姓名,年龄籍贯(如为公司,则书代表人之姓名,年龄籍贯)。

二 渔船之名称。

三 船身长宽深,及吃水量,并载重数量。

四 经营渔业种类。

五 渔具种类及数量。

六 渔场区域及面积。

七 捕捞及贩运之地点。

八 渔船系新造,购置改装,或租赁,及其价值。

九 船员或渔夫之人数,及姓名年龄籍贯。

十 自备枪械之有无,及所有种类与数目。

第五条 渔船领到本局渔船号牌,应即钉于该船显明易见之处,以资识别。

第六条 渔船号牌,每年编订一次,依照种别顺序编号,每次每船应按下列三种标准,一律缴纳号牌费大洋三角。

(一)渔船载量在二百五十担以上者,为甲种。

(二)渔船载量在一百担以上,不满二百五十担者,为乙种。

(三)渔船载量不满一百担者,为丙种。

第七条 渔船请领号牌,得就近向本局各临时办事处,呈报请领,亦得径向本局呈报饬发。

第八条 渔船如有变更业务,或更易名称时,应将原有号牌呈销,以便另行编发。

第九条 渔船号牌,如有遗失,或损坏时,得呈请本局核准补发,但须具有同业船户二人以上联名之保证书,方得补发。

第十条 渔船均应遵照本规则,请领号牌,不得抗诿,以便稽查,而防匪类之混匿。

第十一条 本规则自呈奉实业部核准之日施行。

第五章 本省水产教育

一 兴办水产教育之缘起

我国沿海七省,自民国纪元以来,均有水产教育之设施,而以本省为创始。前清光绪三十二年,直隶提学使卢靖(木斋)兼办直隶渔业公司事宜,尝思中国海面辽阔,鱼盐利薄,只以采取无方,致天始美利,坐弃不用,因谋振兴之术,谓欲求事业之发达,必先造就人才,欲造就人才,则舍学校,殆无良法,爰筹措经费,以开滦煤矿及京师自来水公司两项股票,共七万余金,为设立水产教育机关之基金,复派张寿春(伯苓)李金藻(琴湘)两先生,赴欧美调查教育,以资效法,创立水产教育机关,旋以卢公升迁,未得举办。继卢公而办渔业公司者,为前劝业道孙多森(荫庭)先生,热心实业,提倡水产教育,乃于宣统元年十月,委派直隶工艺局参议兼直隶高等工业学校庶务长孙凤藻(子文)先生,赴日调查东京农商务省水产讲习所,及各地水产试验场之设备组织事宜。是年十二月,农工商部,奏准于沿江沿海各省筹设渔业公司及水产学校。宣统二年正月,孙君调查葳事返国，采集搜罗，颇为宏富，以备创立水产教育机关之参考。是年五月，由劝业道孙禀准前直隶总督陈，派孙君筹备设立水产讲习所事宜，遂假天津河北公园旧译学馆为事务所，惨淡经营，斟酌周纳，凡三阅月，乃稍就绪。权假天津河北长芦中学校旧址，为讲习所所址。九月间，聘请教员招生讲学，翌年由劝业道详请直督，改名为水产学校，此本省水产教育之滥觞也。

二 录前劝业道孙详请筹设水产讲习所文

为详请事，案查宣统元年，十二月二十九日，奉宪台札饬，为札饬事，十二月二十日，准农工商部咨开，宣统元年十二月十三日，本部具奏筹设沿江沿海各省渔业公司水产学校一折，奉旨知道了钦此，钦遵到部，相应恭录谕旨，粘抄原奏，咨行贵督，钦遵办理可也，等因到本督部堂准此，除分行外，合行札饬札到该道，即便查照办理，此札，计粘抄草等因奉此。是年十二月二十三日，复奉农工商部札同前因，饬办在案，职道伏查水产为天地自然美利，学校为培养人材要图，中国鱼盐，素称雄富，只以狃于习惯，鲜知改良，是以大利遗弃，莫能振兴，职道自奉委办渔业公司后，即注意水产学校一事，迭经派员赴南洋及日本调查办法，以事属创始，不厌求详，一经开办，诸事方有端绪。本年三月，调查员孙绅凤藻报告调查各事宜，并在日本购回图书标本多种，职道查东洋渔业，以水产学校为研究之处所，惟入校者，须具有普通知识，非寻常所可期望，至其开办费巨者，动需数十万金，最少者非十余万金，不能办理，若讲习所则规模较小，人人皆可肄业，分班讲授，大要以捕捞养殖制造三科为纲领，毕业后即可实地练习，直省学堂林立，惟水产学校，尚付阙如，若必侈言高远，大兴工作，媲美东瀛，不但师资乏人，事事须借材异地，即经费亦无从筹措。职道再四思维，与其操切以图功，不若循序以渐进,兹拟仿南洋小学堂规则,加以扩充,并参东洋办法,先建水产讲习所一区,专招渔民子弟入所教授,俟学业稍有进步,再为逐渐推广。查前在锦衣卫桥畔,本购定地基,预备建筑校舍,惟该地正中一段,前经让归咨议局,余地截成两段,狭小不适于用。查种植园地势宽阔,挑有河渠,于养育鱼苗,练习游泳,最为便利,拟在该园划地五六十亩,建筑校舍,并附设水族陈列馆,以资观览,而开风气。其渔业公司旧购锦衣卫桥畔地三十余亩,即换归种植园管业,以免偏枯,至建筑经费一项,前本拟由渔业拨用公足银三万两,详定有案,嗣奉垫拨学务公所银一万两,尚余二万两,拟即在此款内,及近两年股息款内,撙节动用,俟房舍落成,再为招生入习。其常年经费,即照案由京师自来水公司滦州官矿公司股息项下动用,不敷之数,由渔税项下拨用。如蒙俯允,即由职道派员估工兴筑,并详拟章程,随时陈请训示,所有职道筹办水产讲习所各缘由,是否有当,理合详请宪台察核批示祗遵,并恳转咨农工商部查照,实为公便。为此备由具详,伏乞照详施行,须至详者。

附批

如详办理,仰即派员估工兴筑,核实报销,并详拟章程报查,仍候咨农工商部查照,此缴。

三 本省水产专科学校之概况

本省水产专科学校,由以前之水产学校,递嬗而来,于民国元年,在天津河北种植园内,拨地五十余亩,建筑校舍,三年奉部令,定名为直隶甲种水产学校。十七年九月,校内发生风潮,奉令停办,嗣经孙公子文,各方奔走,运动复校,乃于是年十二月,经省当局及教育厅长严公持约,批令重新改组,仍以甲种时代之旧预算,每月三千四百元办理之。十八年五月,奉令定名为河北省立水产专门学校。是年七月招考新生,九月开学,从此本省水产教育,重见光明,亦不幸中之幸也。是年十月,奉部令改名为河北省立水产专科学校,以符部章,惟本校限于经费,进行诸多困难,迭请教育厅转呈省府,准予增加经费,以资维持。二十年二月,奉省令核准,准由十九年度起,每月增加经常费二千元,连同原有经费,每年共计六万四千八百八十八元。二十三年八月,奉部令以校址距海弯远,设法迁移,并准由本年度起,附设高级水产职业学校。教育部以为迁校后,必可特别发展,用意固善,不知本省经费,十分困难,虽经该校迭次呈送计划书,迁移海滨,终因财力有限,未蒙教育厅批准实行,而学校经此一番波折,有专科及职业学生,双轨进行,仍照原经费办理之,惨淡经营,不无困难,此又非教育部始所料及者也。

该校环境依水傍湖,佳木葱茏,风景殊优,其设备在全国同性质之学校中,亦称完善,设渔捞制造两科,渔捞方面,除注重渔捞学外对海事智识,颇有研究,制造方面,肄习水产制造之外,于化学农产制造各门,更富经验,其重要设备,有六十吨手操网渔轮二艘,常年于山东海面经营渔业,制造工厂招收工徒,正在计划利用余暇,兼营实业,养殖池亦在开拓中。又气象海洋航海生物细菌化学渔具酿造贝扣制革等,均辟有专室或工厂,以资实习。此外如图书馆游泳池等,设法开放,予校外人一种便利。该校在校教职员四十五人,学生八十二人,甲种毕业生二百三十九人(渔捞一百十八人,制造一百十一人,初中十人),专科毕业生九十一人(渔捞四十四人,制造四十七人)。自前清创立以来,至现在毕业生,共计三百三十人,供职于全国水产界者,约占四分之一,其余于政学界、航海界、农工商军各界,均有相当成绩,惜水产职业,尚不发达,颇感英雄无用武之地也。

该校现任校长张元第、教务主任邓恩绶、渔捞主任苏国铭、制造主任刘纶,于民国二十二年十一月,复派优秀毕业生王贻观(琨)赴日肄习渔捞,王昆研究养殖,俟学成归国,供献于斯界,良非浅鲜。统观该校组织设备及计划,在我国水产教育界中,当为巨擘,其前途发展,方兴未艾也。附该校组织系统表如后:

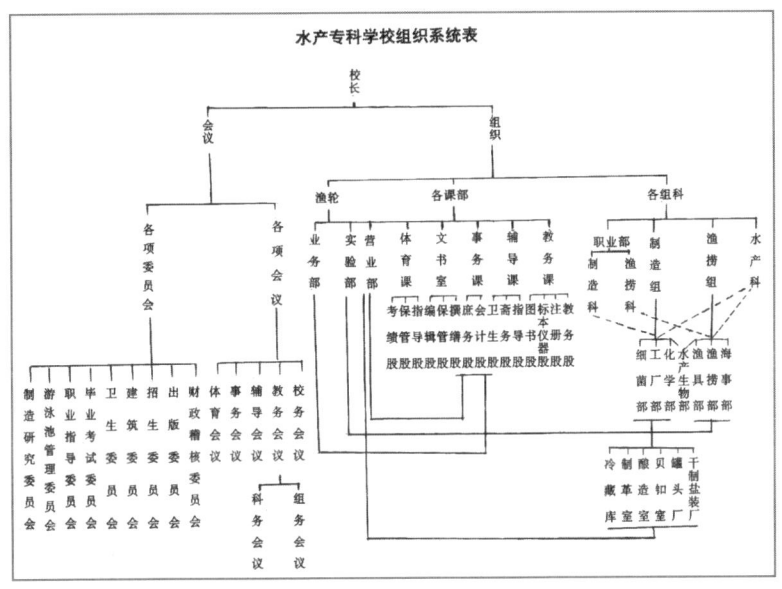

附篇 天津鱼店之调查

天津市为河北省五河之尾闾,市民大都经营工商业,对于劳苦腥臭之渔业,殊多卑视,一任贫民自由捕捞之,以此为业者,俗称打鱼摸虾,不值大人君子之一顾。然习惯虽不重渔,而市民大多嗜鱼,故各地鱼商,皆载货运津,善价出售,于是鱼店之设立,为不可缺少之商业也。查设立鱼店之滥觞,远在清初,凡经营鲜鱼商人,由官厅正式领帖,年纳税金若干,否则禁止营业,习此业者,多属土棍,动辄斗殴。昔时俗称鱼锅伙,向无组织,更少纪律,性情剽悍,多非善类,久为社会人士所冷齿。自袁世凯督直时改办渔业公司后,撤销渔帖,不准私人经营。民国改元后,渔业公司改为租税机关以来,私立鱼行复活,随意设立,无帖抽佣,今日津市之鱼栈,即由昔日之鱼锅伙蜕化而来。民十七年各业组织同业公会,亦急起直追,组织鱼行公会,及鱼业公会,以图改进鱼商事业,奈经营斯业者,殊鲜知识分子,致办理未臻完善,意见时有抵触,一遇利益冲突,则不惜牺牲一切,犹存早年鱼锅伙互争地界,独霸一方之遗风也。兹据天津社会局调查鱼栈之情形,揭露于下。

天津市鱼店调查表

店号	地址	店主	本年销海河鱼若干	海河鱼来源	二十三年营业状况
文盛鱼栈	金钢桥河沿	陈静波	海鱼百元斤 河鱼五万斤	海鱼来自南岛烟台青岛上海威海 河鱼来自浦口明光临淮	亏三百元
公立鱼栈	同 上	安仙州	同 上	海鱼来自南岛烟台青岛上海威海 河鱼来自浦口明光临淮	亏四百六十元
中兴鱼栈	大红桥	邵宝廷	海鱼一百万八千斤 河鱼六万斤	同 上	亏二百八十元
华通鱼栈	金钢桥河沿	陆锡三	海鱼八十万斤 河鱼六万斤	同 上	亏三百二十元
起顺鱼栈	同 上	安文景	海鱼二十万斤 河鱼三万五千斤	同 上	亏二千一百元
兴顺鱼栈	同 上	王文启	海鱼三十七万斤 河鱼四万八千斤	同 上	亏一千五百元
同德鱼栈	西窑洼	李荫农	海鱼一百二十万斤 河鱼五万斤	同 上	亏百元
华北鱼栈	同 上	杨阶平 王贵有	海鱼九十七万斤 河鱼五万五千斤	同 上	亏三百二十元
宝记鱼栈	金钢桥河沿	魏宝林	海鱼三十八万斤 河鱼四十一万斤	同 上	亏六百元

店号	地址	店主	本年销海河鱼若干	海河鱼来源	二十三年营业状况
德发鱼栈	同上	赵士起	海鱼四十万斤 河鱼三十一万斤	同上	亏二百元
复兴鱼栈	河东陈家沟	邢起顺	海鱼三十万斤 河鱼二十六万斤	海鱼来自南岛烟台青岛上海威海 河鱼来自浦口明光临淮	亏三百元
同和鱼栈	同上	赵平川	海鱼四十万斤 河鱼十八万斤	同上	亏一百四十元
钱记鱼行	官银号菜市	钱树珊	海鱼三十八万斤 河鱼二十六万斤	同上	亏八百五十元
永合成	同上	林少亭	海鱼三十一万斤 河鱼三十万斤	同上	亏九十五元
万合号	同上	刘金波	海鱼三十一万斤 河鱼三十万斤	同上	亏五百八十二元
荣顺号	同上	孙思荣	海鱼二十二万斤 河鱼三十六万斤	同上	亏一千二百六十元
德盛号	同上	田润山	海鱼三十万斤 河鱼十八万斤	同上	亏二百元
德兴号	同上	李德修	海鱼二十万斤 河鱼二十一万斤	同上	亏一百五十六元
全合义	法租界菜市	孙王竹	海鱼十五万斤 河鱼五十万斤	同上	亏二百八十元
恩发顺	同上	何润田	海鱼六十万斤 河鱼四十八万斤	海鱼来自南岛烟台青岛上海威海,河鱼来自浦口明光临淮	盈三千元
永祥合	同上	马有才	海鱼四十万斤 河鱼二十八万斤	同上	盈一千二百元
起发和	同上	韩起发	海鱼三十六万斤 河鱼三十万斤	同上	盈一千四百八十元
祯祥号	同上	王金荣	海鱼三十万斤 河鱼二十八万斤	同上	盈七百元
王记号	同上	王子周	海鱼二十八万斤 河鱼三十万斤	同上	盈五百二十元
津兴福	日租界菜市	田玉山	海鱼六十七万斤 河鱼五十九万斤	同上	盈五千元

续表

店 号	地 址	店主	本年销海河鱼若干	海河鱼来源	二十三年营业状况
天顺成	同 上	朱文元	海鱼四十六万斤 河鱼五十万斤	同 上	盈三千元
元玉合	日租界菜市	郑贵清	海鱼四十万斤 河鱼六十万斤	同 上	盈二千元
天义福	同 上	陈玉珍	海鱼三十六万斤 河鱼四十五万斤	同 上	盈一千百五元
顺玉鱼铺	英租界菜市	姜玉田	海鱼四十五万斤 河鱼三十六万斤	海鱼来自南岛烟台青岛上海威海 河鱼来自浦口明光临淮	盈二千四百七十元
宝合顺	英界小营市场	丁玉田	海鱼三十九万斤 河鱼四十六万斤	同 上	盈三千元
九成鱼栈	金钢桥河沿	张有全	海鱼五十万斤 河鱼三十八万斤	同 上	盈八十元
协成鱼栈	河东陈家沟	李鹤云	海鱼五十七万斤 河鱼四十万斤	同 上	亏二百元
德来顺	金钢桥河沿	郭恩庆	海鱼六十万斤 河鱼二十八万斤	同 上	亏一百八十元
三义顺	同 上	王长富	海鱼七十一万斤 河鱼三十万斤	同 上	亏二百五十元
四合公	北大关	胡万顺	海鱼六十八万斤 河鱼四十五万斤	同 上	亏九十五元
四合公张记	小刘庄	张长荣	海鱼熟货二十八万斤	东沽北塘	盈一百五十元
富庆合	河东地道外	何庆余	海鱼熟货三十一万斤	同 上	盈二百元
会泰和	河东陈家沟	梁会吾	海鱼熟货四十三万斤	同 上	盈二百七十六元

备 考

社会局调查表，海鱼河鱼来源，千篇一律，并未载本省何地出产，该同业公会，对此项调查，实不彻底，又文盛及公立鱼栈，为津市第一鱼商，竟填亏款，尤不足信。编者曾亲调查该鱼栈等，每年营业均达二十余万元，从中取佣，买卖各三分，加钱色二分，即百元抽八,何以亏账,故不足信。盖商人习惯,一遇官庭调查,即畏首畏尾,不肯直告之,以防增捐增税耳,统视该表,除店号地址店主三项尚属真确外,余均虚伪。

天津市鱼店调查表补遗

编 后 语

　　此本小册子,除著者自行调查者外,多取材于河北水产学校出版之《水产学报》《水产季刊》及《日本关东州之渔业调查报告》等编辑而成,尤以《渔业行政》一编乃朱孚庵先生供职渔税多年,身历其境,目睹实在情形,迥与想象抄录者不同,其口述材料尚不计也,著者深致谢意。又各种插图均系张珍如、张震东、杨铁生诸君所绘,抽暇帮忙,感谢良深。惟内容简略,自知挂一漏万,不足供水产界之参考,尚祈阅者谅之,并希斧正幸甚。

第二辑 文稿

《水产学报》发刊词

本校自甲种水产递嬗以来,已有廿年历史,名不闻于社会,声不达于全国,实由于学校初创,设备多有未周,人才竟感缺乏。迨毕业后,服务社会,用非所学,以故校誉日坠,学额减少,乃冀教育当局,悟已往之贻误,知来者之可追,毅然升格改设专科,以应用科学,养成技术人才,供社会上需要,开发沿海利权。惟自改专开学,政变学潮,相继而至,内容尚未充实,遑论其他。元第上年九月,承乏校长,目睹任事之艰,时凛渊冰之戒,慨吾国生产落后,痛民生凋零,不揣谫陋,殚精竭虑力图建设。先谋课程与实习之改善,次为内部之刷新。近更协同教职员学生,创办水产学报,意在唤起水产学术,挽回已失利益。矧东邻日本,以我国海岸为其唯一渔场,更拒收留日华生肄习水产;如留学欧美,经济又多感困艰,加之吾国沿海渔民,故步自封,难与图始,此水产事业不振之症结也。兴言及此,不禁喟然。兹值本校水产学报发刊伊始,元第不学无文,聊贡数言,尚希海内贤达,对于本刊时加纠正进而教之,俾吾国生产发展,经济充裕,海权巩固,学术进步,匪特本刊之荣,抑亦全国之幸也。

中华民国二十年五月十五日

河北省立水产专科学校 校长张元第识

(录自《水产学报》1931年7月创刊号)

河北省高等教育会议校长报告本校概况

（1931年12月）

缘起：河北省立水产专科学校，系由前甲种水产蜕化而来，在甲种时代，分渔捞、制造两科。先后毕业者二百余人。当时专门教授，均借重异域。校内设备简略，实习缺乏。毕业各生，所习课目，不能供水产业上之需要。兼之学潮迭起，主持乏人，学校因之中断。迨民国十八年春，冀教育当局，因鉴河北省沿海沿淀水产，亟待振兴，苦无人材，乃就前甲种学校旧址，改设专科，以养成技术人材，发展天然利益。无如改专后，学潮又起，数易校长，迄无进步。本校长乃于十九年九月，奉命到校，力图改善。查学校原址，设在津市，距海湾远，渔场实习，均不便利。一经迁移，种种设备，需款孔多（约用二十万元）。当此省库如洗，筹款维艰，惟有暂在原址，因陋就简，设法改进理论与实习，迁移校址，只可俟诸异日。

班数：本校改专以来，分为渔捞、制造两组及预科，共五班。二十年六月，奉厅令取消预科，改招高中班。又于二十年暑假期间，招收高中一班，连同原有渔捞组一二三年级，三班。制造组一二三年级,三班,及高中班共七班,学生共百人。

设备:现时渔三制三均截至二十一年暑假毕业。各种实习,均关紧要,上年呈准教厅,在大连购置渔轮两只,定名渤海一二号,为渔捞组练习远海及沿岸渔业之用。又购置汽油艇一只,定名白河,为练习内河操艇及沿河湖淀调查之用。并在校内建筑工厂,为制造组添购罐头机器,制扣机器,制革、制碘、制盐以及食品各项工作。又冷藏库为制造组最关紧要的实习,因感念财政困难,无法建筑,俟二十一年度临时费领取后,再行添设。

建筑:本年度因讲室、实习室、宿舍、工厂,不敷应用,故于暑假期间,添筑讲室两大间,宿舍七间,试验室一大间,工厂两大间。

购置:本校自十九年九月起,添购图书等项,值洋二千余元。显微镜五架,值洋一千余元。仪器千五百元,标本二百余元。

计划:本校渔轮除供学生实习外,拟常年分赴大沽、龙口、芝罘或上海一带捕捞。其渔获物沿途销售,所得利益可维持渔轮上一切杂用。将来制造组制品,拟由本校组织推广部,联络商家,俾资销售。所得利益,维持该组实习之需。以上二种收入,如有盈余,专备该二组扩充应用。

经费:本校经费,系省当局依据前甲种时代数目,稍加扩充。查前甲种长年经费,为四万二千元。改专后,仅加二万二千元,共为六万四千元。本校系全国水产最高学府,养成专门技术人材,扩充水产事业,各项设备,聘请教员,在在需款,时有捉襟见肘之虞。本校每年经费,最少限度,约需八万元以上。尚待省教育当局设法维持。

扩充:查河北沿海一带,而来鱼产不丰。文、大、霸、安、任、雄各县沿淀一带,已竭泽而渔。又如滦、丰、津、宁各县,介于淡水、咸水间之港泊,数年以来,已无鱼种。本校养殖一科,尚付缺如。际兹建设时期,在学术上及河北省需要上,实关紧要。现时中国对于此项人材极感缺乏,本校有鉴于斯,拟添设养殖一组。该组添设后,常年经费,又须增加一万二千元至一万五千元。

本校在发展天然利益及社会需要上,为特别技术之实科教育。此项人材,既感缺乏,而我国社会,对于此种艰难缔造之事业,多不明了,一任外人侵渔,实深浩叹!本校惟有积极培植人材,以供需要。如无完善设备,将来毕业,无充实学问,何以发展水产上之精义?如无宽裕经费,何以期望教学上之进步?尚望教育当局,海内贤达,及水产界先进,尽量指导,特别维持,则本校之发展,正未可量也。

(录自《水产学报》1932年7月第二期)

建议实业部冀鲁区渔业管理局改进冀省渔业计划书

（河北省立水产专科学校校长张元第提议）

一、取消河北省沿海船捐以利征收护洋建设费案

理由：

查河北省沿海渔税，自民国二十年七月奉令取消后，只收渔业船捐。查渔业船捐，原先年捐一次，二十年财政厅变更征收章程，凡在河北省沿海岸之商渔船只，除渔船按三季征收外，商船均按三季半纳捐，并声明此款专备作海防指挥部经费之用，年定比额十一万余元，无如开征二年，海防经费虽照案支拨，而海盗猖獗、较前更剧，商渔各船，不能出海。每届渔汛之际，微闻该部藉口经费支绌，炮船不能出口，联络沿海渔民，有征收出巡费，以资捕盗之说。此项捐外征收，尤属非法，加之交通部航政局，征收登记费、丈量费等。河北省一带沿海渔船，虽未遵章缴纳，但正在进行，不过时间问题耳。将来渔民担负日重一日，生计愈艰，海盗愈多，铤而走险，渔业愈衰，互为因果，前途危险，殊堪忧虑。

办法：

由实业部咨行河北省政府，撤销沿海船捐，由冀鲁渔业局改征护洋建设费,减去不划一之杂捐,渔民担负既轻,则勇于纳费,缴费既足,则渔业计划及设施,不难逐步实现。

二、取消海防指挥部改归渔业管理局以资保卫而便管辖案

理由:

查河北省海防指挥部,自成立以来,仅备小炮船数只,完全由渔船或商船改造者,停泊口内,从未出巡海面,专备迎接要人乘坐之需,徒有其名,无补实际,每年消耗库款十余万元,一盗未擒,一匪未捕,何指挥之有?

办法:

撤销沿海船捐后,指挥部经费无着,由中央训令河北省政府撤销该部,所有海面保卫事宜,直归渔业管理局公安课管理,以一事权,而便指挥。应由渔业管理局购置二百嘚(吨)铁壳炮船一只,吃水较浅之汽油轻艇两只外,并将指挥部炮船悉数接收。由山东交界狼坨子起,至山海关止,往复逡巡,实行护洋,则海盗股匪,谅能敛迹,渔民得以从容捕捞,安居乐业,均必感激渔业局之维护,信用既孚,增捐增税,无不乐从,虽欲取消渔业局,亦不可能也。

三、照案提支学费救济沿海渔人子弟失学案

理由:

查河北省沿海船捐征收处,依照前渔业船捐局成案,在北塘船捐征收项下,每年提支十分之二补助该处两等小学经费。该处既经裁撤,北塘各处学费,自必断绝来源,学校因之停顿,渔民子弟势必失学,未见其利,而先见其害,贤者不为。

办法:

由河北沿海岸护洋建设费项下提支二成辅助,并创办大沽、北塘、歧口、赵家沟、神堂、大庄河、南北堡、大清河、洋河口、赤洋口、秦皇岛等处，小学数十处，并于课程中添授水产教科一门，不特养成渔人子弟技术，并可提倡沿海水产事业，年约用洋一万五千元，乃至二万元。

四、河北省实业厅局宜添设水产股案

理由：

查前清直隶劝业道署内，曾有渔业股，自改革以来，实业机关，迄未添设，以致水产行政，无人负责，虽有渔业局之设立，乃隶属中央行政，遇有接洽调查事宜，甚行棘手。查山东、江苏、浙江、广东、福建诸省实业厅中，均有水产技术人员，计划本省整个水产事业，成绩昭著，渔业发达，独河北中，尚付阙如。当兹训政时期，宜援例照办。

办法：

河北省实业厅，及各县建设局，凡有水产地方，均宜添委水产专门人材，由实业部咨行河北省政府，饬令限期举办，以便负责，协助渔业管理局筹划水产事业。

五、组织夏期水产讲习会案

理由：

河北省沿海生产衰窳，渔户故步自封，不加改良。我国渔具渔法、制造法、养殖法，固有原来之优点，然处今科学发达之世界，与各国水产事业相比较，实觉落伍。且学校讲授者，又多系崇尚新法，事事科学化，未曾顾及旧法之优劣各点。双方距离太远，无机接近，知行不能一致，又何补于实际民生。而旧式渔人，向不信用科学，又何新法之采择，背道而驰，新旧方法，永无沟通合作之一日。

办法：

兹拟利用渔闲期间，由管理局领导，在北塘、大沽、歧口、神堂、南北堡、洋河口、大清河、秦皇岛、及山东沿岸等,组织夏期水产讲习会,聘请专门人员,携带幻灯、图样、样本、小册等讲演水产事业的兴趣,及新旧方法之优劣,以期发展沿海及内地之水产事业。

六、筹设鱼市场以利渔民渔商案

理由:

河北省沿海岸渔民,捕捞鱼鲜,以交通不便之故,专任当地各鱼店,种种剥削。渔民家境,多半困顿,历惊涛骇浪,仅博一饱,每届严冬,渔船入坞,所有衣食,仰给于鱼店贷借,一俟春融冰解,举网得鱼,悉数送给鱼店,且鱼虾贝蟹,性质易腐,均有一定渔期。上岸后,不得不任其宰割,卸装出航,再事捕捞,无暇顾及价格,于是鱼行鱼商,居为奇货,辗转之间,利益倍蓰。查东西洋各国预防斯弊,乃有鱼市场之设立、冷藏库之建筑,以免奸商把持。

办法:

应由管理局在产鱼海岸,如大沽、北塘、塘沽、歧口、神堂、南北堡、大清河、赤洋口、西河南、洋河口、秦皇岛等处,均分别设立鱼市场,以利渔户。鱼市场设备,仅建筑一公共市场而已,场内有办事人员,负责拍卖鱼鲜,划一价格,各无争持。查鱼市场规模较大者,应有冷藏库、轻便铁道,其计划另详拟议。

(录自《水产学报》1933 年 11 月第三期)

提议中华职业教育社改进职业教育议案

（提议人：河北省立水产专科学校校长张元第）

（一）

主文：

职业教育应切实用职业学校拟改进为工厂化案

理由：

吾国创办各项职业教育，已二十余年，多为循环教育，收效甚鲜。推厥原因，实由于学生入校，以学校为登进之阶，对于各项实习，并不积极工作，而学校方面，因限于经费及部令，所有设施，无法应社会上之需要，因陋就简，惟有从讲义上着手，以资教授。以故学生毕业，苦于出路，自营实业，缺乏经验，社会上又不信任，学校造就人才，既学非所用，徒靡巨款，长此以往，中国实业，何以改进，社会何以安宁？查前直隶实习工场，创办伊始，实行半工半读办法，其所设科目，亦合乎地方需要，即就织染一科工徒，现已布满河北全省，其最显著者，为河北高阳一县，该县织布工厂林立，人民富庶,甲于全省。闻该县每年织成布匹,其销售额,约在数百万元以上。手工业的成绩,收效如此,莫不由该工厂工徒之启发。现时吾国职业教育,以视前实习工厂,其设备、其经费、其人才、其教授,无不优越,而效果反不如前,实因各级职业学校,所设工场仅供学术上的实验,学生方面,不过以讲义上的证明,与社会上各项工作,毫不衔接,敷衍数载,毕业自误。为今之计,似宜改职业教育为工场化。

办法:

凡中等职业学校,按照前直隶实习工场办法,择社会上的需要,及地方所产原料,酌量设科,全日以六小时从事工场的工作,以二小时为授课时间,养成一种工匠化的学生,应社会上的需要,不必授以高深的学理,至专科以上学校,除学生逐日工作外,加授高深学理,以资研究改良。各级职业学校之经费,应由学校工场、运转自给,不能长久仰给于官方,所授科目,不合地方需要者,一律停授,扩充原有工场改为正式营业。各级学校,招生资格仍照部令酌办。入校后,即行练习工作,给以工资,穷寒子弟,藉此亦可维持生活。各校或不能扩充工场时,应俟现有学生次第毕业后,停办一年,或二年,每月照领常年经费,积存于国家银行。此项巨款,完全作为扩充学校工场之需。在停办期间,由教育当局委员,筹办学校工场,及一切改进事宜。迨开办后,均照正式营业进行,务使学校与社会接近,学生有充足经验,经费仍由公款补助相当数目,俟办有成效,完全自给。此种办法,不但学生所学,切于实用足以自立,且公款亦可节省巨数。各种实业,逐渐增多,社会自然安定,诚一举而数善备焉。

（二）

主文：

沿水面各中学拟酌添水产科目以资提倡水产职业文

理由：

吾国沿海江河湖淀，居民率多业渔为生。墨守成法，全恃天时，不加科学上的研究，以故天然美利，坐而丧失。如蚌埠产蛤最夥，可作食料，迩来产额减少，所用食料，均恃舶来。又如河北白洋淀，鳜鱼肥蟹，名播南北，近因水势渐涸，竭泽而渔；再加渔人故步自封，采捕不时。官方既不保护禁止，民间更乏养殖学识。现时日用所需鱼虾食品，大半购自东邻，利权外溢，莫可挽救。国人对于水产事业，素极轻视，缘以知之者少，无法利用。一任渔民之自理，成败衰落，无人过问。民国十七年，日学者岸上博士，曾有调查长江渔业生物之议，其注意我国内地渔业如是其重。旋岸上博士病故，斯议遂寝。查我国除沿海各省有水产职业教育外，其他各处，竟不知水产为何事，漠不关心。欲斯业之发展，岂易言哉！

办法：

拟由教育部训令全国沿水面各地中等学校，酌增水产科目，聘请专门人才，教授水产学常识，以资提倡水产职业，增加生产，杜绝漏卮，并可就地实习，传习水产职业科学的方案，改进土法，渔人与学者合力同心，则吾国水产事业，普及全国，不难实现。

（录自《水产学报》1933年11月第三期）

《河北水专二十三年班毕业纪念册》序

(1934年)

二十三年七月,本校第三班(二十三年班)渔捞制造两组学生,又届毕业之期,萃本校教职员暨诸同学小照于一册,以资纪念。

溯诸生自入校以来,朝夕功错,荏苒四载,骊歌遽赋,能不黯然,幸赖此纪念册发刊,异日劳燕分飞,天涯海角,手执一编,亦聊当对晤耳。

本校自清季宣统二年创办以来,已有二十五年之历史,甲种时代毕业者,计有十一班,人数达二百名以上,十八年八月,升格改专,自二十一年起,专科毕业者,共七十二名,或留学东瀛,或供职航业,或从事于水产实业,或服务于教育界,足迹遍全国,于社会贡献上,不无小补。

际兹国难当头,生产落伍,强邻觊觎,海权旁落,坐使无限利源,弃之不顾,试观吾国海关贸易册,每年由外洋输入水产物,约达四千余万元,数目惊人,曷胜浩叹,国人对于凡百事业,均能有为,惟舶来品不能抵制,而舶来品中之水产物品,尤为不能抵制之最甚者,其原因之所在,谅亦为国人所深悉。

我国东南数省,水产事业,渐露头角,生气蓬勃,进行不辍,独华北渔业,提倡二十年,始终未能有显著进步,由环境不良,社会人士认识不清,然亦未始不由肄习斯业者,遇难即退,见异思迁有以致之,我辈应力改前非,立志坚决,工作努力,不可随波逐流步人覆辙,则水产业前途,庶有振兴之一日焉。

诸生毕业出校,所负使命,应精诚团结,奋勇迈进,本其所学,出而问世,开发沿海宝藏,利我民生,固我海权,岂独元第所希冀,抑亦国家之福也。

韩昌黎云:"业精于勤,荒于嬉,行成于思,毁于随",愿与诸生共勉之。

二三,四,一五

(录自1934年7月印行的《河北水专二十三年班毕业纪念册》)

《河北省立水产专科学校一览》序言

元第自民国十九年九月,奉令承乏校长,任职以来,只知实事求是,既努力内部之充实,更从事课程之改进,昕夕兢兢,时加惕厉,以往校内情况,业经披露于本校第廿二年度一览中,无如寒暑屡易,校务时有变迁,仍以旧刊,公诸国内,不无遗憾,此本校另编本年度一览之经过情形也。

际兹国难方殷,世变愈亟,职业教育为立国之本,尤须求有效方法,藉资策进,必如何始能振兴水产事业,必如何方能适应我国社会,元第暨诸同人,悉心研究,不敢稍懈。凡本校以往之事实,与现在之情况,均一一记载此册中,尚望海内贤达,予以指导,用作南针,此本校不胜盼祷者也。

(录自 1936 年 5 月《河北省立水产专科学校一览》)

河北省立水产专科学校
（附设高级水产职业学校）

地点 河北省天津市车站东。

沿革 本校由前清宣统二年成立，系甲种学校，民国十八年经省府议决改为专科学校，二十三年奉教育部令附设高级水产职业学校。

编制 渔捞科、制造科。

行政组织 （行政组织系统表如下页）

经费 与专科系混合制，每年共六四八八八元。

教员人数 二十七人，均由专科教员兼授。

职员人数 二十人，均由专科职员兼办。

课程概况

高级渔捞科 公民(第一二年)军训(第一二年)体育(第一二年)国文(第一二年)英文(第一二年)日文(第一二三年)平弧三角(第一二三学期)立体几何(第一年)物理(第一二年)航海术(第二三年)化学(第一年)几何画(第一年)生物学(第一学期)水产生物学(第二三四学期)水产通论(第一年)渔捞论(第一二三年)渔具构

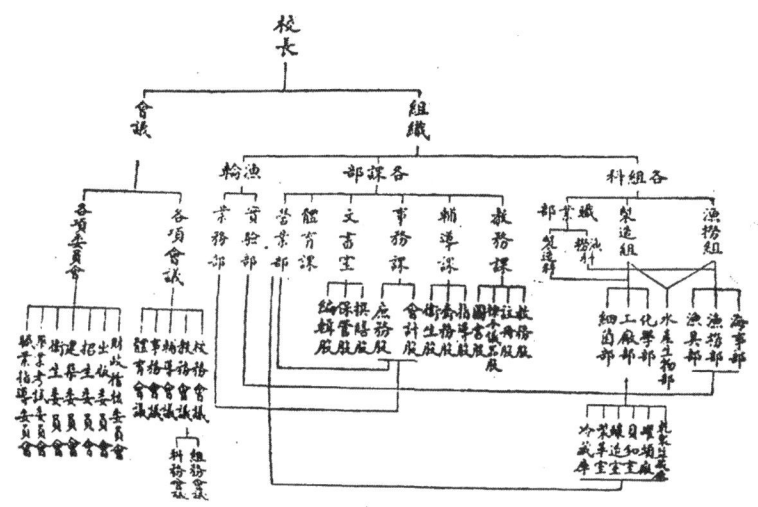

造法(第一二三年)物理实验(第一年)操艇游泳(第一年)渔具实验(第一二年)气象学(第二年)海洋学(第二年)船艺学(第二年)造船学(第二三四学期)渔具实习(第二年)生物实验(第二年)信号实习(第二三年)水产经营论(第三年)天测法(第三年)浮游生物学(第三年)渔获处理法(第三年)渔场论(第三年)帆船船艺学(第五学期)气象实习(第三年)浮生实验(第三年)造船制图(第三年)渔捞实验(无定时)校外长期实习(七周)

高级制造科 公民(第一二年)军训(第一二年)体育(第一二年)国文(第一二年)英文(第一二年)日文(第一二三年)平三角(第一年)物理学(第一二年)化学(第一年)几何画(第一年)生物学(第一学期)水产生物学(第一二年)水产通论(第一年)盐藏法(第一学期)干制法(第二学期)化制论(第一年)制造学(第一学期)制革学(第四五学期)罐藏法(第二三学期)物理实验(第一年)制造实习

(第一二三四五六学期)制扣实习(第一年)气象学(第二年)酿造学(第四五学期)有机化学(第二年)冷藏法(第四五学期)细菌学(第二年)食品论(第二年)生物实验(第三学期)定性分析(第二年)食品实习(第二年)细菌实验(第四学期)水产经济论(第三年)制油法(第三年)制盐法(第三年)渔捞概论(第五学期)营养化学(第三年)气象实习(第三年)定量分析(第三年)制革实习(第三年)细菌实习(第五学期)机械制图(第三年)标本制作(第三年)水产分析(第三年)酿造实习(第五学期)化制实习(第三年)冷藏实习(无定时)校内长期实习(四周)校外长期实习(三周)

实习概况

本校实习除每学期随堂实习外,至最后一学期,尚有长期实习两月。渔捞科至烟台、上海等海而实习捕捞、航海。制造科在烟台、河北等口岸,实习生鲜制造。至于校内长期实习,则以罐头、制革、制碘、制扣、酿造食品等为主要。

设备概况

试验室 渔捞组有渔具试验室,气象试验室,生物试验室,标本制作室,物理试验室。此外有信号练习,操艇练习。制作组有化学定量分析室,定性分析室,罐头厂,制革试验室,制扣试验室,酿造试验室,制碘试验室,细菌试验室。两组共用者,有海产生物标本室,渔船渔网标本室,制造标本室,渔具标本室,学生成绩室,渔捞制图室,制造制图室。

实习设备 渔捞组有受操网渔轮两艘(各六十吨)可供学生海上实习,内河艇一艘,可供内河调查,显微镜十五架,可供生物试验,六分仪四架,经线机一架,可供航海测天实习。此外有各种编网机五架,网系张力机一架,可供编网等试验,气象仪器多种,可供学生试验观测气象之用。制造组有制罐机器,食品制造器具,制革机器,制扣机器,制碘器具,酿造器具,恒温箱一架,高气压蒸釜一架,可供学生试验之用。

图书室

中文书籍三千九百八十四册,西文日文书籍一千八百四十三册,共计五千八百二十七册。

体育室

有军事操练,国术练习,及田径赛练习器具之设备。此外建筑游泳池一座,供全校师生练习体育之用。

训育概况

组织 本校设辅导课主任一人,辅导员一人,办理辅导学生事宜,并设有指导委员会,办理训育指导,卫生指导,学业指导,志愿指导及职业指导等。

范围 辅导范围分为学生四育之指导事项,斋务管理及卫生管理等。

目地 辅导所取原则,其目的在服膺总理遗教,造成有国家思想忠实健全有为之建设人才。其训练方面着重之点有三:(一)遵照总理遗教,训导学生使其思想正确,行为正大,服从纪律。(二)训练学生养成勤苦耐劳精神。(三)训练学生忠于个人职业,具有坚决意志,造成国家水产建设人才。

方法 本校辅导方法分个人训练及团体训练二种,前者多藉个人谈话指导之,后者乃藉定期及不定期演讲或公众谈话指导之。

课程 本校课程内有公民一科,其中一部,关系于训育指导事项,并无特设训育课程。

学生人数

水产科十四人,高二渔捞科十三人,高二制造科十六人,高一渔捞科二十二人,高一制造科十二人,学生数共七十七人。

学生之选用方法及标准

凡身体健全品行端正之学生,曾在公立或已立案之私立初中初职三年毕业,经本校试验成绩在六十分以上者取录之。考试科目(一)公民,(二)国文,(三)数学,(四)英文,(五)理化,(六)身体检验,(七)口试。

学生出路概况

本校二十三年八月始招生入校,现无毕业班次。

试验性质之工作

本校为改进我国沿海渔业技术计,以学校实习船手操网渔轮常年在海上工作,探索渔场,观测海洋。制造组有制造技术研究会,研究军用食品,改良罐头法等制造技术。

办理本校心得或感觉之问题

(一)本校专门教材均取法于泰西各国,在我国实地应用上未必尽合,以故以前学生毕业后不能以其所学直接指导渔民或改良技术。本校有鉴于此,近年来除讲述最新方法及理论外并选授我国最适宜最经济各法,使之沟通中西技术,从事研究,务求切合实际,增加经验及技能。(二)经营渔业者,无冒险勇敢性,不足以当此。我国学生养尊处优,成为习惯,每在出海实习时,以缺乏体力之锻炼,多数不能吃苦耐劳,将来毕业问世,有何能领导渔民改进技术耶。故本校训练学生,首重体育及实习,并须增其冒险勇敢性。(三)水产事业在我国实业中,最难举办之一种事业也。一因缺乏有资本有魄力之提倡人,一因公家不加重视。沿海各省,除江苏建设厅有水产技术人才外,其余各省均未设置。究竟渔民状况若何,经济若何,无从探知,更无详细统计调查,实业部曾有各省渔业保护局之设立,未能延揽水产人才切实办理,表面上保护渔民,而实际上乃取财于渔民,且未尽用之于渔民也。故水产事业在前途发展颇多障碍,事业既不发展,人才安有出路,教育更何从进步。

(录自中华民国教育社编《民国二十四年度全国职业学校概况》,商务印书馆1935年版)

《河北省立水产学校二十六年班毕业同学录》序言

（1937年7月）

谈中国水产教育者，上自教育部，下至老百姓，莫不自谦曰门外汉，办水产教育者，不论其为专科职业，恒以经费、人才、环境、出路、种种困难，感觉棘手，不能实行真正之水产教育，而又必须遵照上属机关之命令办理，于是受水产教育者，直接蒙其影响，作国人心理，只见陆有农矿之利，而忽略水中鱼盐之富。夫认识者既少，则注意者自鲜，大好利源，淹沦不彰，吾辈肄习水产科学，乃研究人之不欲学之学问，经营人之不欲做之事业，逆水行舟，事倍功半，以故本校成立二十七年，成绩未著，效力颇微，推其原因，在上者既以门外汉自居，视水产教育，无足轻重，姑备一格而已，办学者力有未逮，日日应付环境，使精神疲惫，效率减退，更何能予国家水产事业上之建设。

此种情形，诸生立足社会后，当能尝试。然我辈既志于斯业，即忠于斯业，力所斯业，绝不可因一时环境之不适，致使意志沮丧，见异思迁，而终无所成就也。最近三年，本校迭受摧残，变生意外，诸生与学校，同处患难日月，挣扎图存，届至本年六月，竟得期满毕业,学成问世,亦云幸矣,今后唯一希望仍应勇往直前,百折不挠,牺牲个人幸福,为斯业而奋斗,为斯业而增光,精诚团结,众擎易举,谅将来国家逐项建设,水产实业必有特放异彩,需才孔亟之一日,切不可随波逐流,人云亦云,自怨途径错误,而作门外汉不关痛痒之风凉语。

且夫水产事业,乃裕国利民之基本建设也,管子兴鱼盐而强齐,陶朱尚水蓄而致富,自古以为重要事业,降至今日,反而弁髦卑视,虽渐有提倡,亦难彻底解决,固斯业之不易改进,亦由社会人士未能设法投资之所致。兴言及此,良深慨叹,古人云,"国家兴亡,匹夫有责",余以为我国水产业之盛衰,凡肄习水产科学者,均负其责,责任重大,未容推诿,诸生努力前程,不可自暴自弃,自甘落后,以遗笑于国人,抑我国海岸线延长,据实业部《渔业法规汇刊》:"凡三千三百三十四海里,可渔之。渔场面积,实达四十六万九千八百三十一平方海里,渔获量占全世界总产量六分之一。"至淡水渔场及产量,尚未计入之,诸生须知我国有偌大海面,阔厚之宝藏,取之不尽,用之不竭,正中国现代健儿,大显身手,施展技能之优良舞台也,任凭采集,随意开发,国人无不表示欢迎,前途光明,希望无穷,可预为诸生鼓舞庆贺,何虑之有哉,所以他人不欲疑习之学科,而我辈专心学之。他人不欲企图之事业辈而我辈设法营之,眼光放远,志愿要坚,至于事业之成败利钝,在所不计也,是为序。

中华民国廿六年六月十一日,于河北省立水产专科学校校长办公室。

张元第识

(录自1937年7月《河北省立水产学校二十六年班毕业同学录》)

发刊《校友通讯》之意义

抗战军兴，本校校友分散各地，从事抗战工作。或则忠风亮节，彪炳千秋；或则致力生产，稳定经济。从政者更能奠水产建设之基；而于沦陷区内艰苦备尝，重能不渝其志者，尤属屡见不鲜。胜利之后，建设开始，深感水产事业，为建国生产部门之要图，尤待群起努力，以符所学以尽天职。本校复校以还，各地校友，通讯联络，函牍纷繁。莫不以集中力量，领导事业，促其发展为意志。乃积极成立校友会，以为联络之中枢，爰更发刊《校友通讯》，期使散处各地之校友，益得相互之联系。俾可群策群力，以谋我国水产事业之发展，完成吾人伟大之使命。兹值创刊伊始，谨书数语，以志共勉。

（录自 1947 年 7 月 16 日《河北省立水产专科学校校友通讯》第一期）

复校经过

民国二十六年七月卢沟桥事变发生后,情形恶化,日深一日。我校地处津郊危险堪虞,为防备万一起见,曾将重要仪器图书,择其轻而易于搬运者,装束五箱(此为复校后设备之仅存硕果),与七月二十八日运存旧法租界惠中饭店郑宝珠校友处;并租房一间,以备战时办公之用。正拟继续运间,讵于七月三十日夜间十一时,津市骤变,枪炮之声,有如爆竹,翌晨黎明,住校师生,均被迫退出。由是日起,遂将三十年惨淡经营设备充实全国唯一之水产学府,忍痛割舍,而不敢闻问矣。

在八年沦陷期间,最初占据我校者为日敌盐谷部队。并次第将我校附近如河北省体育场、老农事试验场旧地、老实业厅、宁园房屋、五三工厂、五区派出所、河北省博物院,以及大部分民宅民地均割作军用区域,视为禁地。内部组织,系军用汽车修械场,所有侵略我国作战之装甲车辆,概经该厂修配。我校设备均被摧残,荡然一空。

三十四年八月胜利后，曾到宁园附近视察，其森严险恶，路途不能通之情形，依然如故。是年十一月七日，奉命接收我校，于是协同校友刘景汉前往交涉，在旧派出所前面大路上，已另筑门墙，不能通行。除日敌守岗外，并有美军驻扎，因持省令示之，希望入内查阅，该美军谓不经美司令部允许后，不准擅入。遂一面向美司令骆基少将直接交涉，一面呈请省府行文美驻津司令部以备再往接收。几经往返，历时二月，美军虽已奉命撤退，而九十四军又行接防。三十五年一月一日，河北省政府派张元第为我校筹备处主任，于本月二十日协同校友王贻观、刘景汉等人，商得九十四军同意，进入场内，见待修或完整之铁甲军车约有万辆。嗣到校内巡视一周，破瓦残墙，迥非旧景。当时仍住日敌七百余人，粮秣煤米，遍地践踏，仓库充盈，木材如林。据王团长李营长谈，并不承认此处有水产学校，更不愿外人来此接收；且其时所存军用物资过多，一时谅难以退让。第思我校校址，在津市非长久之计，乃决意在本省沿海渔业繁盛地区，觅一适当地点作为永久校址。曾觅得塘沽北炮台敌宪兵队营房七十余间，位于本校接收之冷藏库附近，临河沿海，前有火车轨道，后接汽车公路，冷藏库之外，有码头及空地二百余亩，如能筹资建筑扩充设备乃华北一理想之水产学府也。

当在进行之间，不意尚有国立体专，拟占我旧校之一段经过。缘国立体育国术师范专科学校校务主任庞玉森先生与元第商洽，拟拨用我校校舍，继续办理体专，并由该校校长张之江迭次函电北平行营，及河北省政府各当局，予以协助。闻悉之下，当经元第，以大无畏精神，分向各当局详陈利害，坚持在我校未能觅安妥校舍之前，决不能随便出让。据理陈词，方能作罢。不幸所觅北炮台房屋,被军方第五补给区奉令接收,隶属营产管理所经营。虽经奔走平津,向当道请愿呼号,不惮辛劳,文电往返十余次,卒被国防部批驳,以军用房舍,不能移借学校之需,遂将此理想学府之幻梦,无形消灭矣。乃继续努力,仍在塘沽设法。经校友王贻观、银丕振觅得塘沽镇内有敌日小学校一所,虽范围不大,然房舍整齐,尚可敷衍一时,徐图迁地发展。该校确系敌产,未经省府许可,擅由地绅商集合私自接收,改作私立中心小学,经呈省府派元第及塘大警局县府协同接收,不意该校校董及校长等,拒不商讨,并表示我校用高压手段,坚持不允还让。元第以为在塘设校,于地方文化,于我校教学,均有便利,乃既不谅解于地方人士,只得另行设法,再觅其他空房。如塘沽西郊之西大营,沿河之东洋大楼,以及大庙法国大院等地址,一一视察,除法国大院尚可利用外,其余均墙壁屹立,而门窗屋顶,荡然无存,估计修缮费用,与新建者不相上下,遂放弃在塘设校之计划。再到北塘镇、秦皇岛视察均无适宜房舍。七月间复兴校友徐世斌去山海关,查有旧法国军营房舍五百余间,惟以高在山顶,交通不便,设校讲学,如无巨大经费,恐难维持久远;且此房产权属于法军,交涉亦非容易。遂又到北戴河海滨拟访渔业家王起安先生,请其向导,查西联峰山麓,有敌伪所建营房一千余间,已住美军军队。该营房背山面海,形势壮丽,倘能分取一半,亦一理想之水产校址。奈美军一时不能撤退,而学校亟待复员,时间所限,深恐有误开学,不得已再度变更计划,乃仍在津市设法。八月间农林部海洋渔业督导处接收一区(旧日租界)迪化道及山东路之敌产一所,三楼高耸,上下房舍共四十余间,临时办学,尚可应用,经洽允长期移让,并呈请农林部准予备案,惟该楼二顶已毁于火,修理费极为浩大,督导处既无此能力,我校更缺乏巨款，辗转筹谋，正拟与顺兴建筑工场商洽修缮费，分期摊还间，而督导处奉到部令，以该房既经敌伪产业处理局及中央信托局，准予登记，即视为农林部应得之产权，不能转让水产学校，于是我校校舍又成问题矣。

时近九月上旬，照章已届开学之期，而我校校舍尚在无着，彷徨歧路，进退维谷，中心沮恼，莫可名状，复以奉命复校，责在己身，惟有再振精神，谋图良策，因思得借用他校校舍，先行招生，以待机缘，乃商准河北省立师范学校校长李曜林先生，借用该校一部，俾作临时校舍，并呈经省府核准备案，与是鸠工修理，权且办公。

十月二十七日于平津两处招生，报名者达四百余人，选录渔捞、制造两科各四十名，十一月十一日开学，正式授课。惟是设备简陋，无可讳言；加之经费奇绌，校园湫隘。空怀增强之心，愧之发展之地，日夜焦思，冀得良策。幸赖全体师生，本合作精神，无日不思索回母校旧舍。乃于今年（三十六年）二月至四月间元第及总务处李主任益三，轮流赴占用我校之装甲兵保养工场，努力交涉。往返折冲，不下数十次，始蒙场长吴公懿先生，允许迁让。惟先决条件，须待其修理宁园一部分房舍，方能迁让，否则无法腾空。情理虽有，未合事实，只好如此。据理交涉，则费事需时，又不知成功于何日。惟有在无奈何中，设法筹款，代之修缮，以期早日迁入，爰于五月二十七日，召集校友，成立校友会，发起募捐运动，以济当前之需，同时兴工修葺，以免再生枝节。迨六月中旬，用款五千四百余万元，全部竣工。虽该场因事一再迟延，终于七月十五日腾出。我校七月二十四日搬入。阔别十载之校舍，至此以得庆珠还。惟是园地依旧，景物全非，破壁残垣，凄凉满目。仅择其急需者，稍加修茸,已用去一亿三千余万元,其待修部分尚需二三亿元,加之此后一切设备,用款浩繁,实有待于吾人最大之努力,所幸现在工场试验已略具雏形,将来扩展大可期待。尚望在校师生,前后校友,以及社会贤达,群策群力,直接间接,予以匡助扶持。庶此艰难缔造之水产学校,有以复兴焉。

(录自1947年12月31日《河北省立水产专科学校校友通讯》第二期)

本校現狀

本校由三十五年一月,奉命筹备复校,十一月八日方可开学授课。在此十个月筹备期间内,历尽艰苦,煞费周折,始于三十六年七月迁回原有校舍。当时同仁及校友等,目睹母校残破凌乱之情形,不胜沧桑感慨。虽历年所积存之一切设备,被日敌摧毁一空,但心中私相庆幸者,一草一木均属校有,总较寄人篱下、仰人鼻息,愉快多多也。于是齐心协力,励精图治,凡人力所能及,莫不各守岗位,挣扎上进,以冀恢复十年前之状态,并鼓起勇气,扩充而增大之。今后计划不能单言教育,须于教育之中,力谋生产。最理想者,达到自给自足;次焉者亦应藉生产以补助经费之一部。是乃我校同仁及先后校友之职责。

本校校产除原有校舍外,新接手者有塘沽冷藏库一所。临河码头一段,附近空地约百亩;冷藏厂内,机器铁管等,经整顿后均齐全完美,随时可以营业。上年曾赖与民营公司合营之力,增建变压室二大间;将来须添购制水设备,以完成冷藏使命。

三十五年二月因接收渔轮关系,遂将船东所有坐落市哈密道之商店住宅楼房一所,同时接收,本校筹备即集中于此,乃复校之发祥地也。业经中央信托局函准使用在案,将来拟筹款价购之,作为宿舍及校友会会址,以便来津之校友居住。现被中国水产建设协会、河北省渔会联合会及农林部冀鲁区海洋渔业督导处临时借用。

天津县南乡倪黄庄,经调查有日人经营之养鱼池一处,占地百余亩,曾呈请省府准予本校接收,嗣因当时地方不靖,未能前往,至今引以为憾。

胜利后于万国桥旁,停泊渔轮二只,经本校呈请长官部,准予接收,改名"河北一号""河北二号"。船体及械器,均坚牢可用,并有磨电设备。三十五年春季,在筹备期间,本校曾利用于渤海湾内实行捕捞,终因海匪出没,致工作未臻预期之目地。嗣因无力购置新渔具,乃与在津之民营渔业公司合营,航赴山东及上海附近渔场捕捞,亦因经营不善,成绩欠佳而解约。今春租与烟台裕民渔业公司营业,并经费加强修缮,成绩当有可观,一俟经费充裕仍拟自行经营。

战前本校实习渔轮,有渤海一号及二号两艘,均停泊烟台。事变后,经日敌利用,改为海军运输船,渤海一号先停青岛小港内,船体失修,木缝腐裂,以房荒关系,已被流亡渔民偕眷占用,该地居民美其名曰威海村。因小港内残破如渤海一号者尚有十余支,威海卫渔民集团居住,宛如陆上小村,可以娶妻生子,作为无房租之安乐窝矣。

渤海二号因被国军于收复烟台时,误击而沉没,俟一切恢复常态时,可以打捞利用之。

其余接收之日敌渔船,有河北五号、河北六号械船二支,长风二号及三号木造帆船二支,均残破不堪,自接收后始终放置于西大沽河滩之上,船体既小,构造亦不坚牢,本校曾尽心筹划,竟无妙法利用之;又曾通知津沽附近渔行渔民,倘自备款修缮,则可以无代价使用一二年,但均因日式小船,不愿租用。长风一号系无主之驳船,渗漏特甚,现泊塘沽本校实习场码头河中,日久失修,沉没一半以上。所有渤海一号、河北五号、河北六号、长风一二三号数船,与其弃置不用,莫若变价卖出,将所得款项,购置工场内生产械器,业经呈请省政府核夺中(长风五号、六号系小型舢板,放置塘沽实验场内可以利用之练习操艇)。

本校在上年接收后,时感破瓦残垣外观恶劣,不但同仁校友等精神不快,并予参观或过路者不良印象,缘设法将围墙翻修加高,较前已觉美观。他若工场、办公室、教室、试验室、游泳池、盥漱室、礼堂以及厕所甬路等,均逐步修缮,虽不十分壮丽,然自觉脱去寒酸气味多多矣。游泳池在今夏除供学生练习游泳外,并公开售票,以供青年之同好者,可以自由参加练习。

至于科学上应用之仪器、标本、图书、机械等,在可能范围内,尽量添购。当然尚感不敷使用,但较复校初期一无所有,自胜一筹耳。

本校预算,省府批准教职员额仅二十五人,但刻下实际教授职员,已超过三十人,所支薪俸,大多数较预算为少。每月办公费仅法币伍百元,折合金圆一元六角余。试问偌大学校以此一元余之经费,够何开支?此中苦楚变化,非局外人所能尽知矣。

本校学制遵部令为二年制,招收高中毕业生,现有渔捞制造两科,共学生一百五十四人。经严格之入学考试,大部为优秀分子。入校后均能刻苦自励,切心向学,并有守法和自制精神。师生合作,一团和气。观乎此,本校前途发扬光大,定可预征;而我国水产事业必能振兴,与欧美看齐指日而待也。

(录自1948年10月10日《河北省立水产专科学校校友通讯》第三期)

河北省立水产专科学校沿革

本校创始于前清宣统二年,名为水产讲习所,隶属于直隶劝业道,先借用天津河北长芦中学旧址为校舍开学授课。迨至民国元年乃迁于天津河北种植园内新建校舍,改名直隶水产学校。于民国三年奉教育部令定名为直隶省立甲种水产学校。民国十八年,奉部令改为河北省立水产专科学校,充实内部,改进课程,成为华北水产教育唯一之最高学府。设有渔捞、制造两科,图书设备均臻完善。二十六年先后毕业学生计甲种二百二十余人,专科一百六十余人,供事于全国水产行政机关、教育机关及经营水产事业者,茂繁有后,水产事业之前途颇多期待。讵料民国二十六年七月间,日敌侵略津市,本校被迫停办,校舍破坏,设备荡然。胜利后还亟谋复校,乃校址被军方工厂占用,未允迁腾。借省立师范校舍一部权宜招生授课,一面继续交涉,舌敝唇焦,该军用工厂始允迁移。而本校终于三十六年七月间迁回原址,则从前之轮奂,破屋颓垣,千疮百孔,悚目痛心,唯是经费奇缺,欲谋大规模之修缮,势有不能不得以就力之所及。在急切需要之范围内稍事修理耳,一切必要设备,次第补充恢复当年状况,此仅一斑。自经复校以来,学科进度均经缜密研讨,提高水准,以望发扬水产学术及拓展水产事业之职志也。将本校各科计划及河北省巡回指导团计划并人事概况分述附列如次(整理者注:所云附列各项未见)。

(录自张元第1948年手稿,河北省档案馆藏)

河北省立水产学校渔捞科概况

一、以往设备

本校自清末成立以来,学科方面即分为渔捞制造二科(限于地势未设养殖科)。渔捞科设备初年因陋就简,至民国十年(1921)添购海上实习渔轮一艘,及渔具设备陆续补充,十七年(1928)实习船沉没。民国二十年(1931)添购内河调查汽艇白河号及手操网渔轮渤海一、二号两艘。嗣以事变各船厂及渔具制造设备遭失毁。民国三十五年(1946)复校后,接收日渔轮五艘,定名为河北一、二号(手操网)河北三、五、六号(流网)及帆船舢板等五支。校内渔捞设备以损失过巨,一时难望复旧。

二、现在设备

三十五年(1946)复校以来,即积极设法充实设备,惟以限于经费殊多滞碍,现除上述各渔船外,渔捞科校内设备经二年来零星添置,勉可利用,现经开辟新有渔捞科研究室、渔具实习室、渔船渔具标本室、航海仪器室等。内部各项标本仪器除以往旧有外,随时尽力添购,或向外方捐募,规模初具雏形,较战前相差甚远,引为憾事。

三、将来计划

甲、充实海上实习设备:除原有各船外,业经呈请主管机关在报部渔业物资中配发美式拖网渔轮两艘,应用渔具全部,以便利用新式工具启开海洋调查及渔业试验工作。

乙、充实校内渔具制造设备:本校原有绞网机三台,经事变失散。现在网具实习除手编外别无良法。将来拟设法购入半自动式网械数台及自动式一台,其试验网线及网索之张力器械以及染网材料,拨线机械、制钩机械,尤更切需,亟应陆续添设。

丙、充实海洋测验设备:以往本校对于海洋测验设备即感异常简陋,而海洋情况关系渔业者实多,今后拟遇械充实海洋研究设备,购置器械,开辟专用海洋研究室。

丁、充实航海船艺教练设备:现在渔船标本室内兼为从事教练航海之用,已设有海图二百余份及特制之海图桌,全部信号旗及电报器械,其余专测用仪器尚可敷用。将来拟添设伪装驾驶台及船舶用内燃机、冷机模型等,以供教学上参考。

戊、充实造船研究及渔船模型设备:现经捐募及自制船舶模型八种,拟后陆续添设,并将船体各部构造绘制解剖图及制成模型用供参考,可能时渔船设计并拟开一专用研究室。

(录自张元第1948年手稿,河北省档案馆藏)

制造科兴建计划

本校自创办迄二十六年，二十余年间关于制造科学生实习试验诸种工场实验室皆具雏形，虽不完善尚敷应用。自沦陷以后完全破毁荡然无存。至二十六年（编者按：应为三十五年）复校一无所有，二年以来努力建设勉强维持，以后仍拟逐渐添设以期现代化而适应用，兹分述如左：

1. **实习工场**：本校制造科实习工场原分下列几种：

（1）罐头工场：原有罐头工场设备有手动及机动（蒸汽原动力）两种制罐机，杀菌釜、二重釜（尚在）、脱氧箱等事变后荡然无存，自复校后添置半自动及手动制罐机七架，杀菌釜一个，立体锅炉一个，离动机一架，勉强维持。以后尚拟添置脱氧箱、真空卷缔机、新式自动制罐机、新式杀菌釜、洗罐机等类。

（2）制革工场：本校原有动力制革机械八架，及今完全损毁以后，急谋添置新式制革机械以俱实习使用。

（3）酿造工场：酿造虽不属水产制造,然亦连系相关原有简单之设备,今亦毁损无存,急拟添置现代化酿造设备以供实习之用。

（4）制扣工场：贝扣为水产制造之一科目,原有动力制扣机七架今亦损毁,力谋恢复。

（5）制碘工场：制碘属水产制造主要科目,由海藻采制,原有设备业已毁损亦谋恢复。

（6）干制设备：晒鱼箱、洋粉制造设备亦谋恢复。

（7）腌藏设备：腌鱼槽、腌鱼桶皆待添置。

（8）熏制设备：原有小型熏室及大型熏室亦谋恢复。

（9）制油设备：制鱼油（包括肝油）装置精制器械皆拟设置。

（10）制胶设备：制鱼胶装置亦拟设置。

2. **化学实验室**：化学为制造科基本科目,原有定性、定量分析实验室,天平室及一切器械药品全部荡然。自去年迁回原校址已恢复建设,然内部器械药品尚远不敷应用,随时添补。天平只余一架,最低限度亦需恢复旧有数目（六架）,白金坩锅亦须添置。

3. **微生物实验室**：微生物学亦制造科主要科目,原有细菌学实验室业经毁损,今年亦恢复。微生物实验室惟内部设备毫无,亦急应添置显微镜（现有显微镜七架,与生物实验室共用）,最低限度须添置两千倍显微镜二十架及杀菌器、恒温箱等。

（录自张元第 1948 年手稿,河北省档案馆藏）

海产物害虫驱除及预防

绪　言

农林园艺之产物,往往生出数多害虫,学者研究害虫生活之状态,设法预防或驱除之,迭有相关著作及报告,而海产品,尚多忽视之,吾人正可应用其有效实验,施之于海产制品,以为渔民及海味商,研究一安全贮藏海产物之新法也。调查我国江浙冀鲁,各滨海渔区所产盐黄鱼、明府鲞、盐鳓鱼、干对虾等及津沪连营海味店贮藏之一切海产物,每届初夏时期即多变霉生虫,不堪保存。而渔者惟知曝晒于天日之下,听其飞散或廉价出售以免意外损失,此乃治标下策,究非根本之办法。且近世注重卫生,虫触制品理应禁售,苟不加以改良,尤难唤起国人对于水产物之嗜好。东西洋输入各项海产制品,较之我国制造者保存长久,不易生虫,固由制法精良,有以致之,然输出之前多有施行预防手续,将虫害除净尽,以免日后腐败,其预防或驱除药剂,对于人体健康上障碍殊多,吾人尤有研究之必要,方可着手改良。兹就所知鳞爪,略述一二。

注:黄鱼天津称曰黄花鱼,明府鲞天津称曰鲉鱼,鲻鱼即鲙鱼。

第一 受虫害海产物之种类

海产物易蒙虫害者,由制造工程分别之为二。一在制造中途(未制品),一在贮藏仓内(制成品)。凡鱼类渔期,产于春夏之季者,每当渔获多量,处理稍迟,则易生虫,或在曝晒中腐败发蛆,如棒鳕、乌贼、虾干、黄鱼等制品是也。制成品于仓库贮藏中生霉者,如身欠鯠(割开大青串鱼)、胴鯠、棒鳕、鱼肚、鱼唇、灰鲍、鲣节(木鱼干)、海参、贝柱、干虾熏制品、明府鲞、盐黄鱼、咸鲙鱼、曹白鱼、大头鱼等,一经虫害分解粉碎,难以出售,商家受此损失,不知几何。列表示如下:

注:身欠鯠、胴鯠、棒鳕、鲣节皆系日名。身欠鯠、胴鯠概作肥料用。棒鳕,我国称曰无头鱼,即鳘鱼去头后干制者。曹白鱼,广东所产。

被害水产物（未制品）
- 素干品 棒鳕、明府鲞等。
- 肥 料 小鯠粕、鲽鲨粕等。

被害水产物（既制品）
- 素干品 身欠鯠、胴鯠、棒鳕、干鳁、干虾、贝柱等。
- 煮干品 干鲍、干牡蛎、木鱼、干海参等。
- 熏制品 熏制鯠、熏制鲑、烟熏秋刀鱼。
- 盐干品 盐黄鱼、曹白鱼、盐鲷、盐鲙鱼。
- 肥 料 各种鱼粕类。

以上除熏制品及盐制品外,概由制造上使用食盐量过少,或不加食盐,遂致虫害。又渔村制造干鱼、咸虾、贝柱、海蜇之时,往往飞蝇小虫成群袭集,不但为传染病之媒介,且产卵生蛆危害更巨。偶不注意与制品同时贮藏仓中,一过适宜温度,即得孵化。制造者最妙于工作中实行驱除,早为预防,以免贮藏中发生不良之影响。

第二 害虫种类

海产物害虫种类,学者尚无深密研究,不详之点,实属繁多。兹举其主要者,为昆虫类(Incecta)及蜘蛛类(Arachnida)二种,而昆虫类中,有左列数种。

1. Lucilia caesa L(金蝇)

2. Lucilia jeddensis Big(大金蝇)

3. Ftynus fur L(标本虫？)

4. Dermetes cadaverinus Oliv(木鱼干虫)

5. Attagenus japonicus Reitt(白腹木鱼干虫)

6. Anthrenus Florilinus muscorum L(小形木鱼干虫)

注:虫类华名为便于记忆起见,皆系私译,尚待昆虫学者指正。

等。此外尚有数种,但发生不甚显著,兹略之。属于蜘蛛类者,仅下述一种。

Tyroglyphus siro gerv(毛蜘蛛？)

此毛蜘蛛类,于夏季七八九月中,为发育最良期。其他主要虫类之生活如下:

一、金蝇及大金蝇:目红,胸部绿色有金属光;春季发生,每当四月初旬飞来,附着与动植物之腐败处产卵,每次约二百个。春期天气尚寒,经数日孵化,夏期温度已暖,约五至七小时即能孵化,颇贪食。经过六日,十分成长,渐次孵化,孵化时常向干燥处移动,蛹期约三四日,羽化成蝇,飞散各地,其成虫或蛹可以越年。金蝇及大金蝇之外,能在鱼粕及或海产品上放卵者,尚有蝇类多种。如 Musca domestica, L（家蝇）、Homolomyia canicularis, L（饭蝇）、Chrysomyia megacephala, L（红头蝇）、Sarcophaga carinaria, L（麻蝇）、Stomxys calcitrans, L（螫蝇）。

二、木鱼干虫:晚夏生卵后蛹化成肉虫,冬期入蛰变蛹,翌春羽化,四五月间再产卵。卵系白色,约长五厘宽二厘,极柔弱,孵化时在摄氏二十七度至十六度间,需十二日。若温度在三十五度与二十六度间者,需三日即孵化变幼虫。幼虫脱皮五六次化蛹,蛹最初系乳白色,渐带褐色。化为成虫,行圆盖黑,成虫约四五日交尾产卵。今示其蛹化后,至成虫中途,形态之平均日数如下:

一 自孵化之第一次脱皮　　六日

二 自第一次至第二次脱皮　　六日

三 自第二次至第三次脱皮　　七日

四 自第三次至第四次脱皮　　五日

五 自第四次至第五次脱皮　　六日

六 自第五次至第六次脱皮　　六日

七 自第六次至孵化初　　九日

八 自孵化初至孵化终　　七日

九 自孵化终至成虫　　六日

三、白腹木鱼干虫:普通五月下旬飞来于胴鯡、棒鳕之裂目内产卵,每次产卵约一百二三十个,孵化数日。夏期需四五日,春期十日至十二日,幼虫脱皮四次至六次,渐次成长,再脱皮一次,即可蛹化。其幼虫期为五周,蛹期为二周,初春发生,每年至少发育二次。

四、木鱼干之上尚有一种害虫。Iineola pellio nella L.成虫之头部密生黄毛,胸部灰色,体长二分,开翅后长四分,幼虫头为白色,有硬皮板。一年发生一二次。翌春蛹化,蛹期约三周间。

其他长手蜘蛛 Getia guasha sguamata 对于制品不吐丝张网,而深入贮藏品之裂缝中亦有损害。据学者研究,农林园艺,所害虫之种类,约达二十余万种,而海产物害虫为数颇少,主要者不出十种而已,实占侥幸优良之位置,再将主要害虫繁殖于海产制品之种类示之。

一、金蝇及大金蝇:生于水分较多之制品上,如生鱼、腐败鱼、生鰊粕及干燥中之棒鳕、明府鲞、盐黄鱼、咸鲹鱼等肉中。

二、木鱼干虫及白腹木鱼干虫:生于水分较少之水产物贮藏品中,如身欠鰊、胴鰊、棒鳕、干粕、木鱼干、贝柱、熏制品等内。

三、Flynus fur L 生于煮干品之水分少,面稍带甘味者,如贝柱、灰鲍、干介肉、干牡蛎、干蛏、干虾等内。

四、Tyroglyphus siro gerv 生于品质粗恶或水分较多之制品中,如鱼粕类、身欠鰊、胴鰊、小鳁肥料及其他海产物中,颇络网丝,污染品质,殊不美观。既非海产物亦时被其侵害。

以上所述各种害虫,以金蝇及大金蝇二种,恒在生鲜鱼体上或制造中途,即易繁殖。而他种虫类,盖皆于制成品贮藏中侵蚀,故驱除及预防手续尚易施行。唯所加药剂,不可碍及卫生耳。

第三 被害状况

一、被害原因可分三种:(A)水分丰富,(B)制造操作不宜,(C)干燥适度。

(A)生鰊粕含水五五%,鲽鲛粕约六〇%,干燥中之棒鳕、明府鲞、盐黄鱼及盐鲹鱼等干燥程度,所生害虫,稍有差异。如在盛夏八月中,以强压将制品压成薄板状,焙干为固体时,仅含水分三〇%,可免蛆害。其含四〇%,内外者经数日后,仍行腐败,发生蛆虫。蝇类仔虫,在该项制品中,遇水分缺乏,生至某程度即变为小蛹,水分过多者,发育尤为旺盛。

蝇之仔虫蚀害制品,概由温度影响。气温上升者益增繁殖及生长力,例春期四五月,鰊粒粕难受蛆害仔虫之数较少,且由局部所起,故无特大损害。若于夏季七八月之高温则生鰊粒粕一个(二百四十斤)于二十四小时内全然食尽,其仔虫数目,何止数万。据Guyenot 氏学说,蛆之消化腺(唾腺)无消化作用,而体内消化器尤以嗉囊(Crop)中保有一种细菌,常出体外,能使食物消化吸收云。凡鱼粕既蒙蛆害,必致骤然增加湿气,腐败程度进行迅速。故水分丰富之未制品一蒙虫害,同时发生腐败作用更使制品品质粗恶,减少重量。普通仅由腐败现象,所受损失较为轻微。倘发生仔虫,则蚕食力之大,实难比伦也。

查昆虫类生活现象,于幼虫时代,单求饱食,以营成长,此外并无何种目的,故侵害作用较为剧烈。迨成虫时,方有生殖作用,其蚀害情形,虽不若幼虫之大,而木鱼干成虫,亦颇侵蚀目鱼干、干虾、胴鰊等制品。据 Truvelat 氏计算,天蚕蛾中,一种 Telea Polgklenus 之仔虫经五六十日间,生长程度远自己原重量(原重量二十分之一 grain)之四千一百四十倍,而摄取八万六千倍之食饵。又 Forlsom 氏实肉蝇仔虫,于二十四小时内,达重量二百倍。至金蝇及大金蝇仔虫之成长程度,据秋谷氏式实验,蚀害鰊粒粕情形与肉蝇仔虫概相类似。

(B)由制法不宜所受虫害。如灰鲍、淡菜、干牡蛎、干蛤肉及鱼粕类其害虫为标本虫及毛蜘蛛二种。普通干鲍制品约分数种:一明鲍,二灰鲍,三灰鲍除尽内脏者,四灰鲍附着内脏一部者,五灰鲍残留内脏大部者。此等制品,倘以同一方法贮藏之,明鲍及灰鲍除尽内脏者,尚无标本虫发生,而其他概受蚀害。观察发生状态,多自内脏起始,而渐及全体。故一般市贩品易着害虫也。干牡蛎、干蛤肉及淡菜等,虽不自内脏发生腐败,但处理方法不良,干燥不完全时,亦能蚀害。

秋谷氏于日本北海道五十年纪念博览会,审查出品中之鰊、小鰊鰮鲽等粕七百七十种,大半发生蜘蛛虫,除此等劣品鱼粕外,如干牡蛎、干虾类、干鱼介、淡菜、贝柱等内亦有发见现象,然发生蜘蛛虫与木鱼干虫之发育上,颇有关系。即木鱼干虫一遇蜘蛛虫则阻碍繁殖作用。其主要原因学者认为含有水分关系而水分之多寡不仅由于干燥之良否,概其于原材料鲜腐及诸种人为与自然之不适状态所致也。但蜘蛛虫之发育,尚无具体研究。吾人应极力设法以预防之。

蜘蛛虫侵害状态,与前述金蝇及标本虫等侵害者,大不相同。即蜘蛛虫繁殖力颇强,往往忽略视之。该虫蚀害作用能将制品附与特种粘性且自身排泄物及制品中粉末混合污秽制品全体,而堕落其品质者现粗恶状态。以若干蜘蛛成虫,照于显微镜下,概向暗所运动,将尘埃着其体上任何部分。于短时间内,将其一部分之尘埃缠染于自身全体。再以多数成虫装置开口瓶中,达某时期,逃逸瓶外,手触该器,则感有温气且觉得沾染粘质物。征诸以上试验,可知蜘蛛成虫,有分泌粘液能力矣(幼虫不在此列)。

(C)干燥适度之身欠鰊、胴鰊、棒鳕、干粕、干鲽、熏制鲑、熏制鰊、及各种熏制品,盐黄鱼、咸鲙鱼等所生害虫为木鱼干虫、白腹木鱼干虫及小形木鱼干虫等皆属于昆虫类中之鞘翅目。制造业者及海味商贮藏制品常受此种害虫侵蚀。咸谓由于干燥不良所致,须有改善预防之必要。然以上理论适用于小蜘蛛虫。如发生此种害虫,则未见全由于干燥之不良也。兹调查素干品、炙干品、熏制品等十数种,已蒙害虫者,其每种平均水分量如下:

品种	水分量%
素干品	八,四六三
炙干品	六,〇二二
熏制品	二〇,〇〇〇以上

普通素干品、熏制品较炙干品含水丰富,然木鱼干(炙干品)水分最少,干燥极良者,有时难免蚀害,故不无疑问。又视查日本北海道,制造鲢粕、鲽粕等过程,其盐分极少,宛如炙素干品,殆不发生木鱼干虫。据秋谷氏试验,将取鲽粕仓库中之木鱼干虫放卵素干品后者一块装入玻璃钟中,与外界完全绝缘饲育之,则木鱼干虫不受何等障碍,依然发育。反之他种鱼类制品,水分含一五%者,殆不蚀害。此种事实足以证明一般鱼粕类有十分发育之机能也。虽然实际上有不被害者,果何原因耶。乃不外包装方法得宜不置侵蚀耳。故将来研究海产物包装法,亦属重要事宜。

如上所载情形木鱼干虫在制品含水二〇%以下至六%者,虽有蚀害,其不适之水分量尚未调查。而炙干品水分普通须在五%以下,至素干品尤不应在一五%以上也。

昆虫学者研究昆虫增减及湿分之影响,谓湿分增加则昆虫减退,而同时助成霉菌发生或增长食虫动物之发育。据浪江氏调查,制品湿气增多,必致发生小蜘蛛虫,而减少木鱼干虫。秋谷氏曾试验多次亦得同样现象,故干燥至某种程度,反能助其繁殖力。此种事实使制造业者及海味商疑虑万分,颇难预防。本校于十九年五月,实习盐黄鱼及盐鲛鱼,用盐量为三〇%盐渍一月后,试取一部,以天日晒干至相当干燥度,亦曾发现木鱼干虫列繁殖极盛。而不干品及未出卤液者,反皆完美如初。与浪江及秋谷二氏试验者,颇有符合之点。倘以厚布或油纸包裹亦无虫患,乃知处理法及干燥度之关系,实影响干制品之保存也。又熏制品含相当盐分者常有虫害,而开鳕、开鲢等有同量之盐分,反不被害。此种理由原因,学者尚难精细证明之。

二、制品损失。 制品发生害虫后检查损失程度,由被害性质而有不同。举其大要如次:(A)蚀害后制品减量,(B)制品品质低下。

1. 鱼粕类 生鱼粕列被害最甚。鰈粕生蛆后,有时完全抛弃,普通损失在全额五分之一。鲛粕类亦若鰈粕减量。小鰊及鳁粕损失十分之一,而平均不过百分之五。鲛粕于五月初旬处理之,与鲛粕殆相颇似。其他各种鱼粕,凡在五、六、七、八诸月处理者,皆难免损害。

2. 棒鳕及乌贼 调查日本根室国后地方,处理棒鳕概在五月以后,干燥中途未有不被蛆害者。其肉厚水多部分,被害尤甚。最初为暗黑色或暗赤色,渐增臭味而终至腐败,甚者尽残存一部分骨皮而已。我国及日本各地处理明府鲞(干乌贼)类,亦往往于干燥中其头部被蛆虫蚀害。

3. 胴鰊、身欠鰊 此二种制品,被害损失达十分之一内外,而减量最多者,为贮藏中第三层(贮存仓库内分作四层时)约达十九%。

4. 其他制品 如木鱼干熏制鱼类、干鲍、干蛤、干鱼、干虾、干牡蛎、干贝柱等,一被蚀害,孔穴发生,残留昆虫之粉末排泄物,颇损伤其外观,并减坠制品价值也。

三、害虫与仓库。木造贮藏库颇有障害,以木鱼干虫及白腹木鱼干虫类为尤甚。此种障害,分直接与间接二关系。

1. 直接障害 幼虫将蛹化时,由食物内钻出,攀登梁柱及墙壁,隐匿暗所,触穿木材,而蛰伏于新孔中,往往触破木柱飞出屋外,故贮藏仓库,须至少二三年修理一次。石造之库,有时因害虫而倒颓,然此种事实,尚不常见。但木鱼干虫确有此项能力,同时亦必有其他种昆虫参杂其中,共同作用(白蚁蚀害力最大)。除木鱼干虫外,他类海产制品,害虫绝少此患。

2. 间接障害 天空乌鸦发见屋外幼虫后,必致群集啄食,无形中损伤木料,故制造业者于贮藏库之屋上,留出相当距离,设法张敷旧网,以预防乌鸦袭食。

又,海产物贮藏库之间壁往往发现无数长手蜘蛛,其网巢内悬挂甚多木鱼干虫之成虫与幼虫死体。此种蜘蛛乃贮藏库之保护者,能使木鱼干虫减少繁殖力,至前述之毛蜘蛛亦具相同作用。

四、商品交换之障害。

近世各项商品莫不逐时改良,海产物品亦精益求益。但海产物交易时较普通商品稍觉困难,偶一不慎即生障害。查日本北海道某制造工厂制成熏制鲑一百五十箱,每箱五百尾,预备向美国输出。先贮藏于小樽仓库中经二星期后,试检一箱发见被木鱼干虫之侵蚀甚剧,其余箱制品当然不适输出。熏制鲢亦常发生此种情形。又胴鲢、身欠鲢、棒鳕、鳕胃等制品,由干燥不良,受虫害侵蚀后非常减量,影响于商业上之交易,殊非浅鲜。普通欧美各国对于水产物品及罐头类于商业交易上具保证期间,习惯为一年,以免商店损失。我国海产制品交易时,素无此种保证期限,故工厂虽粗制滥造,一行卖出,即完全无责,俗所谓出门不换也,此种交易方法,将来应有改良之必要。

第四 驱除及预防法

一 预防方法

(甲)制造预防 (A)由制造方法不完全不注意时所适应之方法入干燥中之棒鳕、生鱼粕、灰鲍等发生侵害,应设法预防蝇类蜘蛛及标本虫。(B)由包装不完备所起之侵害,如胴鲢设法预防之。

(乙)低温度预防 以较低温度贮藏各项物品,可预防害虫之发育,如贵重衣服、毛皮、鱼肉及海产制品等,设法预防目鱼干虫类。

(丙)药剂预防 以药剂之力预防害虫,如胴鲢、熏制鲢、身欠鲢及其他种海产制品。

(丁)遮断预防 以特种材料包装食品,预防外界害虫侵入,如棒鳕及 stock fish 等。

甲项属于制造方面,容另篇研究之。乙项乃冷藏学制范围,设备较繁,本篇尚难详论。惟就丙丁二项分别述之如下:

药剂预防

药剂预防法所使用之药料,由食品与非食品而有差异,普通应用者石脑油精(Naphtalin)、二硫化碳、除虫菊粉、食盐及胡椒等。

a、石脑油精 以纸包裹一半作成棒状,插入制品中,再撒布粉末一半,对胴鲢百尾约加五两。如制品内早发生木鱼干虫之成虫或幼虫者,虽加入以上药料放置仓库后,仍能发育数多害虫。约经一月,则幼虫逸出包外攀腾壁面蛹化飞散。至九月下旬,幼虫减少,而蛹及成虫增多。小毛蜘蛛亦渐减少,石脑油精香气熏人头痛,各种幼虫最易感觉,虽不至死灭,但皆逃逸袋外,如以小试验箱密闭害虫,经过两周间,幼虫成虫皆终止活动,幼虫亦有死亡者。故仓库中

放置此种药料,确得相当效果。其要件有三:

一 添加本剂之制品,应未受害虫侵入者。

二 贮藏仓库须十分严密。

三 贮藏室每一千立方尺使用本剂十两以上即可足量。惟食用品用以预防时常有臭气。

b、除虫粉 害虫类直接接触此粉时,有死灭者亦有不然者,减少效果,故本剂对于预防上无重大价值。用此粉作为预防剂先以纸包包裹之。鲢制品每百二十尾加三钱,棒鳕每三十斤加六钱,干鲽每六十斤加一两二钱,熏制鲢鲑每六十斤加六钱。

c、二硫化碳 用作驱除剂最为有效。作为预防剂时容易挥发,效力不久,于人体卫生上亦生妨害。用法以马口铁作成直径一寸,高一寸五分之容器,其内诘以脱脂棉,注加药品,口部封填普通棉,上部覆盖,盖上预穿小孔数个。用量对每捆熏制鲢(六十余斤左右)或干鲽百斤左右,约加四 c.c.即足。

d、食盐或胡椒 食盐用为预防剂较为有效。害虫蚀害程度颇小,但富于吸湿性,吸收湿气愈多愈劣,故预防剂使用食盐者有拙劣之讥,用量以少为宜。胡椒作为预防剂效果极微,普通用纸包包裹之,插入制品之中。干鲽每百斤约加一两余。除胡椒之外,有用花椒、烟茎者亦无特效云。

遮断预防

本法以硫酸铜、食盐或砥石粉类作成液体或泥状,浸渍或涂抹于麻袋之上。用此麻袋以包装海产制品,放置驱除室内,熏蒸二氧化碳,使内部已发生之害虫完全死灭。然后贮藏于普通仓库中,则害虫难以侵入。本法乃合用驱除及遮断二法,效果尚佳,使用者较多。

麻袋处置法 先将麻布投入硫酸铜液中,少加热后,滴下水湿徐徐干燥之。硫酸铜液兑于水一升加五钱。用砥粉时,先以水练合,作为适当形状,涂付于麻布上,徐徐晒干,方能使用。

二 驱除法

海产制品既发生害虫后,必须设法杀灭之,此之谓驱除。于施行驱除之前,应详知被害原因及被害情况等,加以事宜方法也。驱除法大别有下列数种。

甲 制造驱除法 于制造操作中,随时摘除或扫除害虫之法也。如干燥明府鲞、鱼粕类发现生育害虫际即可应用此法,操作简单效果上佳。农业上于贮藏仓库内往往使用灯火诱杀法,直接驱除多数害虫,而海产物害虫如小蛾及幼虫类,亦有锐敏之趋光性(Phototaxis)。利用此性于制造际设法驱除虫类,未尝无研究之价值。

乙 药剂驱除法 以药剂之力杀灭害虫,其法有三:

A 触杀法 闭塞昆虫气门,使药剂侵入体中,以死灭之。如干燥鱼粕生蛆时,应用此法。触杀剂有二硫化碳及煤油乳剂二种。

a 二硫化碳 撒布于干燥中之蛆粕,效力甚著。

b 煤油乳剂 煤油一升,胰皂一两五钱,水五合。

c 二硫化碳乳剂 二硫化碳半磅,胰皂一两,水五合。

其调制法:先将胰皂用水溶化,再混合二硫化碳振荡之,静置少时,必复分离。使用之前仍应十分振荡之为宜。喷壶构造严密无孔以免挥发。煤油乳剂之效果较不显著。二硫化碳及二硫化碳乳剂确有特效,以喷壶撒布该液少许,所生蛆虫瞬间即死。其他之害虫如跳蚤、苍蝇、臭虫、蚊虫颇亦能毒灭之。

B 熏杀法 于密闭容器内或室内以有毒瓦斯熏杀昆虫。适用于鱼粕、身欠鲦、胴鯀、棒鳕、鳕胃、熏制品干虾、贝柱、海参等。熏杀剂为二硫化碳、氰酸瓦斯、醋酸、石脑油精、除虫菊五种。利用氰酸瓦斯及醋酸者,大规模仓库尚不多见,普通以容积二立方尺之小实验箱作为试验也。

熏蒸室构造 以气密为宜。如系木造,则周围贴纸防其漏气。将二硫化碳放入铁盆,置于室内上部,严闭户窗,燃火熏蒸二十四小时至四十八小时,惟注意事项该药对人体有毒。容易发火,稍混空气即带猛烈爆发性。此种蒸气之杀虫力与液体相同。蒸熏室稍大者宽六尺深一丈五尺,高一丈八尺,内容容积除墙壁外有一千三百七十立方尺。周壁天面悉用洋灰铁筋造成,户窗密闭而内张五厘目之铁网,可防开关窗后,蛾类害虫之侵入。于被熏物之上段制作铁架放置盘类,注入二硫化碳。

二硫化碳驱除法

熏蒸室每一千立方尺,用二硫化碳三磅或四磅,先以粘土密闭室隙,将二硫化碳一磅分盛四个盘中,盘用瓷或石,但不耐烧,用锌或他类金属,其金属作成硫化物而游离。

$CS_2 + 2Zn = 2ZnS + C$

将盛二硫化碳之盘放置架上,迅速密闭,继熏三日夜。熏后之物存置该室内,或另藏普通仓库均可。熏蒸之前,海产物包以麻布,麻袋上预涂食盐或硫酸铜,或砥石粉类,以硫酸铜为最佳。要之熏蒸法中最有良效者莫过二硫化碳,确防诸种害虫,但虫卵对此药品有强大抵抗力。

普通熏蒸法有单用硫磺者,熏室一千立方尺用硫磺四磅放置石盘中,点火后变成二氧化硫(SO_2)亦能熏死害虫。此种气体侵食金属力最大且富漂白性而效果不若二硫化碳也。

据一八七六年法国研究者 Corun and Monillefert 二氏研究结

果谓所有虫类在二硫化碳、瓦斯与空气比例一分九〇分之蒸气中,数秒即死。又一分二五四分时,一小时至十五分间,可以死灭云。

石脑油精驱除法

熏蒸室每一千立方尺使用石脑油精十两,分作二份,放置驱除室中之小烘炉上,密闭熏室徐徐挥发。熏蒸时间第一日五小时,第二日再熏五小时,挥发完毕,查害虫于熏蒸中不能活动。俟香气消灭净尽,仍恢复其生活能力。如蒸熏室构造完全,长时间继续挥发时则幼虫或至死灭,但不论如何,效力较微。兹录绿石脑油精蒸熏木鱼干虫试验其抵抗力如下:

石脑油精量 熏室一千立方尺	至死时间	害虫种类	开放后
五——一〇两	幼虫一周成虫不死	木鱼干虫成虫及幼虫	幼虫不恢复 成虫延至十日不死但活动力迟钝

将石脑油精密闭熏室内十日间,仅减少原重量约百分之三十。如熏室密闭完全,用为预防或驱除时必奏良效。

Kokuzol 驱除法

Kokuzol 乃一种新发明之驱虫药,化学构造为 CCL_3NO_2。日本盛用此剂,凡虱虫、跳蚤、象鼻虫及农林果品害虫与标本、衣服内小虫,皆能熏杀。系无色、富有屈折性溶液,难溶于水,最易挥发,但无引火性,较空气约重五倍,有强刺激臭气。微量时无害无险,人偶吸之必致落泪,过多则咳嗽。于摄氏十六度时,比重一.六六六,沸腾点在一一二度,溶于酒精及他种有机液体,且该剂不吸水分,不溶脂肪,无漂白性。故海产制品用以熏杀害虫,最称适宜。使用时以自制之喷雾器或自然蒸发器。

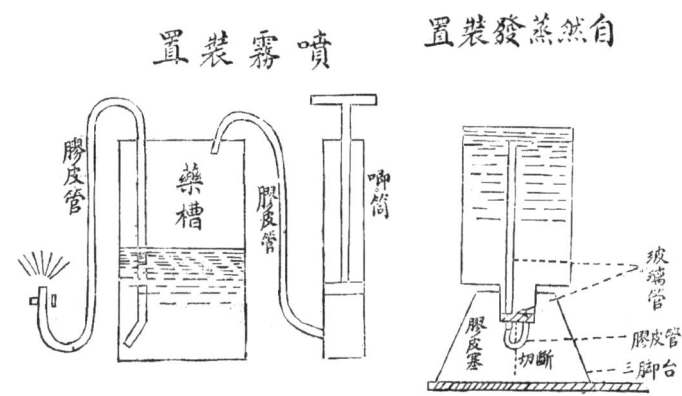

自然蒸发器有装药玻璃瓶,投入所需之药量。普通十磅,插入二条玻璃管,二管之间一胶皮管连接之,不使内容药漏出地上。平置亚铅板(蒸发面每药剂一磅,亚铅板需二平方尺)板上置三角台,将瓶倒置于台上,用剪切断胶皮管,立刻离室。其药剂自切断部约一分间流尽,仓库内户窗必须密闭不使透气。经相当时间开放下方户窗,发散瓦斯,流通空气,务使被熏物之内部不留药剂些许臭气。

二硫化碳最易着火,对被熏物品品质稍有恶影响。而 Kokuzol 无火灾之险,且于品质上绝无劣作用。凡长期贮藏谷物或海产品者,可以保留香味不生虫害也。

氰酸瓦斯驱除法

以氰酸 Prussic scid(HCN)杀臭虫美国盛行之。如用以驱除海产物害虫亦有效力。秋谷氏曾试验熏蒸箱,长一尺,宽一尺,高二尺,有容积二立方尺之木箱,箱前侧木板备小门二扇,贴附亚铅,内有玻璃门以便由外观查。将木鱼干虫卵放置碟中,加氰酸钾(KCN)二瓦及硫酸(用水五 c.c.稀释)三 c.c.,熏蒸三小时即足。害虫停止活

动。经五日后,全部虫卵依然孵化。如再继续熏蒸亦必死灭。其化学之分解如下:

$2KCN + H_2SO_4 = 2HCN + K_2SO_4$

不用氰酸钾以氰化钠时亦可

$2NaCN + H_2SO_4 = 2HCN + Na_2SO_4$

依上述化学变化发生氰酸瓦斯后残留硫酸钾或硫酸钠,乃无色结晶,易溶于水。如加水特少,则生成结晶,障碍氰酸瓦斯之发生,故硫酸内必须加水。大蒸熏室每对一千立方尺,其标准使用量如下:氰化钠一磅、浓硫酸二磅、清水二磅。

氰酸及无水氰化氢 Anhydrous hydrogen Cyanide 为无水挥发性液体,比重〇.七。摄氏二六度沸腾,有苦扁桃油之臭气,易溶于水,酒精以脱中。自然放置时,分解为蚁酸钾(HCo_2H_4)。氰酸有剧毒,误吞少许即死。熏室熏蒸后,应开窗通气。惟施行熏蒸之前注意点:(1)对有生气物品,完全有害。(2)氰酸瓦斯最细水分,能将食物内水分吸干,最甚者氰酸和食物内水分化成蚁酸,食后有害。(3)蒸熏室宜在华氏七十度以上,否则减少效力。氰酸瓦斯虽然甚毒,但遇空气内水分容易分解。

(1)$HCN+2H_2O+HCOOH+NH_3$

(2)$2HCOOH+O_2+2CO_2+2H_2O$

醋酸驱除法

熏蒸室熏蒸醋酸($C_2H_4O_2$)确能熏杀害虫,效果较著,为无色液体,常温比重为一.〇五五,摄氏七度凝固成结晶体,沸腾点百十八度,有刺激性臭气,对人体虽无大害,偶触皮肤则起水泡。惟使用此剂之缺点有二:(1)熏时腐蚀亚铅及铁等金属。(2)熏后制品中永带醋酸气味,非长时间曝晒于天日中不可。

对于一千立方尺容积用量	至死需要时间	密闭时间	害虫种类	开放后
一五〇〇c.c.	成虫十二小时幼虫七十二小时	七十二小时	成虫幼虫	毙死不恢复原状

附录 氟化钠驱除法

氟化钠 Sodium Fluoride(NaF),该剂亦系近年使用为杀虫剂,不甚毒,微溶于水。食品用此驱除害虫,不十分适宜。往鱼粕肥料内稍撒粉末确能杀死幼虫、成虫及卵,故驱除普通跳蚤、臭虫者,最奏效验。

第五 施行预防或驱除后制品量之减少

一般海产物施行预防或驱除法后,往往重量减少。而减少原因,概由制品水分之发散所致。其各种制品详细调查表为数繁多,兹不复赘。仅举二三例如下。虽不确实,聊可作为参考。

名品		胴鯡		身欠鯡			干鰈					棒鳕				
方法		石脑油精预防	二硫化碳驱除	除虫菊预防	食盐预防	二硫化碳驱除	石脑油精预防	石脑油精驱除	除虫粉熏蒸	胡椒粉预防	二硫化碳预防	除虫粉驱防	二硫化碳驱防	同上以涂盐酸铜麻袋包装	同上以涂硫酸铜麻袋	同上以涂砒石粉麻袋
重量减少率%平均率非表内最大最小二数相加后二分者乃集多数试验之平均数也	最大	一二·六〇	一四·二七	二〇·三六	一九·〇九	一二·六〇	六·二三	五·九三	六·八三	六·四六	六·二八	五·八六	四·五三	三·〇二	五·〇五	五·三八
	最小	三·四四	八·四一	一五·一七	七·九一	一·六一	三·四四	二·六一	二·四八	四·三五	四·三五	三·八七	〇·八一	三·二〇	一·七二	
	平均数	四·六八	八·六三	一八·〇三	一二·八九	一一·七一	四·六八	四·七二	四·七五	六·一一	五·五七	五·一五	四·〇二	二·一六	三·九四	四·〇五

第六 驱除预防剂对于制品之影响

制品发生害虫后，固有驱除或预防之必要。然所用药剂概具毒性，对于制品究受何种影响，乃制造家及海味商尤应有研究之必要，且于人体健康上，亦须注意及之。今略举重要药剂之化学及物理之性质，以备设法避免。

一、二硫化碳 以此剂熏蒸制品，殆不生霉，亦无害虫侵蚀，且不见害虫之排泄物及粉末。该剂对于下等动物及人畜为害甚巨。普通气温中最能挥发，熏蒸后经过一小时即无损害，殆不溶于水，施行于肥料或食用品不生障害。

二硫化碳由硫磺及碳于高温中直接化合所生。化学上制法，将木炭或焦炭装入土管内灼热，通硫磺蒸气，生出二硫化碳，收集于放冷容器中，再行蒸馏即得精制。但普通将煤灼热，投入硫磺粉末，使其瓦斯冷却凝缩亦得此剂。纯粹者无色，有愉快香气，市贩品往往含有夹杂物，带黄色。发放恶臭，其液体于零度比重一.二九，于二十度一.二六二。有屈折强光线之性。摄氏零下一一六度凝固，四六度沸腾，微溶于水。引火点极低，取置时须十分注意。盛入容器内，少加清水即可防止挥发。凡水内不溶解之硫磺磷溴碘胶皮、樟脑及脂肪类，而二硫化碳皆能溶解之。此种瓦斯体较空气重两倍半，熏蒸后停滞于室之下层或地面之上。液体气化时，可增容积三百七十五倍，人畜吸入少许即感头痛，甚者至死。二硫化碳之胶皮液，用以结合皮革。纯二硫化碳乃杀虫剂最有效之一，自古乐用之，惟发火点甚低，稍带危险耳。又炭与硫磺化合时吸收数多热量，据实验所得，以炭十二瓦，硫黄六十四瓦化合，生出二硫化碳七十六瓦，吸收热量二九六九二热级（Calorie）。

二、石脑油精 $C_{10}H_8$ 石脑油精作为预防剂,普通以纸类包裹之,添加于食品中。贮藏后去尽石脑油精香气,即难鉴别其存否。然食用品使用此剂不甚适宜,又对于植物营养上究有何种关系。据 D-Bray 氏谓,本剂之偏陈溶液 Bengene solution 不害植物之叶,据 Mobrs 谓,此种溶液足能障害植物柔软细胞组织云。又石脑油精粉末与棉花种子长期混合贮藏时尚无何等影响。故水产肥料使用石脑油精,贮藏后施于农业上,当无特别不良障碍也。

石脑油精由煤烟脂(Coaltar)或重油加温摄氏一八〇度至一三六〇度间,发生蒸气,导入冷所,以水压机压榨之,再用氢氧化钠、硫酸及温汤处理精制之,即得此剂。有极强气味,完全不溶于冷水,而少溶于热水中,易溶于酒精及偏陈液。凡昆虫类触此虽不至杀死,但对其臭气颇为嫌恶,故多数昆虫以此剂驱除之,或放卵后用以预防之,较得良效。凡昆虫类触嗅石脑油精之蒸气后,皆陷于不活动状态,然一遇外气即得恢复原状。

三、食盐 贮藏肥料以食盐预防害虫,颇无良效,盖用盐微量,足能吸收湿气。包装之皮亦带湿气,实于制品以恶化影响也。

(录自 1931 年 7 月《水产学报》创刊号)

鱼种标本制作法

我国咸淡水所产鱼类，究有若干种，向无详确调查。研究水产生物者，只知外国鱼类种属名称，而不知本国是否产生。往往取其外形相似物，附以学名，一有差误，影响甚大。拟由全国各学校及有关生物研究之场所，素日将各地出产鱼类，制成标本，随时汇送于一定机关，（由生物学者建议指定）作为研究资料，庶乎于水产生物学术上，得一绝大成绩也。

凡研究生物学者，关于标本制造法，概多熟习，不足一道。放于草此篇之前，意志不定，惟恐贻笑大方。继思我国水产生物学，尚在萌芽之期，亟应广事宣传，以提醒人人之注意。欲提醒人人之注意，务使随处浏览标本，引起对于水产物之兴趣。而水产物各项标本，以前多系舶来品。而来虽有制作者，究属少数，未能普及于一般。拟将此种常识，灌输中小学生脑筋中，作为课内手工，练习技术。预料数年后，必奏集思广益之功。抑尤有进者，各省水产学校，亦多忽略制作此项标本。如能制成，互相交换，于教授生物学上，当亦获不少

之辅助焉。兹就个人所知鱼类标本制作法,略述一二,至其他水产物标本制作法,容后续述之

制造鱼类标本,分浸液法、剥制法二种。浸液法所用药品为三十五度内外之酒精,或二十倍水稀释之甲醛液(Formalin)。两相比较,后者较前者价廉,且能保存原色。但由材料种类,溶液浓淡,而有不同。经过长久时间,亦发现褪色之事实。至海产物浸渍液,稀释原液时,多用海水。不但有保色能力,且能持久,故皆禁用之。

上述二种溶液,遇用者不慎,配合浓度过甚,则标品硬化,反为不美。尤以甲醛有溶解石灰分之性质,故甲壳类及贝类等标品,绝对禁用。又鱼类与其他原料,欲保存一时者,可暂用甲醛液所浸湿布巾,包裹密封之,以便旅行携带,或包装输送于远地。

小形鱼类,宜于浸液;而大形鱼类,虽能浸液,但标本瓶必须特制,价格极昂。故供写生用或科学上之研究,为求种种便利起见,舍剥制法外,绝少妙术也。

第一 浸液法

浸液标本,如小形动植物,动物解剖体之一部,消化器系、神经系、肺脏、生殖器等,浸入药液,预防腐败,装入瓶中,容易见别。凡剥制干制诸法,不易保存原形者,如鱼、昆虫、微生动植物,均依是法保存。

生体解剖者,称曰解剖标本。动物内脏器官,各有原来色彩,解剖时区别判然,浸液后即混同不辨。循环器系,尤区别不明。其血管内注入色素,使之鲜明,称曰朱液注射法。又肺脏亦须透视内部。前者曰解剖朱液注射标本,后者曰透化标本。

一 制作用具及药品

甲醛(含 Formalin or formaldehyde 约三十五%之水溶液)防腐剂

酒精(Alcohol $C_2H_5.OH$)防腐剂

甘油(Glycerine $C_3H_5OH)_3$ 防腐剂

醚(Ethyl ether $C_2H_5-O-C_2H_5$)麻醉剂

三氯甲烷(Chloroform $CHCl_3$)麻醉剂

氢氧化钠(Caustic Soda NaOH)杀鱼用

石蜡(Paraffine (C_nH_{2n+2}))封拴用

标本瓶 标签 解剖具 普通绵花 注射器 脱脂药棉 膀胱（或硫酸纸）洗濯胰皂 牙刷 棉线 线针

二 标本制造

选择新鲜材料,活者尤佳。陈鱼制造标本,难得良好成绩。鲜鱼鳞片不可剥离。将鱼(举鲤说明之)放板上,用牙刷着胰皂水,由头部向尾部刷洗,除去表面附着之粘液,再洗以清水。眼部周围,有闪烁现象者,标本必佳。洗涤用水,海产动物,使用海水总较淡水加盐者为宜。清水洗涤,易失原色。

鱼类与鲑之标本,其标本液往往呈浑浊状态。鱼体表脂变白,乃由洗涤不完全,药品凝固其粘液所致。

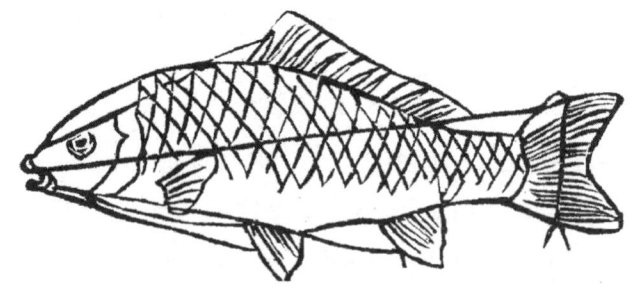

第一图 鱼之整形

制形时，先用水将鱼体洗净，以线结各鳍齐集口部，整理体形。如第一图，宛若游泳状态。不可曲叠背鳍或尾鳍。凡浸渍一次甲醛液之材料，各部强直，颇难整理。故整形手续，必须于浸渍前行之。

整形后装入标本瓶，不留太大余裕。又多种材料，混入一个容器内，尤不适宜。

甲醛液浓度，渍鲤鱼之溶液，为水八.五，甲醛一.五。置于液一星期以上至十日间，则完全固定。制作完毕后，于标签上，记明名称采集地年月日等，装入标本瓶中。

三 保存法

完全固定后，取出材料，再行洗涤。浸入清水内，约三十分钟，解去整形时所结之线，洗毕存入10%甲醛溶液之标本瓶中。装法有三种：(甲)将材料固着于玻璃板；(乙)以线钓于瓶盖上；(丙)原样装入。

(甲)标本固着于玻璃板上，先作一与瓶内径相等之板，二三处结线，以针缚材料于玻璃板，板上贴符标签。

(乙)钓于标本瓶盖上，用针先穿通下颚，通过白线挂于盖裹装置之铁钩上，宛如钓钩形状。尾鳍不触瓶底，约离开五分至一寸之空间。

(丙)装鱼于标本瓶中，头部向下，盖盖密封，法极简单，取放便利。

以上三法，瓶内装入标本后，以清水静洗二三次，除去附着物，徐徐注入10%之甲醛液。如先注标本液，常有溅出之虞。瓶于瓶塞间，涂布白蜡，上部盖以浸水后柔软之膀胱，再以线坚结瓶头，置标签于瓶内上部，不碍标本外观。其贴附外部者，容易损污。

标签以阿胶（Gelatine）液浸渍，拭干瓶面，用挟剪贴附之，字向外，然后装注标本容液。

装鱼之理想瓶，以长方横型为宜。而市上贩卖者，为竖型。板面有时凹凸，或多气泡，难以正确观察，尚须继续研究改良之。

四 保存液

浸液标本，以前殆全用酒精。近日使用甲醛者，约占八十％。甲醛较酒精价廉，且有以上之效力。不但富于防腐性，亦不若酒精易使标本脱色。除含石灰质之节足类或贝类数种外，其余均以甲醛为最宜。然甲醛亦非绝对不使标本脱色。由物品种类，亦有不适为永久保存液者。如水母，经二三年间虽无变化，年月再久，则组织坏败，必须更换酒精。凡纤维透明动物，以单用酒精为宜。

保存液实关乎浸液标本之生命。由种类及物体而异其溶液。固定或保存者，除应用酒精或甲醛外，其他类液亦属有效。如胶质性动物，及软弱动物，制固定标本时，以铬酸杀之（标本液内不可存留）。紧缩性动物，以醋酸急激杀之。凡液内混合铬酸者皆能杀死无收缩性之透明动物。此外铼酸（Osmic acid）升汞、重酪酸钾、古柯碱（Cocain）乳酸等溶液，专门家多应用。兹单述酒精及甲醛液如下：

甲醛液之浓度，可支配浸液标本之生命。过浓则标本收缩，过淡者则易致腐败。经验较浅者，宁可过浓，间不可失之过淡。如鲣鲭等多肉鱼及鮟鱇大内脏鱼类，需用二五％溶液。比目、偏口、鞋底等鱼及内脏稍小鱼类，需用十％。鲤制标本，以注射器将溶液由肛门注入，揭开鳃盖，除去内脏，洗涤腹腔，装满脱脂棉，浸入一五％溶液。暑季至少二〇％，否则损坏。

鲜活材料原样放置,易遭腐败。万一缺乏容器时,可将标本液,由肛门注射后,放置冷静地面为宜。又保存液前已略述,由材料不同而异其度数。普通标准为一五％。依此增减其浓淡。

节肢、腔肠、棘皮动物,贝及海绵类等之含多量石灰分者,必须使用酒精。对虾、龙虾类,浸入甲醛液中,往往脱落脚部。贝类失退光泽。又剥制之鸟兽鱼类,可暂浸酒精内,保存一时,溶液浓度,依材料而加减之。普通以水及酒精参半为宜。至长期保存,须多用酒精,水分愈少愈妙。七〇％浓度,即觉水分稍多。恒有散解标本组织之虞。务宜应用九五％者,或酒精内混合等分之甘油与蒸馏水溶液。但酒精普通标准为八〇％,依此可按材料如何,而增减之。

标本液使用蒸馏水固佳,自来水亦可。总以无色透明少杂质者为尚。多舍不纯物之水,须滤过后再用。又海产动植物最好使用海水,但海水含多量微生物,以棉布滤过后,混合酒精或甲醛使用之,其比例与淡水同。

五 整理法

浸液标本,殆为永久保存品。多数标本,往往因瓶器不完全,药品挥发,遂致腐败,故一年至少整理一次。整理期间,宜于夏季实行,以便洗涤。盖冬季瓶体瓶盖,密着坚固,取除困难,夏季较为容易。

多年放置之标本瓶,启盖稍难。法将瓶体上部,置入四五十度温汤中,约十分钟后,在几桌边缘叩打盖球,轻重适度,各面均匀,以指动摇瓶盖,稍见轻松,用力徐徐提启之。此法虽异冒险,熟练后亦不致损坏。取出之标品,用水洗净,原瓶灌入新制标本液,再依本篇保存法贮藏之。

六 购入标本注意事项

（1）检查材料之完全与否，尤以节肢、海绵动物水母类等，往往破损体上一部。

（2）体色须鲜明。凡不鲜明者，多属陈破之物。

（3）发生顺序标本，其发生初期之种类，愈多愈妙。如形成母体者居多数，乃失去发生之意义。

（4）解剖标本，其色素须达毛细管，而现出内脏诸器官。又系统等须选整齐者（同一动物解剖标本，有极简单者）。

（5）视感优良之标本为上品。动物死体，有一见而生憎恶者。恒使学生及观查人不欲十分观察，即行离去。应设法免除其凄惨状态。

（6）标本液浑浊者不良。

（7）标本瓶较标品过小者不良。

第二 剥制法

鱼类标本多属浸液，而为写生及取置便利起见，则必须剥制。大体鱼除剥制外，尚无相当保存法。

一 器具及药品

剥制用具，种类至多，由形状及技术之差异而有不同。普通使用如左所列：（陆产动物亦用之）

（1）测定用：圆规 尺 廓大镜 杂记簿

（2）剥皮用：解剖刀 切剖剪 切骨剪 小镊子 搔脑勺 自在钩 代柄锥 磨刀皮

（3）制作用：手拿子 小铗剪 厚铗剪 平错 椰（榔）头 锯 锥 带柄锥 带柄针 缝针 毒壶 羽箒 刷子 注射器 海绵 拨针 木栉

剥制用药品,主为消毒、洗涤、防腐及驱除害虫等剂,种类甚多,随材料时期,而任意选择之。

(1)洗涤用:除去脂肪及污垢使用挥发油(Benzol)、漂白粉、胰皂、火碱

(2)防腐驱虫用:

a 亚砒酸　涂布剥皮内面,可以防腐驱虫,效力伟大,能堪久藏。本剂甚毒,使用时宜特别注意。指带胶皮套(Sack)或缠以绷带。使用后以毛刷十分刷洗手及指甲间。

b 硼酸　效用稍次于亚砒酸,无毒。热带地方使用此剂剥制者虽经十年后,尚能完全保存。

c 明矾与铬矾　本剂有收敛兽皮之性,与亚砒酸混用时,于夏季可防脱皮。

d 食盐　食盐为一时之收敛性,有防腐效力。

e 单宁酸　系一种驱虫剂,专用于剥制兽皮。

f 石炭酸　有消毒防腐力。

g 甲醛　有收敛效力。剥制爬虫类、两栖类、鱼类等使用之。

h 酒精　系一种防腐剂。当亚砒酸溶解于水中,加入少量酒精,或五十倍之石炭酸水,则溶解甚速。

i 二硫化炭素　系强烈之害虫驱除液,本剂能引火,使用际须注意。

j 樟脑　樟脑与固形甲醛石脑油精等,均为虫害豫(预)防剂。

k 甘油　与防腐剂并用,可保存一时,便(使)皮有柔软之效。

(3)干燥脱脂用:使用壳粉或石膏末,吸收水分最能迅速干燥。壳粉制法,将米之籾壳蒸后,炒之即得,非特有脱脂效果,且堪用二三次,价亦低廉。

（4）溶解亚砒酸法：将亚砒酸放入瓶中，加入少量酒精，稀石炭酸及樟脑，再混合冷水搅拌之，其标准普通粉亚砒酸一〇克，加酒精、樟脑及水各五克为适度。

（5）粘稠亚砒酸：将亚砒酸制成粘稠状，涂布皮上，不但有耐久力，干燥后固着皮上，可以十分防腐。制法将胰皂粉，入锅加水搅拌，十分温解，俟冷后加入亚砒酸溶液混合之。兹示制造半磅之配合比例如下：

胰皂粉 九〇克 水 三八克 亚砒酸粉 三八克 酒精 四五克 樟脑 三八克

（6）无毒防腐驱虫剂：亚砒酸之代用品，以硼酸烧明矾、樟脑三种为多，入乳钵制造成混合粉末使用之。制造半磅配合比例如下：

硼酸 一三〇克 烧明矾 六〇克 樟脑 六〇克

其他杂品如绵麻、锯末、粘土、铁丝、松节油、纸等，亦应备齐，又旅行或在野外剥制者，须备以下物品：

（1）器具：小刀 解剖剪 镊子 锥子 圆规 卷尺 毛刷 厚铗剪 笔 针

（2）药品：亚砒酸 烧明矾 甲醛挥发油 壳粉

（3）材料：脱脂绵 麻线 布片 报纸 铅笔 铁丝 胰皂 标签等

二、制作上之注意

（1）鱼类之剥制，因种类之不同而有难易之别。如鲤、鲷鳞皮坚硬，较为容易。鲣、鲽、鳗等皮肤柔软，剥制稍难。

（2）于标签上详记号数、采集地、年月日、鱼名方言及备考。

（3）测定如第二图所示，为识别上起见，应记载要点，如体及头部之特征，并胸腹鳍之有无。

（4）展开鱼体各鳍，口部略张，以便视察齿状。

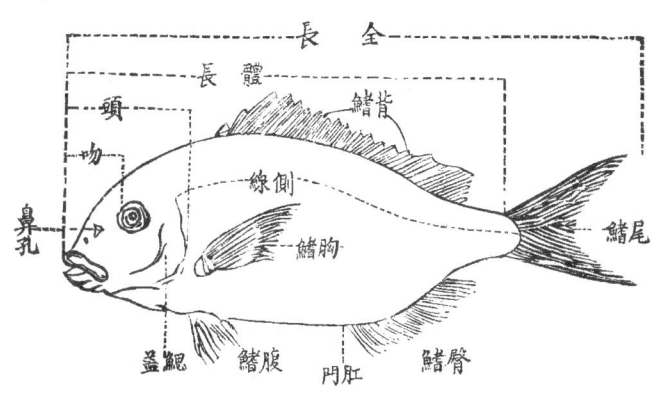

第二图 鱼类测定

三 洗涤及收敛法

剥制鱼体，须十分洗涤。使用海绵、脱脂绵，或软刷均可。淡水鱼或富有粘液鱼类，洗以胰皂水；咸水鱼使用食盐水，以防脱色。

将新鲜材料，写生绘图，记载体色、眼色、轮廓、体长、体宽、眼大等项，以便制作。至鳞片易落鱼类，于剥皮前浸入约三十倍之甲醛液内二三小时，则鳞皮硬固，鳞片不落。

四 剥皮法

鱼类剥皮，最为困难，鳞片易落，落后无法补修。着手之前，须特别注意。

如第三图制作，执解剖刀，由咽喉部沿腹部中央线，达尾根止，并沿臀鳍里部切开。普通定鱼类左侧为表面，右侧为里面。然后防皮鳞破损，注意剥落。至鳍根部，须用解剖剪，切断骨骼，分离肉部。其顺序先腹鳍，次胸鳍，达尾鳍切落尾骨后，以弯曲剪自脊鳍根部下方，向头徐徐切断，最后于咽喉部，用剪将接连头盖骨之头骨切离,取去胴体,如第四图剥皮情形。

鳃、眼球及头内部附着肉块,取除极净。再将剥皮全体,用搔脑勺搔去内面残肉,及不需要之残骨。剥皮渍入收敛液二三小时,至一二日间,但不可浸渍过度。

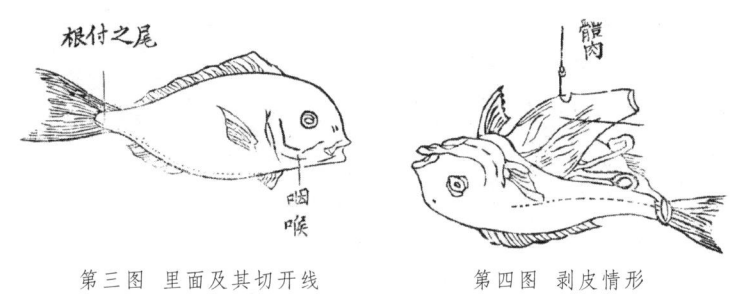

第三图 里面及其切开线　　第四图 剥皮情形

半面剥皮法,较为简单,惟少留里面之缘边,除去由外部不见之部分而剥下之,隐蔽缝目。

五　剥制加工

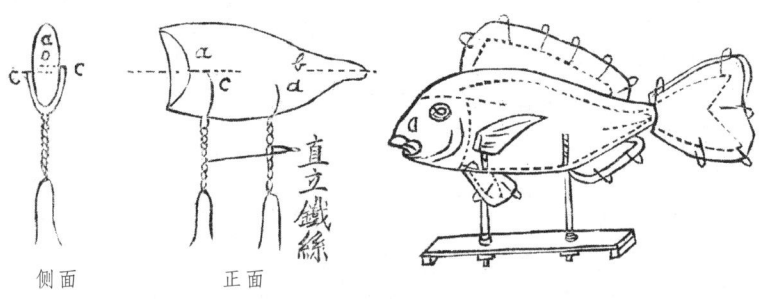

第五图 胴心与直立铁丝　　第六图 整形方法

1. 消桐木拟似体肉,作成胴心,较原形销小,留出余,以便制作。如第五图所示,胴心由 ab 突出,余二根铁丝,a 插入头部,b 插入尾部里侧,cd 作为直立铁丝,二根捻合,抱着胴心。又胴心与皮间,填充下述物质以充实之。

煮生麸糊,混入桐木锯屑,至不粘着为度,加少量石膏末,以干固之。再加少量甲醛,防其生霉。

2. 将以上填充物,填满头部及眼窝,与内面全体,不使剥皮松弛。填入胴心后,参照前记模写图,依样整理之,务与实物相似,最后缝合切开部分。

3. 缝合毕,外面用刷及水洗净,再以脱脂绵轻试水分,为第六图所示,扩展各鳍,填入假眼,挟以马粪纸,垂直干燥之。口部稍开,露出齿部为宜。

4. 干燥后,为图另插入直立铁丝,安装于木台上,全部涂布阿胶,预防鳞片脱落。如为色彩美观起见,用油绘补色亦可。惟注意鱼类剥制后,各鳍突出,干燥中往往破损,不必用台装置矣。

第三 鱼类半面剥制法

鱼类半面剥制,容积颇小,取置便利。较普通剥制,易于保存。适等于实物之半。使鳍沿着板面,可免破损之忧。

先将鱼体用甲醛浸渍后,以石膏制造半面凹型。放于平板上,置软粘土,较鱼体稍大,表面使之平坦。鱼体里侧半面,卧入粘土中。鱼体周围,绕以铁叶板,约高一寸,以防石膏泥之流出。于铁叶板全面涂布钾胰皂,易使石膏离开。以上准备完毕后,于石膏末内,加水(石膏十水九比例,作成石膏泥。流入数小时,石膏遂凝固。由凹型内徐徐取出。此粘土型欲使用几次时,须坚厚而干曝。内面涂漆或 Lack 制造多数同一标本者,搜罗多数同大鱼体,虽大小稍异,亦可使用同型,无大妨碍。再将甲醛内浸渍数小时之剥皮,蒙于凹型上,又眼窝部嵌入假眼前,暂填粘土小球,涂布防腐剂流入石膏

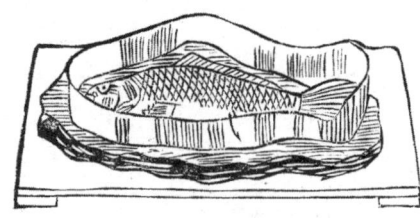

第七图 凹型制法

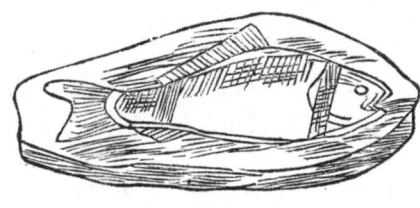

第八图 凹型内嵌入鱼皮

泥,厚二三分,干燥后,固着于皮之内面全部。

流入石膏泥以前,如第八图所示,在胴部架狭板二条,可使石膏固着,且装置本台时,亦有许多便利也。

俟石膏与剥皮固着时,移于假台,取去粘土球,嵌入假眼,恐鳞片脱落,鱼皮外面涂卵白或阿胶。鳍部押着于台上干燥之。须涂以三十倍之甲醛液,预防生霉。干燥后移于本台,用石膏糊类,贴鳍于台,然后着色。

如偏口、鲽等两面相异者,用前述同样方法,制造两面凹型,亦颇便利。且粘土型愈坚厚,使用愈久,得以制成多数同一之标本。

总之,剥制鱼类,保其原形,非常困难。依半面剥制法制造时,确得实物形态,且无缝目,制作上亦较容易。尤使制造者心理,感有兴趣也。

二一、五、二

(录自 1932 年 5 月《水产学报》第二期)

鱼介类与虎列拉菌之关系

鱼介之肉，富含蛋白质，宜于人生营养，嗜者颇多。每当瘟疫流行，往往因食鱼介之肉，而发生虎列拉 Cholera、肠窒扶斯 Typhoid 及赤痢等传染病，一经传染，呕吐下泄，危急莫治，瞬息垂亡，诚险症也。我国俗名霍乱，又名绞肠痧。近日医学界虽极进步，不遗余力以研究其发生原由，及预防方案，设法扑灭之，不使蔓延。然此等菌类，仍难绝迹，不时发现，亦除恶不尽之憾事耳。

预防以上诸菌之传播，于国家卫生行政上，应在各海口港湾地点设立检疫处，检查入港船客，遇有患者，即使之隔离，禁止出室，急施消毒手续，以灭绝其病原菌，一面于通都大邑，须注意自来水道及地下暗沟之设备，务期整理完善，妥当处置其污秽排泄物，以消灭各种传染病菌，抑尤有进者，凡市内发现传染病人，其排泄物中含有病原菌类，处理失当时，极易由蝇虫及水等，污染食物。被染之物，一入健康者之口，辄罹重症，渐次传播，于是一时发现多数病人，全市居民均感不安，推其原因，蝇虫飞染之所致也。然不论虎列拉或窒扶斯或赤痢诸病,皆属消化系统之病菌,非由口入,不易传染,故摄取食物时当特别慎重。

一、虎列拉菌之形状

虎烈拉菌,恰如香蕉形,体之一端,附着鞭毛一根,藉此可以活动工作,大者长一.五mikron,宽〇.四mikron(一mikron为千分一厘),以七百倍至千倍之显微镜,方得见之。一个菌体经二十四小时后能繁殖4,720,000,000,000,000,000,000个,该菌传染后,使人患剧烈下痢,大便如米汁,医士检查病人,倘疑系虎列拉,则将大便汁薄涂于薄玻璃板上,干燥后染色,用高倍显微镜检出之,再精细检查,可于洋粉培养基上,薄涂下痢者之大便汁,放入摄氏三十七度箱中,经二十小时培养,则虎列拉菌繁殖甚多,更易检查。

虎列拉病之传染,概由细菌与食物一同入口,至肠中繁殖,足以致病,决(绝)无由皮肤侵入,或藉空气以传染他人者。如常人不摄取附着虎列拉菌之食物,则决不患此险症。该菌混入饮料水中,可以生存数周或数月;附于鱼介肉上,尤不易死灭。故当虎列拉病流行之际,不可摄食生凉物品,以免危险。其传染途径如左:

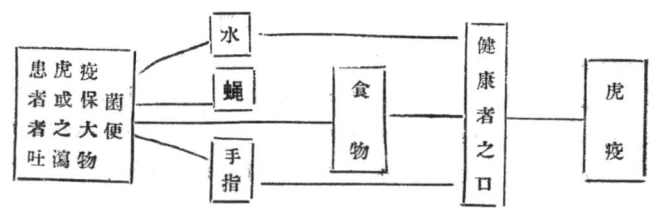

二、低温度中虎列拉菌之抵抗力

传染病菌,如虎列拉、窒扶斯、赤痢、结核菌等,于空气中游离,摄取氮素,有害于人类,如供给植物营养必要氮素之根瘤细菌于土壤中,生存无数,乃属有益之细菌。凡各种细菌,不论有益有害,对于低温度均有较强抵抗力。如虎烈拉菌,混入水、肉侵(浸)出液或土壤内,冷至摄氏零下四度半至十四度半,经过六日,或由零下五度八分冷至二十四度八分,经过五日方能完全死灭。细菌学家曾有甚多实验报告,证明虎列拉菌对于低温度有强硬抵抗力也。据日本远山博士之实验,以生活力旺盛之虎列拉菌一千万余个,分别加入自来水、蒸馏水、海水、食盐水、及含夹杂物之食盐水,混加胃液化蛋白质(Pepton)水、肉类浸出液及肉羹汁(胃液化蛋白质内混入食盐)中,加意培养之,静置于摄氏零下十三度半至零下二十四度自然冷冻,虎列拉菌约经数日间,在此培养基中依然生存、繁殖。由各种材料之不同,其结果相差颇甚,即零下二十度内外之蒸馏水、自来水、生理的食盐水(蒸馏水加入〇.八五%食盐)及有一%五%十%食盐水中,最初混入一千万个以上之虎列拉菌,均在二十四小时内,尽行杀灭。又市中粗制不纯盐,由其浓度,虽有差异,普通二日至五日间得以杀死虎列拉菌,如在营养较多,适于虎列拉菌繁殖之胃液化蛋白质或肉之浸出液及肉羹汁中,非经十二日、二十四日至二十八日后,万难杀尽,而不存一菌也。

胃液化蛋白质水、肉汁及肉羹汁,冷至零下二十度左右,在冷冻初期,大多数虎列拉菌亦被杀灭,经一周至十日间,仅残留原菌数万分之一,至十万分之一而已,此少数残生之细菌,对于低温抵抗力,甚形强硬,有经三四周后,尚保持余命者。虽然杀灭虎列拉菌,比较使用低温度效力稍大,愈低愈强,即冰之温度,亦颇相宜。故保存所有饮食物,如鱼介肉菜各物,最好设备冷藏装置。

健康人食若干虎列拉菌,即能致病乎,此种实验尚无试行者。由医学上所见,概健康人食五十个至百个之虎列拉菌,尚不致发生险症,至少须食四五百个以上之菌数,方罹虎疫。据此理论,则冷藏库之设备,于实际豫(预)防及医学上,有重大之使命焉。

中国旧式渔业,不知渔获物处理法为何事,对于渔获物之运搬处理,手续粗简,杂乱无序,殊堪注意。查东西洋各国,汽船拖网渔业,处理鱼类,着重卫生,足资借镜,兹述其安全方法如下:

拖船在远海渔场,捕获活泼鲜鱼后,即时混合碎冰,一同装入木箱,上覆硫酸纸(Parchment paper),再填碎冰,装妥覆盖,置入仓内冷藏室,运至渔港后,补充箱冰,转卸于冷藏货车,送达都市出售之,由渔获后至消费地止,其处理之精密,不但无蝇虫附着,即手指亦未常时触之。

三、虎烈拉菌于严冬户外之生存期间

据远山博士之实验,以虎列拉菌约十万万个,培养于自来水、各种海水、食盐水、胃液化蛋白质水及肉羹汁中,又采集日本各地土壤加入其间,将以上各种培养基曝中于严寒户外,一任风雪侵凌。经多日后检查各培养基虎列拉菌,由一月二十一日大寒节起始试验,一月间最低温度为摄氏零下七度,最高为摄氏一一度。二月间最低为零下六度,最高为二十二度半,以表示之如左,表内灭菌云者,乃将培养基装入百度蒸釜中,每日加热三十分钟,继续三日,杀菌之物比较纯洁,非灭菌云者,乃培养基采集后或制造后之原物,或有不洁物在内。

虎列拉菌于严冬户外之生存期间

培地养基名称	虎列拉菌生存日数	
	灭菌	非灭菌
一 蒸馏水	一日	一日
二 自来水	一日	四日
三 生理的食盐水	一日	二日
四 五％化学纯粹食盐水	一日以内	一日

续表

培地养基名称	虎列拉菌生存日数	
	灭菌	非灭菌
五 黄海黑山岛海水	二日	四日
六 对马岛海水	五日	五日
七 胃液化蛋白质水	一六日	一四日
八 肉羹汁	二一〇日	五二日
九 肉羹汁洋粉斜面	一三一日	—
十 东京野外土壤	一八日	三二日

观以上成绩,将十万万个左右之多数虎列拉菌混入种种培养基中,于东京严寒气温,放置户外时,其蒸馏水中者,仅生活一日;自来水中普通一日,绝少四日者;生理的食盐水中一两日;五%纯粹食盐水中仅一日;又海水中由采集地点固不一致,然大约生存一星期内外。

虎列拉菌于繁殖适宜之胃液化蛋白质水中,可生存半月有余;肉羹汁培养基中,由灭菌与非灭菌之不同,成绩颇差。前者约七阅月,而后者五十余日,土壤中混合后之菌由采集地点,土壤性质之差异,不可一概而论,普通能生存一星期至三星期内外。

四、鱼类附着之虎列拉菌于冬期户外生存期间

以鲔鲹等鱼类,及马肉蔬菜为材料,于五合食盐水中,混入二百万万左右之虎列拉菌,将试验鱼类,大者切片,小者原型,侵入以上浓厚菌液中,经一小时后,取上滴尽水分,暴露户外,至不残留一个虎列拉菌止,须左记之时日。

	鱼名	灭菌	非灭菌
一	鲔	一〇日	八日
二	鲹	十四日	一〇日
三	小鱼	一〇日	一〇日
四	车虾	八日	六日
五	马肉	八日	八日
六	蔬菜	一〇日	一四日

（注）由一月三十日开始试验，所用日期为二星期，户外最低温度零下五度，最高温度十三度（摄氏）。

前述两次试验，远山博士均于东京附近严寒天气中行之，证明虎列拉菌混入水，或海水、土壤中，或污染鱼类体上，决不能生存过冬也。又利用虎列拉菌试验汁使之繁殖，须混入培养基中，如肉羹汁洋粉斜面或肉羹汁中，足能生存相当之长时日，但此系于实验室内所见之现象，若放置户外，则鲜能如是。

虎列拉菌于户外抵抗力极弱，死灭亦速，如本年有虎列拉流行疫，其菌至翌年，仍在水、土壤、鱼类或其他饮食物中，苟延生命，而再酿成剧烈虎疫之原因者，殊属罕见也。

五、鱼肉附着之虎列拉菌对于热水抵抗力

当瘟疫流行时，无论其为虎列拉、窒扶斯或赤痢等病，吾人均知饮食物，必须煮沸，以免危险，此理颇称正当。据实验结果，低温度时间不同，尚有不死者，取鱼类试验之，附以多数虎列拉菌，置入八九十度之热水中，浸渍一定时间，其生死成绩如下。

鱼类附着之虎列拉菌于百度热水中死灭时间

时间 名鱼	一〇秒	一五秒	二〇秒	二五秒	三〇秒	三五秒	四〇秒
鲔	生	生	生	生	死	死	死
乌贼	生	生	生	生	死	死	死
鯵	生	生	生	生	生	死	死

（注）于五合生理食盐水中，混入新鲜虎列拉菌，约百万万个，将以上鱼类浸渍一小时，使其十分附着后，再用百度热水试验之，鲔肉切成大片，乌贼及鯵鱼，用其原样，据上试验鲔与乌贼仅经三十秒，鯵经三十五秒，即完全杀灭。

此外,如牛肉蔬菜,及其他食物,均有同等情形。又肠窒扶斯菌或赤痢等,亦大同小异耳。故摄取食物,稍有疑虑者,即应煮沸后食之。但此种处置,不可仅赖一面,即单煮沸肉鱼蔬菜等,而所用家具,如俎板庖刀等,不行消毒者亦无济于事也。器具类最妙以开水刷洗,或制作漂白粉溶液冲洗之,漂白粉配合量,以一两粉溶于啤酒瓶中满贮清水,使用时再加十倍之水,即能应用。器具冲刷后,稍觉臭气,再用白来水或消毒之井水,冲洗一二次,可免余臭。

今再用鲔及乌贼,切成小片,照前法处理,浸渍于浓厚虎列拉菌液中,使肉片附着多量虎菌,投入九〇度、八〇度、七〇度、六〇度等热水中,检查杀死至不留一个虎菌之时间。

鱼类附着虎菌于相当温度热水中杀死时间

温度	时间\名鱼	三〇秒	四五秒	六〇秒	二分	三分	四分	五分	七·五分	一〇分
九〇度	鲔	生	生	死	死	死				
	乌贼	生	生	生	死	死				
八〇度	鲔	生	生	生	死	死				
	乌贼	生	生	生	死	死				
七〇度	鲔	生	生	生	生	死	死			
	乌贼	生	生	生	生	死	死			
六〇度	鲔			生	生	生	生	生	死	死
	乌贼			生	生	生	生	生	死	死

九〇度、八十度内二分钟内即完全杀灭,七〇度内三分间,六〇度内需七.五分也。

六、鱼类附着虎列拉菌经油炸后之情形

由鱼市场购得新鲜大虾、海鳗、乌贼、马鲛鱼及山芋、菜藕等物,浸渍于五合生理食盐水中,含有四百万万虎列拉菌液中,约一小时取出去水,或浸入五合生理食盐水中含有二千万万肠窒扶斯菌液中，亦约一小时涂附鸡卵及面糊再行油炸。

　　炸油为胡麻油，温度热至摄氏百九十度，至百九十四五度，投入材料后，温度稍低，达百七十度至百八十度，炸熟时间，大虾约二分半，鱼类一分半，藕、芋约一分钟，然后精细检查附着之菌类，均已完全死灭，不留一个。故于瘟疫流行际，食用鱼介类，稍觉不妥者，即采用油炸方法为宜。

七、鱼类附着虎列拉菌之生存期间

　　盛夏时，于冰室二三度中，凡鱼类附着虎列拉菌者，大抵二三日间，其菌尚有生存，以后则完全死灭。当季春孟夏，冰室温度十度左右时，有生存八日者，至多不过十日，如静置于冰室内，温度最高摄氏十四度半，最低四度，约生存八日至十七八日。在摄氏三度至八度者，约生存半月至二十四五日。仲夏或孟夏时，随意放置之，经过以上日数时，鱼类自身已陷于腐败，不堪食用，遑论虎列拉菌之生死哉。

　　冰室贮藏鱼类，不论如何，其虎列拉菌生存之日数，当较悠久。但于冷藏初期，虎列拉菌急剧减少，残留少数之菌，延其余命耳。故保存新鲜鱼类，必须有冷藏库设备之必要。

八、肉鱼及鱼体表面附着虎列拉菌之增减情形

　　鱼类附着多数虎列拉菌，天然放置之，夏期经三三日全部死灭，春秋经七至十日左右，尚有残生者，于九月初旬之室温，试验鲔肉，自然放置后，虎列拉菌在肉之表面，八小时内，渐次增加，较最初附着者，增加三十七倍半，嗣后遂急激死灭。至二十四小时间，则不残留一个，其他各种鱼类肉类，大致经一定时间内，亦尽死灭。惟蔬菜表面之虎列拉菌，虽生存较久，而不能繁殖。

　　虎烈拉菌，在天然鱼肉或鱼体表面上，殆不移动。如含有水分

过多,或用水浸渍之,由鱼类而有不同。概经过数小时后,仅移物一粍之距离,经三十六小时后,至多移动三粍,尚有绝不移物者,可知其移动速度极为缓慢。

九、虎列拉菌通过鱼类体皮或侵入肉内之能力

由鱼市场购置鲔、鰤、旗鱼等十数种,于自然状态之下,温度二七.五至二九.五度,查鲔肉表面附着虎列拉菌者,经三十分钟约深入一粍,至四十八小时后,仍为一粍,不再深入,如将供试鱼,浸渍五合食盐水含虎菌百万万个之浓菌液中,经一定时间后,取上检查,虎菌亦侵入约一粍。

供试鱼类\浸渍时间	三〇分	六十分	三小时	五小时	一〇小时	一五小时	三四小时	四八小时
鲔		+	+	+	+	+	+	+
旗鱼		-	+	+	+	+	+	+
鲐		+	+	+	+	+	+	+
鰤	+	+	+	+	+	+	+	+
鲣	+	+	+	+	+	+	+	+
鰺	-	-	-	-	-	-	+	+

注:(+)号表示虎列拉菌侵入筋肉内,(-)号表示未曾侵入。

以上鲔、鲣大鱼,均切块试验,放入浓厚菌液中,容易侵入筋肉内约一粍。至小鱼,如鰺等,有健康表皮,虎烈拉菌颇难破强韧皮肤而侵入。但经过相当时间后,鱼类渐次软化,虎烈拉菌遂得侵入筋肉间。

十、鱼类附着微量虎列拉菌确速证明法

鱼类被虎列拉菌污染之机会,与其他饮食物相同,大别有二种:第一汽船上有中虎列拉之人,由此保菌者,所弃排泄物污染海水,或河水,航行之汽船经过其地,偶被污染;第二运搬鱼获物途中,或渔夫登陆及处理之人中,有患斯病者,由此保菌者之排泄物,污染鱼类。

第一于汪洋大海或河川中,虽有保菌者之排泄物,但大洋有自净作用,释成无限之稀薄,可谓无害无菌,即排泄物投弃海中,一刹那间,鱼类吞吐之,经二十四小时后,体内亦可不存一个细菌,故大海中鱼获物处理适当时,可安全供食,无足为害。第二鱼获后之问题,如渔夫偶有患者,或卸岸后之处理经鱼行小卖商,难免有患斯病者,果然,则此保菌者之排泄物,均易污染鱼类,与第一问题迥乎不同,应特别注意及之。

鱼类附着虎列拉菌,于尾眼鳍部及排泄口各处,检查较易。附于鳃部或消化器内者,非检查鳃或胃肠不可。又大宗鱼类,全数检查之,亦属困难问题,只能提取少数检查而已。最妙依托专门家实行之,兹述检查顺序如下。

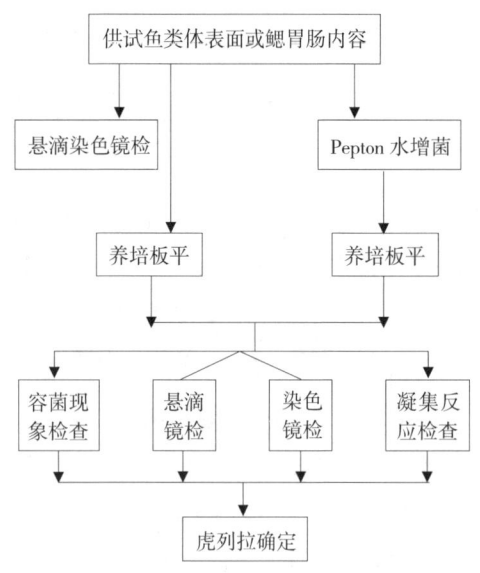

按以上顺序,经过八至十二小时,可明了虎列拉菌之有无,一昼夜后,即能十分确定。

十一、食盐对于虎列拉菌之杀菌力

普通食盐,与化学用纯粹食盐,或药用注射食盐,其消毒力颇有不同,依实验可以证明之。

第一实验,以化学用纯粹食盐加入自来水,配成一％五％一〇％一五％、二十％及三〇％种种食盐水,装入试验管,十分灭菌之。各加入虎列拉菌约十万万个分为三组,第一组置于摄氏三七度孵卵器中;第二组置于十一月至十二月之温度中;第三组置于二度至四度之冰室中,每日取出一次,检其生死。第一组者一％食盐水中菌经二十九日,五％食盐水中菌经十九日,一〇％以上浓食盐水中菌,于二十四小时间内,尽行死灭;第二组者一％仍经二十九日,五％约一星期,一〇％以上,亦于二十四小时以内,尽行死灭;第三组者,一％经九日,五％一日以内即完全死灭。故证明于低温度中食盐,对于虎列拉菌之杀菌力,较称强大。今用表示之于左。

食盐水温度\虎列拉菌生存终日	一％			五％			一〇％			一五％			二〇％			二五％			三〇％			Pepton加水		
	三七度	十一月室温	冰室	三七度	室温	冰室	三七度	室温	冰室	三七度	室温	冰室	三七度	室温	冰室	三七度	室温	冰室	三七度	室温	冰室	三七度	室温	冰室
一日	生	生	生	生	生	死	死	死	死	死	死	死	死	死	死	死	死	死	死	死	死	生	生	生
七日	生	生	生	生	生																	生	生	生
九日	生	生	生		生																	生	生	生
一九日	生	生			生																	生	生	生
二九日	生	生																				生	生	生

第二实验按上法加意试验之,一％食盐水中,虎列拉菌能生存九日至十日,即死灭。五％及一〇％食盐水中,经十五小时,虽有残生者,过二十四小时,则不存一个。一五％二〇％二五％及三〇％,经

七时半，或尚有生存，经一〇小时后，完全杀灭。如盐水中加入Pepton水，则虎列拉菌生存力较为强盛。

虎列拉生死时日\食盐浓度	一小时	三小时	五小时	七小时	一〇小时	一五小时	二四小时	二日	三日	四日	五日	六日	七日	八日	九日	一〇日	一一日	一二日	一三日	一四日	一五日
一%	生	生	生	生	生	生	生	生	生	生	生	生	生	生	生	生	死	死	死	死	死
五%	生	生	生	生	生	生	死	死	死	死	死	死	死								
一〇%	生	生	生	生	生	死	死	死	死												
一五%	生	生	生	生	死	死	死														
二〇%	生	生	生	生	死	死	死														
二五%	生	生	生	生	死	死	死														
三〇%	生	生	生	生	死	死	死														
加Pepton水	生	生	生	生	生	生	生	生	生	生	生	生	生	生	生	生	生	生	生	生	生

第三实验以普通五等盐，按前实验方法，一部灭菌者，一部不加任何手续者，置于冰室，检查成绩。一%及五%者，经一五日尚存虎列拉菌，一〇%者三日，一五%通二〇%二五%，概能生存二日，三〇%饱和盐水，二十四盐小时内，尚完全生存，与第二实验比较颇能明显，即普力（通）食盐，远不逮纯粹食盐对于虎列拉之杀菌力，故消毒用以力强之纯盐为宜。兹示普通食盐对于虎列拉之杀菌力：

食盐浓度\时间	二四小时 灭菌	二四小时 非灭菌	二日 灭菌	二日 非灭菌	三日 灭菌	三日 非灭菌	五日 灭菌	五日 非灭菌	七日 灭菌	七日 非灭菌	一〇日 灭菌	一〇日 非灭菌	一五日 灭菌	一五日 非灭菌
一%	生	生	生	生	生	生	生	生	生	生	生	生	生	死
五%	生	生	生	生	生	生	死	生	死	生	死	生	死	生
一〇%	生	生	生	生	死	生	死	生	死	生	死	生	死	生
一五%	生	生	死	生	死	生	死	死	死	死	死	死	死	死
二〇%	生	生	死	生	死	死	死	死	死	死	死	死	死	死
二五%	生	生	死	生	死	死	死	死	死	死	死	死	死	死
三〇%	生	生	生	死	死	死	死	死	死	死	死	死	死	死
加Pepton水		生		生		生		生		生		生		生

十二、虎列拉菌污染之鱼类经盐藏后现象

由盐藏方法,食盐种类,天气温度等不同,其结果亦异。今述实验一例,供试鱼类,使用小鲷、鲹、鳎、鲷、鲔,侵入五合生理的食盐中,含虎列拉菌百万万个之浓厚菌液内,约一小时,将供试鱼类,分成三份,第一份系鱼市场购来原样;第二份系切开腹部;第三份系切开腹部后,除净内脏。以上各种,装入玻璃圆筒,用五等食盐,各加鱼重半量之盐腌藏之。

试验方法 \ 鱼名	小鲷	鲹	鳎	鲷	鲔
原样鱼	五日	九日	六日	七日	一二日
切腹鱼	七日	六日	七日	一二日	
切腹除内脏鱼	二日	二日	二日	二日	

凡附着虎列拉菌之鱼类,盐藏二星期后,则菌类死灭,尤以切腹除尽内脏者,死灭速更,故虎列拉菌污染之食料,实行盐藏方法,最称适当。

十三、牡蛎蛤介类附着虎列菌之生存期间

牡蛎类,在池中养殖,不论咸淡水,如有虎列拉菌流入水中,经一分间即侵入胃内,因侵入容易,故应特别注意。兹将新鲜牡蛎蛤介渍入浓菌液中,使之十分附着,一面静置于摄氏零度至五度之冰室;一面饲养于二十二度之温处,前者有短期内死灭者,亦有生存一个半月者;后者约生存半月。凡在冰室或二十二度之牡蛎蛤类,虽中途死亡,而虎列拉菌,尚能苟延生存也。

十四、牡蛎等污染虎列拉菌后醋酸之消毒力

牡蛎等表面附着虎列拉或窒扶斯菌,加醋酸一%溶液,二小时内即全部杀灭。侵入胃内者,需十小时,以二%溶液,其表面需二十分钟,胃内需六小时。三%溶液,表面需十分钟,胃内需三小时。以四%及五%

溶液,表面虎(列拉菌)刹那间死灭,胃内者需一小时。据上述事实,可以证明(虎)列拉菌醋酸消毒力,对于表面附着之菌,比较迅速杀死,而胃内者,非短时间之能以奏效者。普通市上所售食醋,约含醋酸一.五%,浓厚者达五%,食物时加醋液,或酒类(窒扶斯菌)亦有消毒力也。

十五、豫防虎列拉菌

据前述各理由,吾人可知虎列拉菌抵抗力较弱,对于酸类尤弱。置于一万倍之硫酸或盐酸中,数秒即死灭。胃强之人,虽食入虎列拉菌,以胃酸能力,足以杀死之。经德国学者吞食少数虎列拉菌,亲身实验,得此结果,故第一豫防法,须身体健康,不可暴饮暴食,致减退胃肠之杀菌力。

虎列拉菌,对于热之抵抗力颇弱,食物时煮熟或烧烤之,虽附着该(菌),亦无妨碍,故第二豫防法,须注意饮食物。至医药上之豫防,当虎疫流行际,须注射免疫药针,药汁制法,乃以六十度热度,杀死虎列拉菌后,取其微量注射于体中,足能豫防传染。惟患肾脏病、心脏病、脚气、妊娠、有热病者,不可行之。

化学药品,对于虎列拉之消毒剂,约八十余种,其中较强者,如硝酸银、硫酸铜、升汞、漂白粉、过锰酸钾、盐酸、硫酸、蚁酸、醋酸、枸橼酸、水杨酸、乳酸等,以上药品,稀释为十万倍百万倍,亦能于数分钟或数十分钟内,杀死虎列拉菌,但取其无害于鱼介类、肉类、蔬菜类、果实类,应用大规模消毒者,则殊寥寥也。

普通饮食店职员及社会人士,当虎疫流行际,最宜以千倍之升汞水洗手,不论虎列拉、窒扶斯或赤痢菌,均即时死灭,免其传染。又传播虎列拉菌之最速者,莫若蝇虫,应设法于四月初努力扑除之,或用石油乳剂,喷撒污秽场所,灭绝其发生。

(录自1933年11月《水产学报》第三期)

蚀船史

凡浸入海水之木材（淡水不在此例）如船板、堤桩、桥柱等，往往被虫穿蚀，终至腐朽。此种害虫，通称之曰蚀船虫（Ship Worms）。属于软体动物之瓣鳃类，与普通贝类形态不同。备二枚介壳，及薄片之鳃，其蚀害作用，恰似陆上白蚁，能破坏渔人房屋，或水中建设物，为害甚烈。研究渔业者，应有此种常识，以备预防方法。欧洲之蚀船虫多系 Teredo Navalis 日本所产者。调查神奈川海中养蛎场之牡蛎附着器，于脱皮木柱或方柱上，穿入蚀船虫，验其介壳及密塞器（Pallets），亦属 Teredo 属。美国东海岸 Beaufort 附近海边，颇少 Teredo Navalis，普通为 Xylotrya Gouldi。此外，尚多 Teredo Dilatata。各种蚀船虫之分布及生活状态，概不相同，须俟将来研究之。

蚀船虫，穿入口极小。木料被蚀后，以目力殆难看出外观，无特别损伤，而内部已生纵横巢窟。盖小虫钻入后，急行成长，于是巢穴增大。凡穴长二糎者，口径二粍。五糎者，口径四粍。十五糎者，口径七粍。二十二糎者，口径八粍。最特殊者，有虫巢长四呎，而口径达一吋之事实。虫类穿口时,与木纹平行进行,中途遇他虫巢穴,则在抵他穴之前,另转方向。故一根木材,如有多虫侵害,必致纵横丛生巢穴,不使木质稍留余地,达最深部后,乃成巨大窟洞,外似强而内实空虚矣。又虫巢周壁,围绕白色石灰质面,平滑无层,全部同厚无大差异,皆呈薄片状。

虫体互虫巢全长,有细长筒形,最深处为虫之主脑部,左右以两枚介壳包裹之。介壳之间有圆足突出前方,成虫卵巢或睾丸大部分,位于介壳外面,介壳包被之后部约一粔处为内脏诸器官。如生殖器、心脏、消化管之盲囊等在焉。消化管有大盲囊,消化管前部藏水晶体,与肝脏连续。盲囊与肠相连。肠向后方屈曲一次,方可前进。于上鳃腔开口,开口处由体之前端,仅在一粔内外之所。除上述内脏诸器官外体之大部,不论如何长度,概为圆筒状。由延长之外套膜包被鳃腔及上鳃腔,其内藏鳃,外套膜延长后,有出水管,及入水管,于出入水管左右,形成密塞器。Teredo 属之密塞器,如叉状,中央凹而两端尖。Xylotrya 属者,如漏斗状之片数个并列密塞器为一种保护器管,平时开放,出水管露出外部,遇水动摇。感知危险时,即引缩水管,以闭塞器充塞木上之穿入口。(崧)

(录自 1931 年 7 月《水产学报》第一期)

产卵及发育

蚀船虫之产卵,由种类而极异,Teredo Navalis 长至一二时成熟胎生 Xylotrya Gouldi 及 Teredo Dilatata 皆卵生。前者体中(卵巢附近)有多数幼虫,幼虫宛如普通瓣鳃类。备圆形介壳,及楔形长足,其成长情形,尚无确实研究。美国 Xylotria Gouldi 成长颇速,于高温海水,仅经三小时,即能游泳生活,一日后生介壳,成瓣鳃类形状,幼虫游泳生活。经相当时日,遂附着木材之上,匍行表面,遍觅最适场所,依其一条之附着带(Byssus),固定自体,即用介壳开始穿凿。穿入后,介壳遂变化。最初介壳,如普通瓣鳃类,腹面可以开闭,渐次失却能力,于腹面左右接合,乃自前后开口,以背腹接合点作轴,得以开闭。同时虫体点成细长形,至发育状态,因水温营养之关系大不相同。附着木材时,幼虫体长仅〇.二五粍,经十二日约三粍,十六日六粍,二十日十一粍,一月六十三粍,一月三日达一百粍(三寸三分)。计算其容积时二周间,增加数百倍。五周间达数千倍。而介壳依其比例,殆不生长幼虫体长二粍,介壳之宽,约达体长四分之一。体长至四呎,而介壳不过一寸。

日本蚀船虫,产卵期于九月末,其体中发见多数幼虫,美国所产二种于温热季节中产卵,即由五月初旬至九月中旬。

穿凿木材方法 蚀船虫及 Pholas(于砂岩上掘穴居住之瓣鳃类)等之穿凿法,据学者解说,各持一论。有谓由动物体分泌化学的物质软化木材后,再依机械的动作以穿蚀之;有谓单由机械的,以介壳动作所致或依足之动作所致。而最靠之说,穿入木材后,其介壳前部,任意开闭,磨穿木材,足在左右介壳中间,辅助其工作。盖介壳前缘之外面,有细齿并列,且左右介壳接合线之前部,备小收缩筋,后部备极发达之后收缩筋,当穿凿时,先缩其前收缩筋,用足压壳,密着于木面,继则急缩其后收缩筋,乃以介壳前面强力磨着木面,故消去表皮木屑也。

蚀船虫之食饵 他种瓣鳃类,由水管吸入水中微生物,作为食饵。而蚀船虫所穿凿之木屑,是否摄作食物颇有研究之必要。据学者实验结果,蚀船虫消化管之盲囊内,检出多木屑。盲囊粘膜,构造复杂,于他种极异。蚀船虫除摄取水中微生物外,尚以木屑养其体云,为普通瓣鳃类不见之特性也。但蚀船虫是否消食木屑,于预防法上有甚大关系。素日所见蚀船虫,不论木材原质软硬,皆能穿入。然粗木料有原来树皮者,则被害较少。

预防法 我国造船或建筑所用木料,惟知涂油,或以火烤成炭性,可防害虫之附着或穿入,且免腐朽。实行多年,尚有相当效力。而欧美各国,凡浸入海水之木材上,往往涂抹沥青(Asphalt)、地蜡(Ozokerite)或 Ceresine 油类,以预防之。

沥青成分为 $C_{20}H_3O_3$,传闻古代 Semiramis 女王修筑 Euphrat 河底桩木曾涂沥青。又坟墓之墙壁,及制造木乃伊,亦用为防腐剂云。

近世应用沥青之途甚多,如地下室、仓库、工场、地板、墙壁、辅道、船板、堤桩等,概皆涂抹之。沥青有防水性及耐久性,纯粹者富电气之绝缘性。故电线或海底电线,用以包被外皮。地蜡与沥青性质概同,由炭素八五—八六%,轻气一五——一四%所组成。据 R·Heger 氏谓,地蜡方程式为 C_nH_{2n} 亦有 $C_nH_{2n+\Box}$(整理者按:□处原文模糊不清)者。

Ceresine 乃地蜡之精制品。白色或黄色之非结晶性固体,外观颇似蜜蜡。常温时无臭,加热后放石油臭气。价昂,市贩品伪造者甚多,混以树脂、油脂、木蜡、石膏、粘土滑石等。Ceresine 用途颇广,制造鞋油、防虫纸、防水布、涂料、电气绝缘,及木材注入剂等。但船板用此防腐者,以价昂故绝少也。(崧)

(录自 1931 年 7 月《水产学报》第一期)

鱼类恋爱

一般生物为繁殖自己种族计，莫不尽力延续其后代，又雄者欲获雌者欢心，必设法引诱注目，以遂己意，故诸雄争强，互献媚态，此生物之通性也。我国产 Mactopus 鱼，雌雄咸美，而雄更优于雌。每届繁殖期，诸雄争雌，竞战甚烈，各展诸鳍，夸示己美。盖鳍有灿烂斑点，恰似孔雀。此际雄鱼绕泳雌鱼周围，活泼跳跃，眩示美色，引起雌鱼兴趣。而雌者冷视此种行为，向雄方游泳缓慢，倘喜悦接近己体之雄鱼果具美态，则表示好感。雄鱼既得雌爱，乃由口放出空气及粘液，作成泡沫一块，集合雌产之受精卵，吞入自己口中，纳卵于泡沫内以守护之。俟卵孵化时，必热心保护，惟恐灭亡。昔人见雄鱼吞卵，误为食子，往往恨其残酷无情者，即由此故也。

鲑科一种 Mallotus viliosus 之雄鱼，有密接重叠刷毛状之鳞，二尾雄鱼中间，挟置雌鱼不使逸泳。而雌者急逃砂底，实行放卵。又 Manacan hus scopas 雄鱼尾部各侧，群生栉齿状坚直之棘，与前者应用目的相同，此种鱼体长六吋许，而棘长约一吋半余。

日本产棘鱼 Gasterosteus aenleatus 之一种，Gasterosteusl eiurus 雄鱼造巢，雌鱼自隐匿处泳出，遍觅产卵所（即巢），雄者见其将入己巢，则狂喜奔走，尽力营造。如雌鱼不进巢内，则雄者以吻押之并用体棘及尾端，迫其强入己巢，雄鱼有一夫多妻之性，颇勇敢善战，互相啮斗辗转不息，各以侧线部硬棘伤害敌人，因斗争有罹重伤毙死者，战负之鱼，失去勇敢行为，减退美色，偶入其他战友间，隐藏耻辱，苦闷长时，然皆为恋爱雌鱼之所致也。

雄鱼不但造巢，且有保护卵子及幼鱼之习性，于长期间，极热心注意养育其幼鱼，如幼鱼出巢远游迷路，则雄鱼静归巢中，对于雌鱼或他种鱼类再来时，即愤力击退之。迨雌鱼产卵后，有时雌鱼虽被他族凌害，而雄鱼不关痛痒，夫妇感情反极淡白，且有逐出巢外者，不准居留，可谓薄情无义之甚矣。（崧）

（录自 1931 年 7 月《水产学报》第一期）

船体安全装置

海上生活者,以船体坐礁、冲突及暴风雨诸原因,往往颠覆伤命,时觉不安。日人滨原留次郎氏,有鉴于此,经十余年之苦心研究,牺牲数万元私财,竟发明一种船体安全装置,已于本年四月十九日,得日政府之特许专利。

船体两侧,安设钢铁制之弯曲密闭空气槽,tank 船内备电源及电动机,与电动轴、平齿车锤等,如遇船体倾斜,则其接手,自行接续,并回转电动机,而自动的放开两侧之 tank,使船宽扩张约二倍,船体遂恢复垂直状态,于是船宽亦得复原,可防颠覆之虞矣。船上尚备自动覆盖,以免浸入海水,附设此种装置之铁制小型渔轮,及救生船等,其费用颇少,仅为全建造费之十一二十%云。(崧)

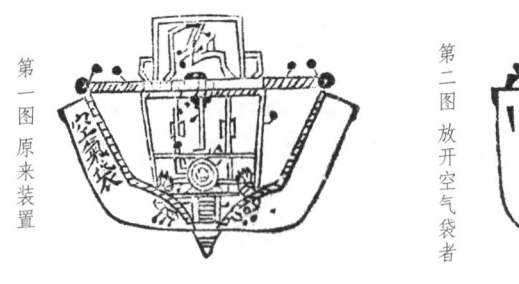

(录自 1931 年 7 月《水产学报》第一期)

活鱼输送

各国冷藏事业，日益发达。输送鲜鱼方法，亦逐日改良。然不外乎利用冷藏货车、冷藏船，或冰鲜船，或冷冻鱼数种，且海产鱼类，出水即死，欲求在数千里外，食用河海活鱼，实不多睹。兹日本铁道省、农林省及水产会社，共同研究，制造活鱼输送车，试验输送鲷鲐鱼类，成绩极佳，将由冷冻鱼时代，一进而为活鱼时代矣。

河北省任丘县赵北口、安新县端村新安镇、文安县胜芳镇、大城县台头村等处，曾有淡水鱼之活鱼输送法，使用小船，土名鱼驳，两肋安装铁笼，与河水通流，保活约三日，输送三四百里之远，但海水鱼尚鲜有利用之者。（崧）

（录自 1931 年 7 月《水产学报》第一期）

世界最大之汽船

今世作业中之大汽船,总吨数在四万吨以上者,约有八只。而其内最长者,首推英国马球士汽克号。由船前端迄船尾后端,全长九五四尺六吋。该船原为德国建造,因欧战结果,被英国所得。

总吨数最大者,为美国之列布亚藏号,有五九九五七吨,亦系德国船,战后归于美。全长九五〇呎,由龙骨迄端艇甲板,高一〇四呎,吃水三九五五呎,排水量六四七〇〇吨,载旅客三四〇〇人。船员一一八三人,速力廿四海里,船内通路延长二哩半,船内电灯数一五〇〇〇盏,电线延长五〇〇哩,烟筒直径三二呎云。(崧)

(录自1931年7月《水产学报》第一期)

世界第一深海

据近日德国海军测定,世界最深海,在 Mandingao 北方大洋,深一〇,五〇〇米,发见此地点以前,世界第一深海,当属日本海沟,近于日本本州之大西洋岸,北纬三四度七分,东经一四一度一六分,深约九,九五〇米以上,系日本海军于民国一三年八月间所测定者。(崧)

(录自 1931 年 7 月《水产学报》第一期)

渔捞飞行船

美国曾试验以飞行机兼行渔捞工作,实为空前之计划。飞行船之乘员甚少,任意飞行海上,发见鱼群后,即由一人司机,降下飞行船接近海面,由特种装置于空中一定之所,长时停止。其他乘员协同努力捕获鱼类,至载重之可能范围内,停止工作,于是驾机飞回渔业根办地云。(崧)

(录自1931年7月《水产学报》第一期)

风行船

一九二四年,德人曾发明一种无帆帆船,称曰风行船。利用风力原理,船上建造大形风筒,不以风回转圆筒,乃转圆筒受风以进行,概帆船与风行船同为利用风力,而利用原理,则根本相差,风行船之回转风圆筒,如正当风,其回转方向与风吹方向相合一致,乃生出新压力,即如四字方向回转之独乐,被东风所吹,则烛(独)乐必向南方进行也。(崧)

(录自1931年7月《水产学报》第一期)

巴黎水产会议

法国主动由本年七月十九日,至廿六日,于巴黎举行世界水产物养殖会议,开会一星期。欧美诸国,及其他主要水产国,概皆参加。其议案如下:

一、淡水鱼之养殖方法

二、渔捞机关之改良

三、海洋调查

四、渔获物之贩卖组织

五、渔获物贮藏机械之改良

六、船内渔获物处理方法

七、真(珍)珠养殖法等十数项

此次世界水产会议,法国已否约请我国参加,尚未闻实业部有是项预备,希望我国当局,为之注意焉。(崧)

(录自1931年7月《水产学报》第一期)

海带粉

制菜调味时,往往加入一种调味粉。如味之素、味母、味精、观音粉、和合粉等,滋味增美。此粉确由小麦粉之面质(Gluten)加工炼制者。主成分为 Sedium glutamote。近来,日人加藤辉光氏,研究以海带(即昆布)经化制后,造成粉末,滋养丰富,味在各种调味粉之上,并可制成粉末饮料,刻正组织规模较大工厂,推销各国云。(崧)

(录自 1931 年 7 月《水产学报》第一期)

海藻可做家畜饲料

以昆布属,或其他海藻,洗去盐分,用作饲料,最为通常。其成分如下:

水分　　14.40%

炭水化物　52.90%

蛋白质　　17.20%

纤维　　11.50%

无机物　　3.90%

据上表所述,海藻较燕麦之炭水化物为少,而蛋白质丰富。我国饲马,多用高粱大豆,而西洋主用燕麦。如采集海藻代替黑豆燕麦,未尝非废物利用之道也。

北美 Breton 海岸,饶产海藻,曾经试验,以枯草、稻藁、海藻三者混合,饲养军马 20 匹,经两个月后,结果极良,概海藻 0.75 瓩之滋养,适等于燕麦 1 瓩云。(崧)

(录自 1931 年 7 月《水产学报》第一期)

枯夏症与鱼肝油

人类生活,每当夏季,因溽暑而减退消化器之分泌,致消化恶劣,食欲不振。但维持生活活动必要之 Energ 依然消耗甚多,且由气温高热,阳光强烈,紫外线多量诸原因益增蛋白质,含水炭素,及脂肪之新陈代谢,消耗颇大。而食物摄取量,反形减少,无以补充之,故时常发生枯夏症。

夏季人类多嗜清淡食品,嫌恶浓厚蛋白质或脂肪,遂致荣养不良,身体不健。欲防以上障害及该症,第一须早起散步或运动,以增进食欲,再行朝食。昼间时出室外,十分浴于紫外光线中(以不罹日射病为程度),并每日摄取少量鱼肝油。

夏季人体易感缺乏者,为脂肪与维他命(Vitamine)A,缺此则阻害发育,衰弱身体,减少抵抗力,增加寄生虫及病原菌之感受性,易罹结核或其他疾病,及眼干燥症、夜盲症、结石症等,业经诸学者试验证明,鱼类中之鳗或鳝,含 Vitamine A 最多,夏季食之,足能维持康健。日人自古嗜用之。而来据学者试验,鱼肝油中所含脂肪及

Vitamine A、D 之量,在鳗以上,合乎经济,适于时代之食物。夏季饮此,虽少摄浓厚食物,亦能增进体力,预防枯夏症,惜非国产物品耳,饮时稍加酱油为宜。(崧)

(录自 1931 年 7 月《水产学报》第一期)

女船员

海上乘风破浪之生活,本极危险。男儿当之,尚多不敢尝试。故海员职业,几为男人独占之位置。纤弱女郎,何敢问津?东邻日本,自昭和五年,实施《船舶职员法》后,竟取录合格女船员四名,驾驶三十余吨轮船,于惊风骇浪之中,指挥水手,航行长程。其操作勇敢,不亚男儿。近日日本山口县,又取录合格女机关十八名,除一人四十五岁外,余均为廿一二岁之摩登女郎。我国女士何不闻风兴起?万勿示弱于人也。(崧)

(录自 1932 年 7 月《水产学报》第二期)

世界最奢侈之船

法国最近建造旅客购船一只,为世界上唯一之奢侈船。长一千零二十呎,排水量七万吨,庞然巨体,宛如小城。建造费合华币七千万余元,定名"蒋奴大沽号"。于一九三四年四月间在大西洋上,实行处女航。载旅客二千一百三十二人。船室设备,极尽奢华,今古绝伦。有摩特车百辆,车库称曰小巴黎。船上陈修筑相当街道外,并有剧场、跳舞场、酒店、食堂等,营业部工作彻夜,乐不思蜀云。(崧)

(录自 1932 年 7 月《水产学报》第二期)

深海觇海镜 透视四十寻

定置渔业,使用觇海镜,以透视海底,最称便利。近日日本东京觇海工业会社,研究一种深海觇海镜,颇著成绩。本器为长圆筒形,能堪水压,附有止波板,防备波浪动摇。使用际装于船舷部,可透视深海三四十寻,以视查鱼群之有无,于工作上实著伟效云。(崧)

(录自1932年7月《水产学报》第二期)

呜呼东北之水产业

东北三省,陆产丰富,国人已渐注意及之,第不知尚有利源无穷之水产物在也。境内除黑龙松花二大江,饶产鲑鳟白鱼外,东南临黄渤两海之中心,每年渔获量,可达八九千万斤,价值千万元以上,乃世界上一良好渔场也。制盐业以辽东半岛一隅而论,盐田面积约有一万余亩,年产五万万余斤,如再尽量开拓,至少每年可产十六万万斤,有益于国民生计为何如耶。惜权操于外人之手,徒唤奈何耳。(崧)

(录自1932年7月《水产学报》第二期)

鲑皮金鱼皮制造妇女鞋

鲑鳕鲨鳗之皮,已在工业上得有相当价值,此世人所近知者。而来美国妇女,着金鱼鞣皮靴,其灿烂颜色,与白皙肌肤,相得益彰。他若海蛇及食用鲑皮,加工鞣制后,革质坚固,美丽异常。亦可制妇人靴鞋,及手提钱夹,较鲨皮需要尤多。普通牛皮,使用日久,则表面折裂。而鲨皮、鲑皮,绝少此患,故除制靴鞋等外,尚刊作运动用之足球也。(崧)

(录自1932年7月《水产学报》第二期)

鱼肉味之素

下等鱼虾,如鳎鯡、小红虾等,当鱼获多量,需要较少时,往往制成肥料,殊为可惜。日本早柄水产研究会小仓技师,有见于斯,将此类下等鱼虾,加工提取,制成味之素,所余残渣,作为优良肥料,诚一举而两得。此后凡无用之渔获鱼类,均可依是法以利用之。(崧)

(录自1932年7月《水产学报》第二期)

废海草利用

海产显花植物之 Zostera marina L,产于日本内海、北美浅海、欧洲近海一部及阿拉斯加(Alaska)等海,渔人视为无用废物,仅刈取积置,腐败后作为肥料。欧人以之代用藁袋,作为玻璃器填充物而已。近日唱片公司,尽量收买,利用之制造唱片机及其他美术品(Cabinet)之必需品云。(崧)

(录自 1932 年 7 月《水产学报》第二期)

罐藏食品与维他命(Vitamine)

食品中所含维他命之状态，Hoffman 博士，谓工业的制品，如炼乳（Condensed）milk 不论含有糖分与否，其 Vitamine A 无特著变性。火柿(Tomato)罐头，虽至干涸，仍含丰富之维他命。蔬菜以普通温度煮沸之，其 Vitamine B 尚无影响。若加温 100 度煮沸二小时，或 150 度煮沸四十五分钟，亦未尝减少。盖 Vitamine B 较其他 A、C 等氧化为少。至 Vitamine C 就萌芽之豌豆煮出试验，或用低温试验之，皆无特著退化。凡 Vitamine C 之消灭，多在豌豆煮软前数分间所起者。故罐头依各法蒸煮之后，其 Vitamine C 依就含有多量。但煮沸方法，以高温度短时间较低温度长时间，其 Vitamine 之消耗较少也。

Vitamine 之破坏，最有力者，为氧化作用。普通将蔬菜装入密闭容器中，煮沸杀菌贮藏之，最能保存 Vitamine C。故学者曾提倡高温度短时间之煮沸法，以免失去维他命特效之成分。世人往往误解罐藏食物，因蒸气加热，必至破坏 Vitamine。于人生营养上，或感缺乏。兹以尝试论之,如面包蔬菜水果等物,皆含 Vitamine 施以加热杀菌后,则不能营养耶?据最新研究罐藏食品者所得之结论,论罐头经加热后,Vitamine 含量稍差,非不致损失殆尽,确为良善之营养食品。(崧)

(录自 1932 年 7 月《水产学报》第二期)

牡蛎觅铜

美国政府试验所,研究牡蛎繁殖法。发见牡蛎必须觅得铜质,方能繁生之事实。其解说如下:

牡蛎初由卵孵化为幼虫,约二周间,随意浮游于各处以觅铜分,盖体内无铜,则发生微生物。故食饵时,尽力搜求,以达其目的。否则不论到何时,宁可放浪生活,亦不成长。如一着铜质,即沉下水底,伸出一足,暂时匍行,分泌粘着性物质,作成基础,生长贝壳,而定其住所焉。(崧)

(录自1932年7月《水产学报》第二期)

船底涂料

美国海军当局预防军舰底部腐锈,对于涂料努力改良。以前均使用铅丹。惟此种涂料,工人工作时易罹铅毒。且铅丹颇重,增加重量。例万吨之军舰,约用涂料百吨。故有以轻金属铝作为涂料者,毒质作用及重量固小,惟效力不如铅丹,诚一憾事。

最近利用养(氧)化锌、养(氧)化铁、硅酸镁、铅丹等混合涂料,颇称适宜。较铅丹轻而价廉,且毒性亦小,故各国船舶业均将采用云。(崧)

(录自1933年11月《水产学报》第三期)

无结节渔网

渔业上所用网具,向为结节者。曾有人建议无结节渔网,乃制网界不能解决之宿题。日本山本明德氏及大隈氏之苦心研究,颇著成绩。其品质较普通结节网,优良耐久。惟制造能率,稍有逊色。今尚继续研究,将组织公司经营制造云。(崧)

(录自1933年11月《水产学报》第三期)

海内自行车

美国前曾创造铝制小船,绝不沉没,已得好评。今更制成一种海内自行车。以两足漕进。其构造与陆上者相似,两旁特加浮起装置,宛如小形鱼雷。将车轮改为推进机,人乘车内,用足踏机使之前进也。(崧)

(录自 1933 年 11 月《水产学报》第三期)

鱼目混珠

日本能生水产学校，以鱼类眼球，制成人造真珠，与真者无大差异。制法取乌贼及海鲫之目球，加水煮净。干燥后，涂抹带鱼鳞溶解之银鳞液，再微涂以 Celloid 薄液，即成美丽球珠。较玻璃造真珠，形色均优，每个仅需款一二分钱。（崧）

(录自 1933 年 11 月《水产学报》第三期)

斗鱼

古今赌博,有斗鸡、斗犬、斗鹑、斗蟋蟀等赌法。南洋暹罗除将斗鸡、斗狗作为公开赌博征税收捐,以裕国库收入外,尚有斗鱼一道最称流行,该鱼色彩美丽,性质猛暴,雄者尤富战斗性,一见敌手,即张鳃振鳍,各不相下,每次输赢多至巨万。兰领印度及中国亦产此鱼。最近日人用温室饲养之,以事繁殖。(崧)

(录自1933年11月《水产学报》第三期)

日本输入中国之水产物

民国十二三年，由日本输入中国之水产物，每年达日金三千万元，合华币约四千五百余万元。十九年输入一千四百十八万五千七百六十八元，合华币约二千八九百万元。廿年以抵制影响，输入仅减少日金七万余元。（崧）

(录自1933年11月《水产学报》第三期)

虾蟹壳利用

虾蟹废壳,以之饲鸡成绩良好。用以喂羊,亦得佳果。查虾蟹壳中,含有蛋白及少量燐酸,(脂肪及食盐颇少)惟蛋白系 Chitin 质,消化困难,因含多量石灰,故性质变良。近日德国养殖河鳟虹鳟类,利用虾蟹壳为饵料,有特殊价值。此等鱼类,天然嗜好捕食河底蟹虾,人工养殖,即以之代用,非但有荣养物之效果,且 Chitin 质、石灰质,刺激鳟类消化器壁,使其消化迅速也。

而来德、荷、美及非洲各地,虾罐头工厂,将其废物,用火力干燥之,小形虾蟹,不堪食用者,亦均干燥之,然后制成粉末出售,饲养家畜鱼类云。(崧)

(录自 1933 年 11 月《水产学报》第三期)

金鱼治病

金鱼一物,向供怡情观赏之用。近见友人,用以治疗牙痛及冻疮,颇著奇效。患牙痛者,将二寸左右之金鱼,用磁器榨溃,涂敷肿颊,外贴布片,宛如膏药。一二小时后,则牙痛立止,真奇药也。患冻疮者,亦如上法,涂敷一次,永不再冻。

美国华盛顿大学,用金鱼饲养动物,证明对于产儿率及疾病,可增加抵抗力云。

又,美国加里弗尼亚洲养狐,家用金鱼或金鱼油饲育银狐,则银狐特别增加产儿率。银狐价昂,收入亦丰。此种新用途,颇有研究之价值。(崧)

(录自1933年11月《水产学报》第三期)

造船之敏捷

义国商船 Pola 号,系最新船型,载重一万吨,构造无特别摩登点。惟制作之速,实堪惊异。一九三一年正月开工后,于本年圣诞节前,竣工进水。不足一年,制成万吨之大船,确打破造船界之纪录。(崧)

(录自 1933 年 11 月《水产学报》第三期)

鱼亦溺死

鱼类原生于水中,绝无溺死之事,然水内空气不足时,也能窒溺死亡。欧洲严冬,及我国华北酷寒时,水面结冰坚厚,鱼至冰下,往往呼吸不通,多数窒死。本校附近河沟小湖,于民国二十一年冬季,溺死大鲤百余尾,至翌年春融冰解,尽行腐败。查鱼类所需氧气,概有定量,金鱼鲤鱼需氧气之浓度,由百分之四,减至千分之一时,即渐次溺死。鳕类鲈类,及其他种族,氧气浓度在千分之一时,乃现虚弱,至万分之八时,即绝命无望矣。(崧)

(录自 1934 年 11 月《水产学报》第四期)

移动性鱼群渔之不尽

据向来学说,固定性及移动性鱼族,随捕获之程度而减少,故学者尽力研究,鲑鳟蟹等类之人工孵化法,以事增殖,预防绝种。迩来日本北大教授大岛博士,倡说最长移动性之鱼族,如鲑、鳟、鲱、鳎、鲔等,及时常移动之鱼类,决不致因滥获结果而减少其种类。该氏发表理由,谓鱼类繁殖有一定限度,不问其种类之多少也,即最多鱼族不能以繁殖率大,而且见增多;最少鱼族不能以繁殖率小,而日见减少。换言之,鱼族增殖达一定极盛度以上,概不再殖云。果如是,则海洋内之移动性鱼族,将永为无尽藏焉。(崧)

(录自1934年11月《水产学报》第四期)

日本暴风之收获

本年秋季,日本关西各地被暴风所袭,损失殊巨。其狂澜怒涛有如翻江倒海,海底栖息鱼族多数死亡,或漂泊凌乱,无以自主。查和歌山县之潮岬海岸,自暴风后,漂流浅深海之各种鱼族,堆积滩上,村民任意拾取,一日有得利三千余元之多,可谓发财良机云。(崧)

(录自1934年11月《水产学报》第四期)

海水制造煤油

法国汽车公司技师沙惟乐氏,发明由盐水制造煤油,方法极守秘密,传授代价,三万万元。制造费用,据该氏谈,一夸尔(Quart)仅需一本尼(Penny)之数分之一。将煤油制造机,装设船上,航行于大洋中时,汲引海水,加工制造,提炼煤油。法国政府,现检查机器,拟批准其制造优先权云。此法果能实用,则将来燃料问题,随之解决,永无不足之患矣。(崧)

(录自1934年11月《水产学报》第四期)

鱼之表情

鱼既有口鼻目,及不完全之耳,亦能表现喜怒哀乐诸情,惟神经系统发育不充。故不甚高等动物表情之显著耳。鱼遇恐怒或争取食物,则变化其体形,及举动。普通愤怒之际,振立其鳍,大开其口,以威吓敌人,体色亦特别鲜艳。当恐怖之际,则瘦缩己身,倒伏鳍棘,态度畏缩,体色暗淡。又发见食饵,亦展开各鳍,颜色美丽,呈现活泼举动,以追取之。棘鱼(Gasterosteuse eiurus)因争夺雌性,不惜以全力与情敌决斗,胜者体色鲜明,自诩其美。负者则色褪含羞,游入友群间,亦隐避其战败之耻耳。(崧)

(录自 1934 年 11 月《水产学报》第四期)

融化浓雾之新发明

飞行家航海家,当天空飞翔,水中驰驶之际,一遇浓雾,即失保障,稍不慎重,危险随之。世界科学家,素日研究人工方法,克服浓雾者,颇不乏人,但无相当效果。近日美国 Massachusetts 州一青年,专心研究消雾方法,竟得成功,殊为航界庆幸之事也。其构造极简,以百尺左右铁管一根,由口部喷出秘制之化学药品,虽于对面不见人之极浓雾中,亦能立时消散,并透视前方两千尺之路程,此法盖利用化学药品凝雾成水降落地下,遂得透视前方耳。(崧)

(录自1935年11月《水产学报》第五期)

无舵轮之操舵机

船行水中,以舵运转方向,舵之运转,均用舵轮,近日德国制出一种代替舵轮之纽扣式操舵机,用者称便。机之构造,备有二扣,一司左转,一司右转,舵手用手按扣时,下部马达运转,同时齿车亦连带运转,使舵可任意左右向也。德国海上巡洋舰及商船等,已多数改装此机,实际应用云。(崧)

(录自 1935 年 11 月《水产学报》第五期)

无骨鱼

北美洲阿拉斯加之 Kotyebue 岛附近海中,近日发现无骨鱼,尚未定有学名,该鱼内脏诸器官,均包以厚皮,绝无骨骼痕迹,体长约八吋,外皮甚厚,有硬性,动作迟钝,亦供食用,俗称之曰象鱼。(崧)

(录自 1935 年 11 月《水产学报》第五期)

鲍鱼治病

日本相州,有鲍研究所一处,创立二十二年之久,研究鲍鱼之繁殖利用方法,及改良优种,成绩向著。近日,所长白根敏郎氏曾发现鲍鱼含有之成分,对于结核菌有治疗特效,制成药剂,以利患者。该剂滋味适美,无副作用,并与其他药剂同时并用,病人服鲍制药剂后,身体较病前尤为健康,诚肺结核患者之福音也。(崧)

(录自1935年11月《水产学报》第五期)

第三辑 呈文

张元第呈教育厅为呈送迁校计划书并请拨发迁移建筑费由

呈为呈请事，案查本校系水产职业教育，校址宜设在滨海地方，以期便利捕捞制造养殖诸工作及唤起沿海渔民之注意。无如自清末创办以来，设在津市，原无河淀，又不临海，各项实习均受其弊。既为识者所不许，更为社会所诟病。元第接任以来，心焉忧之，际兹库款如洗，再加之沿海匪氛猖獗，审视度势，迁校实属维艰，若长此挽就，匪特贻误学生终身，且亦虚糜公款。去年八月，元第亲赴沿海一带查勘校址，以北戴河地方为最适宜。该处滨海临河，渔民尚多，输轨交通，地方平靖。本校迁移于此，对于研究水产学术、实际工作，异常便利，并有北戴河公益会拟助本校建校用地约三百余亩。兹拟具迁校计划，另册缮呈钧鉴。所有建筑迁移用费约二十万元，拟由省款拨发十五万元，余五万元自行设法，恳请钧厅提交省府会议，分年拨发具领，以便早日筹备，下胜迫切待命之至！

谨呈河北省教育厅厅长陈

附呈计划书二册。

张元第
民国二十二年二月二日

(写于 1933 年 2 月 2 日。见 1933 年 11 月《水产学报》第三期第 89 页《本校重要公牍》)

张元第呈实业部请介绍参观上海各大工厂

河北水产学校请介绍参观上海各大工厂

河北水产专科学校呈事业部

事由 呈请训令上海市商会介绍各大工厂以便参观由

批示 训令上海市社会局接妥

案查本校各组学生每届毕业前,照章须赴各埠各大工厂参观,藉广见闻。本年七月,本校渔捞制造两组学生及届毕业之期,拟于四月下旬,由教员率领第三班学生十六人,前赴上海参观,惟该市人地生疏,无人介绍,参观匪易。

拟请钧部训令上海商会于本校师生到达该市后,径赴商会接洽,即由该会尽量介绍各大工厂,以便参观,以利学术,实为公便。

谨呈实业部

河北省立水产专科学校校长张元第(印)

中华民国二十三年四月六日

（封）上海市商会改为上海市社会局

河北省立水产专科学校 呈

校址 天津总站东

电话 北局一百三十一号

速件

训令 送达机关 上海市社会局

事由 据河北省立水产专科学校请训令该局介绍各大工厂以便参观等情合行令仰遵照

训令

令上海市社会局：

案据河北省立水产专科学校呈称"案查本校各组学生每届毕业前,照章须赴各埠各大工厂参观,藉广见闻……实为公便。"

等情到部,除批示外,合行令仰遵照。此令。

此令。

批 送达机关 河北省立水产专科学校

事由 据请训令上海市商会介绍各大工厂以便参观等情以改令上海市社会局遵照

批 原据呈人河北省立水产专科学校呈一件 为呈请训令上海市商会介绍各大工厂以便参观由 呈悉。已据情改令上海市社会局遵照矣。此批。

（写于1934年4月6日）

张元第呈实业部请查验放行由烟运津鲜鱼

河北省立水产专科学校呈实业部（实字第 26591 号）

事由　呈请转咨财政交通两部训令所属关局对于本校明年三月四月间由烟运津鱼鲜查验放行以利学术改进渔业由

案查本校备有渤海一、二号渔轮两艘，专供学生试验捕捞及航海各项学术之需，常年停泊烟台，从事渤海湾渔业，所有渔区范围及渔轮行驶，均经分别依法登记在案。

惟本校远在津市，渔轮必须往返津烟，如烟台东海关限制本校渔轮所捕鱼鲜在烟卸卖，不准载往津市，以故本校渔轮终年不能离烟一步。

际兹旧式渔业凋敝已极，本校职司水产教育，首应提倡海上新式运鲜，及改进咸干制造，因东海关有特殊情形，不能运津作以上试验，曷以唤起渔民之注意。

明年三四月间，烟台鱼汛在先，本校拟在烟所捕各项鱼鲜，由渤海一号渔轮载运津校，不足之数，在烟台购买，作为提倡海上新式冰鲜及制造干咸各项成品之需，往返约四五次，此项试验即告终了。

案关研究学术，提倡渔业，理和呈请钧部请咨财政、交通两部训令东海关、津海关暨天津、烟台航政局，遇有本校渤海一号渔轮试行以上运鲜事业时，查凭放行，实为公便。

谨呈实业部

河北省立水产专科学校校长张元第（章）

中华民国二十三年十二月十四日

（写于1934年12月14日）

张元第代表河北省立水产专科学校呈实业部

(实字第 32161 号)

事由 呈复本校运输鱼鲜确系供给学生试验由

案奉钧部渔字第二九八九号通知内开:"查前据该校呈请转咨财政交通两部训令所属关局对于该校由烟台运往天津鱼鲜发给通行凭证随时验放一案业经本部据情分别转咨核办并批示知照各在案。兹准财交两部先后咨复到部合行抄同两原咨通知仰即遵照声复以凭转咨核办特此通知。"等因奉此。查本校运输鱼鲜,确系供给学生实习,制造罐头及干咸成品冰藏实验之需,兹奉前因,理合备文具后,伏乞转咨财政部通饬所属东海关、津海关等处,以后遇有本校装载鱼鲜航津时,准予查验放行,以利学术,实为公便。

谨呈实业部

河北省立水产专科学校校长张元第(章)

中华民国二十四年三月十六日

(写于 1935 年 3 月 16 日)

张元第呈送迁校计划书并请拨发迁移建筑费由

呈为呈请事案,查本校系水产职业教育,校址宜设在滨海地方,以期便利捕捞制造养殖诸工作及唤起沿海渔民之注意。无如自清末创办以来,设在津市,原无河淀又不临海,各项实习均受其弊。既为识者所不许,更为社会所诟病。校长接任以来心焉忧之际,兹库款如洗,再加之沿海匪氛猖獗,审时度势,迁校实属维艰。若长此权就,匪特贻误学生终身,且亦虚靡公款。二十一年八月间,校长亲赴沿海一带查勘校址,以北戴河地方为最适宜。该处滨海临河,渔民尚多,轮轨交通,地方平靖。本校迁移于此,对于研究水产学术实际工作异常便利,并有北戴河公益会拟捐本校建校用地约三百余亩。兹拟具迁校计划另册缮呈钧鉴。

所有建筑迁移用费约二十万元,拟由省款拨发十五万元余,五万元自行设法。

恳请钧厅提交省府会议,分年拨发具领,以便早日筹备,不胜迫切待命之至!

谨呈河北省教育厅厅长陈

河北省立水产专科学校校长张元第

(录自1936年5月《河北省立水产专科学校一览》。此文与《水产学报》第三期所载《呈教育厅为呈送迁校计划书并请拨发迁移建筑费由》一文内容基本相同)

张元第呈送教职员身份证明书及履历书

呈为呈送事。案查前奉钧署训令建亚字秘壹第二九五九号内开为令行事。查三十一年份身份证明书有效期间截至本年十二月底,即行届满,应予分别换发,以兹备用。兹将各教育机关职员身份证明书及履历书仍照上年原订颜色式样,饬科印制完备,所有领用手续应照去年规定办理,除分行外,合行令仰遵照计算应需证明书及履历书数目开具清单,于本月十五日以前派员到本署教育局领取,填齐裹送来署,以凭核办此令。等因奉此。遵即将职校教职员人数姓名及应需证明书并履历书数目开列清单,径赴教育局领取在案。兹已分别填齐计教职员证明书及履历书各四十四份,除检同三十一年份教职员证明书五十份送请注销外,所有遵填三十二年份之教职员身份证明书及履历书理合备文呈送。伏乞鉴核。

准予将证明书分别盖印发还,以资应用,而重教育,实为公便。谨呈天津特别市市长温。

附呈职校教职员三十二年份身份证明书各四十四份,又呈缴三十一年份教职员身份证明书五十份及教职员姓名住址清册一份。

       天津特别市市立第三中学校长张元第
       中华民国三十一年十二月二十三日

(写于1942年12月23日,时任天津市立第三中学校长)

张元第为留用日本技术人员呈天津市政府

查本处拟留用日本技术人员十七名，前经填具申请书，送请贵府查照办理在案。惟该项技术人员中，其资格似较低浅，但均具水产事业之特殊技术，为国人一时断不能。拟请酌量暂留数月，以维事业。相应函请。即希查照办理为荷。

此致天津市政府

主任 张元第
中华民国三十五年元月十七日

（信封）

天津市政府 公启

地址 旧日界松岛街十七号河北省水产公司

（写于1946年1月17日，时任河北省水产公司筹备处主任）

张元第为请拨还没收敌伪渔船事呈河北省政府主席文

（筹字第 58 号）

事由 学校原有渔船查由青岛敌伪产业处理局接收祈转电拨还应用由

查本校在事变前原有渤海一、二号手操网渔轮二艘，事变后由敌人海军方面征用，往来沿海各地从事军用，敌人投降后即向各方查询下落。兹悉该渤海一号渔轮业由青岛敌伪产业处理局接收，编为第四一号，该号渔轮拟请钧府转电该局即行拨还本校应用。又渤海二号有无同时由该局接收，并祈电询。理合备文，呈祈鉴核，迅电办理。实为公便。

谨呈河北省政府主席孙

全衔 张〇〇

（写于 1946 年 4 月 1 日）

张元第为起运没收物资事致中央调统局平津区天津分区清查组函

(筹字第 100 号)

径启者,查村井洋行及所管之天神丸、大和丸渔轮,并该行存于塘沽前宫岛旅馆之渔网机器等项物资均经河北省政府先后接收封存,并经河北省政府第三八次会议议决,拨归水产专科学校,用充复校。各在案。兹以渔汛已届,渔轮出海在即,所存塘沽渔网物资急待使用,惟据报称该项物资原由贵组加封,兹以起运应用,相应函请查照,予以协助为荷。

此致中央调统局平津区天津分区清查组

河北省立水产专科学校筹备处主任张元第

(写于 1946 年 4 月 22 日)

张元第为请转函海关暂予结关事致交通部天津航政局函

(筹字第 117 号)

事由 为渔期已届渔船急于出海请转函海关暂予结关由

查本校河北一、二号渔船应办登记手续,业经检同各项表册函请贵局登记在案。兹以渔期已届,急于出海作业,候发船舶证书似已不及,拟请贵局转函津海关,暂予结关一次,先行出海,免误渔期,俟下次结关时自应照规定办理。相应函请,即希查照办理为荷。

此致交通部天津航政局

主任 张〇〇

(写于 1946 年 5 月 4 日)

张元第为报河北号渔轮出海作业事呈河北省公营事业管理委员会暨河北省政府主席文

(筹字第 120、121 号)

事由 河北一、二号渔轮业已出海作业函请查照(报祈鉴核)由

查渤海湾渔期已届,本校河北一、二号渔轮为赶赴作业,从事生产,经漏夜准备,并招集渔夫,业已就绪,已于本月九日出海。所需修理机器、安装电灯、油刷船体、渔具装备、船员薪金,以及用水粮食等费,均由东大沽起兴渔行及本校暂行垫拨,将来以收入归还。所捕鱼获,由该行代销。渔船上所用柴油、机油之一部系由商家购入。以省政府(钧府)所接收之臭油质杂强固,颇难应用,已运五十桶至塘沽本校,从事再制。该二渔轮本季尚可作业月余,其捕鱼成绩俟结业时再行函达(呈报)。相应函请查之为荷(理合备文呈报,仰祈鉴核备查)。
此致(谨呈)河北省公营事业管理委员会(河北省政府主席孙)

主任 张〇〇

(全衔主任 张〇〇)

(写于 1946 年 5 月 9 日。此为函件底稿,誊清件当为一式二份,分别致河北省公营事业管理委员会和河北省政府主席孙连仲。括号内文字为呈孙时变换语气之词)

张元第为呈报与起兴渔行合作事呈河北省政府主席暨河北省公营事业管理委员会文

（呈字第 133、134 号）

事由　为与东大沽起兴渔行合作经营流网渔业检同合约呈祈鉴核（函请查照）由

查本校接收之敌福井敏司网具，内有流网多付，为利用生产工具起见，兹与东大沽起兴渔行洽妥合作，由该行备具渔船渔夫，共同经营捕捞□鱼。其所得渔获拟按三七分配，渔网如有损失，以所得收入照市价赔偿。业经签订合约，先行试办，理合（相应）检同合约一份，备文呈祈（函请）鉴核（查照为荷）。

谨呈（此致）河北省政府主席孙（河北省公营事业管理委员会）

附呈（送）合约一份

全衔 主任 张○○
主任 张○○

（写于 1946 年 6 月 1 日。此为函件底稿，誊清件当为一式二份，分别致河北省政府主席孙连仲和河北省公营事业管理委员会。括号内文字为呈公营事业管理委员会时变换语气之词）

附：河北省政府主席孙连仲指令

（省雨字第 1487 号）
1946 年 7 月 2 日

事由 据呈报与起兴渔行合作经营流网渔业检同合约请鉴核等情准予试办仰将经营及收入情形随时具报由

令省立水产专科学校筹备处：

三十五年六月一日呈一件，为与大沽起兴渔行合作经营流网渔业，检同合约呈祈鉴核由。

呈件均悉。准予试办，仰将经营及收入情形随时具报。件存。此令。

主席 孙连仲

张元第为请迅拨实习船只事呈河北省政府教育厅长文

（筹字第 146 号）

事由 呈为职校恢复在即实习急需船只恳乞转请省府迅函航政局仍照前函将轮船帆船各拨四只以利实业而兴水产由

查水产事业关系民生、国防，异常重要，职奉令筹复校，随时奉承钧谕及我最高领袖主席蒋之意旨，积极进行。兹以复校之后，学生实习需用轮船帆船各四只，曾经呈准钧厅转请省府，函请交通部华北航政接收委员办公处照拨，并派职前往洽办在案。迄今多日，案仍虚悬，未克圆满解决。惟职校恢复在即，而从前所有船只既被敌伪侵占破坏，荡然无存，设非拨给此项接收之船，复不足以利实习而兴水产，且何以副我最高领袖及列宪殷殷提倡实业、力图建设之至意。为此具呈，恳请鉴核，转请省府迅函航政局，将前请拨给之二十吨以下之轮船、二百担之帆船各四只，早日拨交职校，以利实习而兴水产。实为公便。

谨呈河北省政府教育厅厅长贺

全衔 张元○

（写于 1946 年 6 月 28 日）

张元第代表河北省立水产专科学校为请发给航行执照事致交通部天津航运局函

径启者,本校渔轮河北一、二号春季作业试验捕捞,以渔场不佳,渔期已过,致渔获成绩欠佳,遂于六月中旬实行休渔,结果核计亏累修船运搬各费三百余万元。兹拟在此休渔期间从事海上运输事业,藉维船员生活,倘有盈余则充作修补船体之费,至九月中旬停止运输,仍作捕捞试验。相应函达,即希查照发给航行执照为荷。
此致交通部天津航运局

(据考写于1946年6月)

张元第为派员接收渤海二号渔轮事致青岛市政府函

(筹字第 151 号)

事由 为遵奉河北省政府令派员王裕欢等前往接收渤海二号渔轮请迅赐点交驾驶回津应用由

案奉河北省政府六月三日省雨字第 985 号训令节开，以本校旧日之渤海二号渔轮，现在青岛小港停泊，未被该管区敌伪产业处理局接管，业经函请贵府暂行保管，并饬派员前往接收具报。等因。奉此，自应遵办。除派本校筹备员王裕欢、王式钦前往接收外，相应函达，希即迅赐派员将渤海二号船只点交驾驶回津，以资应用。实纫公谊。

此致青岛市政府

河北省立水产专科学校筹备处主任 张元○

(写于 1946 年 7 月 1 日)

张元第为接收渤海渔轮事致王贻观等函

(筹字第 152 号)

事由 为派该员等前往青岛妥切接收渤海二号渔轮并详细具报以凭转呈由

案奉河北省政府六月三日省雨字第 985 号训令节开,以本校旧日之渤海二号渔轮,现在青岛小港停泊,未被该管区敌伪产业处理局接管,业经函请青岛市政府暂行保管,并饬派员前往接收具报。等因。奉此,自应遵办,除函请青岛市政府一俟该员等到后,迅赐派员点交外,合行为此函派该员等前往妥切接收渤海二号渔轮,驾驶回津,以资应用。并详细具报,以便转呈,幸勿延误。特此通知。

主任 张元〇

(写于 1946 年 7 月 1 日)

张元第为报查明渤海一号渔轮停泊青岛等事呈河北省政府主席文

(筹字第 168 号)

事由 呈为遵令查明渤海一号渔轮现尚停泊于青岛小港西北岸，船身船底破漏修理费巨拟恳俟秋季河北一、二号渔轮赴青捕鱼时再行就便筹划修理呈先函请该市府派警局妥为保护请鉴核示遵由

案奉钧府三十五年七月六日省雨字第 1598 号训令内开：案准青岛市政府本年六月二十日府秘字第 5548 号公函开：案准贵府函询在青岛之渤海渔轮。即前往认领具报为要。此令。等因奉此。查职前奉钧府六月三日省雨字第 985 号训令，以准青岛区敌伪产业处理局□称，渤海一号渔轮现在青岛小港停泊，未经该局接管，饬派员前往接收具报为要。遵即派本校前毕业生王裕欢(行总专员)、王式钦(招商局轮船二副)在青岛就近妥先调查去后。兹据复称：该渤海一号渔轮现确停泊于青岛小港西北岸，船上有旧船长姜学山、旧大车王光坤等六名，均系三十三年经敌海军派差时登船服务，薪

工迄今未发,困苦不堪言状。船身船底既多破坏,又极渗漏,机器亦均损坏不灵,难以驶回天津。且该船长等现为生活所迫,不时赴外自行谋生,船内住有家眷,藉资照料,而青岛修理船只工料特别昂贵,如欲修理,非筹有大宗款项数千万元不克恢复旧观,驶行天津。等情前来。职详加查核,该员等所称尚属实情,除函嘱该员等转饬该船长姜学山等仍暂负责看守外,拟于今秋河北一、二号渔轮赴青捕鱼时再行筹款,在青就便计划修理,驶行天津。较之此时派员前往办理,所省实多。惟该轮现既查有确实下落,自应逾格加以注意,拟请在职未接收前,函请青岛市政府转饬该管警察局随时委为保护,以重公物。是否有当,伏乞鉴核迅示祗遵。实为公便。

谨呈河北省政府主席孙

全衔 张元○

(写于1946年7月22日)

附:河北省政府主席孙连仲指令

(省雨字第 1938 号)

1946 年 8 月 10 日

令省立水产专科学校:

  七月二十二日呈一件,为呈报查明渤海一号渔轮尚停泊于青岛小港西北岸,船身船底破漏,拟秋季赴青捕鱼时筹划修理,并请函请青岛市政府派警局妥为保护由。

  呈悉。查此案已据情函请青岛市政府查照办理,仰即知照。此令。

主席 孙连仲

张元第为报告春季试渔收支概况等事致河北省政府主席孙连仲暨河北省公用事业管理委员会函

(呈字第 153、154 号)

事由 为缮单报告河北一、二号渔轮春季试渔收支不敷概况并拟暂将渔轮租赁用示权宜而资弥补请鉴核由

查本校(职)前呈河北一、二号渔轮已出海作业,请准予备查由。业于六月十三日奉钧府(省政府)省雨字第1289号指令内开:呈悉。准予备查。此令。等因奉此。遵即督饬该轮员工人等前往渤海湾一带,在春季渔期内由四月十二日起至六月二十一日止,往返共捕鱼五次。惟以海面不靖,时多骚扰,以致鱼丰之区域欲往捕而不能,其可捕之区域则产鱼不丰。又因出海较晚,所用渔夫亦多无新式捕鱼经验。有此三因,是以五次捕鱼均未满载而归。共售国币八百零一万七千八百三十元,连同租赁流网收益十万零一千四百六十元,及变卖柴油空桶八十六万元,仅敷开销之用,连同财政厅所领之一百万元,计收入方面只九百九十七万九千二百九十元,而支出方面费用浩繁,所有配修渔船、运搬渔网、船具修补、冷藏库并

渔船员工之缮费薪工，生活程度畸高，物价飞涨，计共用款一千一百九十八万二千二百八十二元，除以收入完全拨充外，实亏修船运网费用二百零二千九百九十二元，此项亏款已由大沽起兴及天津兴顺长丙鱼行代为垫付。现在春季渔期终了，该渔轮均暂停泊于天津中正桥下，预备修理，其所需员工仍旧供给食膳，但均给半薪，以示撙节。而秋季试渔之期转瞬即至，既须修理船体，调整机器，在在均需巨款，而省款支绌，又未敢率尔陈请，筹思至再，拟将该二轮暂于休渔期间临时租赁与天津北方实业社，作为运输货物之用，用示权宜而资弥补。一俟将一切详细条件办法商妥，再行另文呈报。除将河北一、二号渔轮春季试渔收入概况详细列举并函送(呈报)河北省公用事业管理委员会(河北省政府)外，理合具文呈报(相应备函报告)，伏乞(敬乞)鉴核示遵(查核示复)。实为公便(实纫公谊)。

谨呈(此致)河北省政府主席孙(河北省公营事业管理委员会)

附呈(送)春季试渔收支报告书一份

全衔 张元○

(写于 1946 年 7 月。此为函件底稿，誊请件当为一式二份，分别致河北省政府主席孙连仲和河北省公营事业管理委员会。括号内文字为呈公营事业管理处时变换语气之词)

张元第呈天津市政府

来文机关　前天津市党政接收委员会委员张元第函

事由　为前因移运物资请拨发之油类来函　请为水产统制协会借用系接收敌水产统制协会所用之误兹将原表盖章退还请查照

查本案，据函称系前党政接收委员会接收敌水产统制协会时所用，应即拨由接委会缴款，该会早经结束，可否连同其他接委会所用物品一并专函处理局核办并乞钧示。

职张馥庭谨呈

八月三十一日

事由　为函覆贵府丙总字第二一四九号来函请查照由

径复者，顷准贵府丙总字第二一四九号公函请迅予办理见复等因，附发党政接受委员会接受物品分借各机关物品价值明细表一份，准此查该项借用物品系前天津党政接收委员会于接收敌水产统制协会时所用,该统制协会共有冷藏工厂三处,其第二厂为美军驻用,接美方通知将该厂所存之物资请迅即迁出,否则即移于马路。当时第一厂仅有汽车乙辆且无汽油遂呈准贵府拨发汽油一五六加仑、机油二加仑,并由美军汽车协助运搬。始将该厂所有物资移入第一厂内。来函谓该项油类为水产统制协会借用,系接受敌水产统制协会所用之误,谨将以上详情叙明原委并在原明细表上盖章退回以资证明。 即请查照为荷。

此致

天津市政府

附：退还天津市党政接收委员会接收物品分借各机关物品价值明细表一份

前天津市党政接收委员会委员 张元第
民国三十五年八月十三日

（写于 1946 年 8 月 13 日）

张元第为请拨发渔轮出海用品事致行政院善后救济总署农委会函

(筹字第 132 号)

事由 为函请拨发本校渔轮出海用品以资学生在渤海湾内实习由

径启者,查本校自奉命复校以来数月,于兹大部均经就绪,并于暑期后即行开学。所有设备原以复员伊始,限于经费及其他问题,短期内颇难恢复旧观,只渔轮一项前被日敌强占,原有渔捞设备均为破坏,附属物品亦均荡然无存,现在开学期近,为便于学生临海实习起见,上项物品实不可缺。兹抄附用品种别数量表一份,函请贵署查照,予以无价配与,以利水产教育,并希见复为荷。
此致行政院善后救济总署农委会

全衔 张〇〇

(写于 1946 年 8 月 19 日)

张元第为呈送职校受敌人摧毁损失详细报告单请鉴核由

（筹字第 225 号）

事由　张元第为呈送职校受敌人摧毁损失详细报告单请鉴核由

案奉

钧府省雨字第一七六六号指令略开"……查各院校馆受敌人摧毁损失群情应由各学校分别填具损失报告单，并由该代表等依照各该损失报告单汇制财产损失汇报表呈送来府以凭核办……"等因奉此。遵即将报告单及汇报表各二份依式查填完竣。理合备文，呈请鉴核。请向盟国赔偿委员会提议要求赔偿，实为公便。

谨呈

河北省政府主席孙

附呈财产损失报告单及财产直接损失汇报表各二份

　　　　暂代河北省立水产专科学校校长　张元第

（写于 1946 年 9 月 3 日）

张元第为将本校复员情形及教职员学生名册呈请报部由

（呈同字第 66 号）

案奉

钧厅新二子第六〇五四号训内开"业据本厅北平临时办公处戍删电开：接教育部孙督学爱棠函，省立各校院及专科各校应速将复员情形教职员学生名册报部转电达知等由到厅，除分行外，合行令仰遵照详细造报呈厅以凭核转"等因，奉查本校自华北沦丧国土失手，即遭日寇强占八年于兹，原有设施如工场渔轮及实验室仪器等均已荡然无存，日寇降服之后，于三五年一月奉命复校，临时借天津市哈密道八十号敌村井洋行旧址开始筹备复校工作。同时接收敌产村井洋行渔轮两只、福井敏司渔船大小七只、渔具多种及华北水产统制协会塘沽冷藏库一座等渔业设施。因原有校舍被装甲兵教导总队保养工场占据，经多次交涉不能收回，后堪定塘沽北炮台敌宪兵队营房七十余间为校舍，经呈国防部批驳在案。旋勘定塘沽敌国民小学校为校舍，该址为塘沽当地小学占用，曾呈准河北省政府令饬塘大警察局及第二区行政专员公署、宁河县政府等协助接收在案,往返交涉不下十几次之多,对方坚不迁让,因之建校塘沽为之中辍。遂又转向天津农林部冀鲁区海洋渔业督导处洽商以本校筹备处址与该处办公地址交换使用,又为农林部批驳不能借用。关于校舍问题,奔走呼号达八月之久,并分别电呈各关系部会,请求拨还旧校舍,迄无成效。时暑期已尽,转眼即入深秋,乃先后赴山海关及北戴河等临海地区勘察校址,因难题过多不能实现。复校前途殊为暗淡,实不得已遂于十月间决定暂借天津师范校舍之一部,权为校舍,备之修葺,购置校具,直至十月下旬始告完成。于十月二十七日在平津两地同时招考高中毕业生,计三五年度第一学期共录取渔捞、制造两科,每科四十二名,共计八十四名新生于十一月六日报到,八日开学,十一日正式上课。筹备开课所有情形大致就绪。兹奉前因,谨将本校复员经过节略上陈并协同教职员学生名册各贰份呈请核转,实为公便。

谨呈河北省教育厅
附呈教职员暨学生名册各贰份

全衔 张○○ 呈

(写于 1946 年 12 月)

张元第为渔船登记事致交通部天津航政局函

（筹字第111号）

事由 函送渔船登记表格请查照予以登记由

查本处所有河北一号至六号、长风一号至二八号各渔船应行办理登记手续，前经呈由河北省政府教育厅转函贵局查照办理在案。该批渔船系由河北省政府接收，为敌人村井洋行及福井敏司所有，省政府接收后，即交河北省水产公司筹备处保管。旋奉省政府省雨特字第167号训令，饬本处接收水产公司物资办理业务，业经遵令拨交清楚呈复在案。又，现在河北三号至六号、长风一号至十六号各渔船尚未修理，暂时不能使用，拟先将河北一、二号渔轮办理登记，以便即行出海作业，藉裕民食。相应抄附河北省政府训令二件及船舶丈量声请书等六份，函请查照，迅予登记为荷。

此致交通部天津航政局

附抄省府训令二件、船舶丈量声请书共六份

主任 张○○

（据考写于1946年，时任河北省水产公司筹备处主任，负责接收日敌船只的保管）

张元第为村井洋行仓库内物品证明函

事由　为证明原存敌日村井洋行仓库内物品以凭发还由

查敌日村井洋行河东仓库前于民国卅四年十一月奉令接收时,据日人村井国安报告,该仓库东房五间,内有一间系房主张景山当作自用,房内存有劈材,约万余斤,天棚竿子数拾根,小磁砖数百个。又院中所存大□瓦一大堆,防空水缸一口(油写义德货栈字样),名系房主张景山所有,均非村井物资。等情。当经详细查询,确属实情,故未予接收,并准仍在原处存放。兹据该房主张景山请予证明,以凭请求发还等情前来,特予证明。

　　此证

　　前村井洋行接收委员、现任河北省立水产专科学校校长　张○○

（据考写于 1946 年前后）

张元第就成立会计室事函请农林部会计处备案

　　事由　据呈报该员于一月二十日到差并即日正式成立会计室等情应准备查仰知照由

农林部冀鲁区海洋渔业督导处指令
鲁字第七零号　中华民国三十六年二月八日
　　令本处会计室会计员葛荫南。三十六年一月二十日鲁计字第四号呈文作为呈报,本室遵令于一月二十日正式成立。祈鉴核备查由。
　　呈悉查该员于一月二十日到差并即日正式成立会计室一节,业于一月二十八日以鲁字第四十号函请农林部会计处备查在案。据呈前情,应准备查,仰即知照。此令。

主任　张元第
监印　徐兆光
校对　马季平

（写于1947年2月8日,时任农林部冀鲁区海洋渔业督导处主任）

张元第为请登记渔船以便出海作业呈河北省教育厅厅长文

（字第 63 号）

事由 为本校木质发动机渔船五只拟供学生实习渔捞及冰鲜试验运搬之用呈祈转函航政局登记由

案查本校奉令接收河北省水产公司筹备处，水产物资业经遵办会报鉴核在案。该项物资中记有木质发动机渔船五只，并经分别定名为河北一号至六号（缺四号），木质船五只分别定名为长风一号至六号，报请备查又在案。该项船只拟供本校学生实习渔捞及冰鲜实验运搬之用，为积极利用工具，从速增加生产起见，拟即尽先出海从事作业。惟依照航政规则，应向交通部天津航政局办理登记后方得航行。理合检同本校渔船清单二份，呈祈鉴核，转函该局予以登记，以便航海作业。实为公便。

谨呈河北省教育厅厅长贺
附渔船清单二份

主任 张○○

（写于 1947 年 4 月 10 日）

张元第为报本校训育委员姓名清册等呈河北省政府教育厅文

事由 呈报本校训育委员会组织规程及委员姓名清册请鉴核备查由

案奉教育部第 3687 号训令颁发训育委员会组织规程,饬即遵照组织,并将委员姓名具报。等因。奉此,查本校训育委员会业于本年二月十七日正式组织成立,除分呈外,理合制定组织规程连同委员姓名清册一并备文呈报钧厅,鉴核备查。

谨呈河北省政府教育厅厅长贺

附呈组织规程一份,委员姓名清册一份

河北省立水产专科学校校长 张元第 谨呈

附:河北省立水产专科学校训育委员会组织规程

第一条 本校为增进训导效率,设置训育委员会。

第二条 训育委员会之职掌如左:

1. 部颁训育法令实施办法之订定。

2. 本校训导计划之决定。

3. 学生操行成绩之评定。

4. 学生团体活动之指导。

5. 学生风纪之整饬。

6. 训导处工作之协助与指导。

第三条 训育委员会以校长及教务、训导、总务三处主任,渔捞、制造二科主任,实习主任及教授二名组织之。

第四条 训育委员会以校长为主任委员,训导主任为秘书。

第五条 训育委员会每两周开会一次,必要时得开临时会。

第六条 训育委员会开会时训导处有关组员得列席报告。

第七条 本规程自公布日施行。

附:河北省立水产专科学校训育委员会委员姓名清册

职别	姓名	原任职务	备考
主任委员	张元第	校长	
委员兼秘书	王子华	训导主任	
委员	鄢云让	秘书兼教务主任	
	李学谦	总务主任	
	张震东	渔捞科主任	
	田景崑	制造科主任	
	刘景汉	实习主任	
	郑恩绶	渔捞科教授	
	刘纶	制造科教授	

附:河北省政府教育厅指令(1947年4月30日)

事由 据呈该校训育委员会组织规程及委员名册等情准予备查由

令省立水产专科学校:

三十六年四月二十二日呈一件。为呈报本校训育委员会组织规程及委员名册,请鉴核备查由。

呈件均悉。准予备查。件存。此令。

厅长 贺○○

(写于1947年4月22日)

张元第为出海捕鱼请发船簿事致财政部津海关函

事由 为本处渔船出海捕鱼函请查照发给船簿由

查本处为增加生产起见,拟将所有河北一号及二号渔轮出海作业,以裕民食。所有登记手续正向交通部天津航政局赶办中,现在渔期已届,出海在即,应向贵关请发船簿及办理各项应备手续,以利作业。相应函请查照,核发见复为荷。

此致财政部津海关

主任 张○○
五月一日

(写于1947年5月1日)

张元第为洽租房屋手续事致河北省立水产专科学校函

事由 为函知哈密道78及80号房屋是否由敝处向处理局办理洽租手续请查照见复由

案准中央信托局天津分局津普接（卅六）字第2717号公函内开：案准鲁字第217号大函洽悉。查第一区哈密道78号及80号房屋本局既经受托接收，其产权自不再属河北省立水产专科学校，该校借用案尚未经河北平津区敌伪产业处理局核准，贵处住用该房自应按照规章先向处理局办理申请租借手续。相应复请查照为荷。等由准此。查敝处向贵校所借哈密道78号及80号房屋是否由敝处径向处理局办理洽租手续，相应函达，即希查照见复为荷。

此致河北省立水产专科学校

主任 张元第

拟办：函复由督导处径办洽租手续可也。5.21

（写于1947年5月20日。天津市哈密道78号和80号为被接收之敌伪村井洋行，曾为河北省立水产专科学校筹备处，后为农林部冀鲁区海洋渔业督导处所在地）

张元第为请拨部分敌伪盐斤价款事呈保定教育厅厅长代电

事由 呈报处理敌伪盐斤情形并可否先拨一部价款请示遵由

保定教育厅贺厅长钧鉴：

奉令处理敌伪盐斤一案，已会同保安处主任法官刘厅秋共同议定，按原存数量一九六吨，每吨五十六万元出售，并召集存盐鱼行五家到津商议出售办法。该鱼行等均愿按议定价格全部承购，订于六月二日先交税款，其余之款近期交齐当再详报。复查此项盐斤前奉令准分配四分之一补助本校，现以旧校舍行将收回，正在筹备修理，购买材料，需款孔急，可否按令准数目先拨一部价款，径交本校，以资应用之处，并请电示祗遵。

河北省立水产专科学校校长 张〇〇
己冬叩

（写于1947年6月2日）

张元第呈送教职员学生工役名册函与名册

河北省立水产专科学校 公函（中华民国三十六年六月十八日）

事由 函送本校教职员学生工役名册请查照廉配面粉由

查天津市廉价配售面粉一案，即将实施。相应造具本校教职员、住宿学生、工役名册一份。函请查照惠予配售为荷。

此致天津市政府社会局

附送名册一份

校长 张元第

（写于 1947 年 6 月 18 日）

河北省立水产专科学校教职员学生工役名册

职别	姓名	年龄	籍贯	希望配给数量	备考
校长	张元第	五〇	天津市	面粉壹袋	
教务主任	鄢云让	三八	河北沧县	面粉壹袋	
训导主任	王子华	五二	天津市	面粉壹袋	
渔捞科主任	张震东	三七	河北大兴	面粉壹袋	
制造科主任	田景崑	三六	天津县	面粉壹袋	
教授	郑恩绶	五〇	天津市	面粉壹袋	
教授	刘垲辞	五八	天津市	面粉壹袋	
教授	陶中相	四四	辽宁营口	面粉壹袋	
教授	阎月麟	三七	天津市	面粉壹袋	
教授	陈国相	三四	天津市	面粉壹袋	
教授	王汝南	三三	河北密云	面粉壹袋	
总务主任	李学谦	五一	河北清苑	面粉壹袋	
实习主任	刘景汉	四〇	天津市	面粉壹袋	
职员	于秉新	三四	山东荣成	面粉壹袋	
职员	赵伯年	二六	天津市	面粉壹袋	
职员	翟士琦	三九	天津市	面粉壹袋	
职员	岳冠南	四九	天津市	面粉壹袋	
职员	张志齐	四二	河北宁河	面粉壹袋	
职员	李家瑞	三一	天津市	面粉壹袋	
职员	康瑞萍	二四	河北宁河	面粉壹袋	
职员	赵志宏	四七	河北宁河	面粉壹袋	
职员	陈伯龄	二五	天津市	面粉壹袋	
职员	孙郁文	二九	天津市	面粉壹袋	
职员	王镇南	三六	河北雄县	面粉壹袋	
教授	李先荫	二八	湖南长沙	面粉壹袋	
学生	徐绍斌	二三	广东蕉岭	面粉壹袋	
学生	张际荣	二一	河北武清	面粉壹袋	
学生	刘继显	二〇	山东利津	面粉壹袋	
学生	关 鑫	二〇	青岛市	面粉壹袋	
学生	张国杞	二〇	河北乐亭	面粉壹袋	
学生	王植藩	二二	河北献县	面粉壹袋	
学生	王金台	二二	河北安次	面粉壹袋	
学生	鲍启连	二三	北平市	面粉壹袋	

续表

职别	姓名	年龄	籍贯	希望配给数量	备考
学生	王文纪	二三	天津市	面粉壹袋	
学生	郑嘉谟	二二	天津市	面粉壹袋	
学生	仓孝庆	二二	河南中牟	面粉壹袋	
学生	张耀宗	二二	天津市	面粉壹袋	
学生	王永前	二二	河北乐亭	面粉壹袋	
学生	邵景范	二三	山东广饶	面粉壹袋	
学生	王中正	二二	天津市	面粉壹袋	
学生	张士懋	二二	天津市	面粉壹袋	
学生	蒋观沽	二一	河北博野	面粉壹袋	
学生	杨有汉	二一	河北乐亭	面粉壹袋	
学生	迟景鸣	二三	山东蓬莱	面粉壹袋	
学生	薛葆让	二二	河北新乐	面粉壹袋	
学生	王自敏	二二	河北高阳	面粉壹袋	
学生	马连庆	二五	河北丰润	面粉壹袋	
学生	张志亮	二四	天津市	面粉壹袋	
学生	王师良	二三	天津市	面粉壹袋	
学生	董佩瑜	二一	天津市	面粉壹袋	
学生	柏引骞	二一	北平市	面粉壹袋	
学生	王 鄂	二〇	天津市	面粉壹袋	
学生	杨子英	一九	天津市	面粉壹袋	
学生	邱风连	二〇	浙江诸暨	面粉壹袋	
学生	孟广道	二〇	天津市	面粉壹袋	
学生	李宏基	二〇	山东威海卫	面粉壹袋	
学生	宋学濂	二〇	天津市	面粉壹袋	
学生	任占元	二〇	河北宁河	面粉壹袋	
学生	董佩瑞	二〇	天津市	面粉壹袋	
学生	吴抚山	二〇	山东昌邑	面粉壹袋	
学生	刘湘元	二一	河北元化	面粉壹袋	
学生	段维宁	二二	河北房山	面粉壹袋	
学生	刘汝篷	一九	天津市	面粉壹袋	
学生	高耀瀛	二一	天津市	面粉壹袋	
学生	田嘉梁	二一	天津市	面粉壹袋	
学生	张同寿	二二	河北清苑	面粉壹袋	
学生	吴汝林	二一	天津市	面粉壹袋	
学生	安树礼	二一	河北丰润	面粉壹袋	

续表

职别	姓名	年龄	籍贯	希望配给数量	备考
学生	汪鸿宝	二三	北平市	面粉壹袋	
学生	王世维	二一	山东牟平	面粉壹袋	
学生	周启才	二〇	河北乐亭	面粉壹袋	
学生	彭蕴彬	二〇	河北曲阳	面粉壹袋	
学生	邵继唐	二三	山东济宁	面粉壹袋	
学生	刘学敏	二〇	天津市	面粉壹袋	
学生	张鹤皋	二一	河北丰润	面粉壹袋	
学生	孟广裘	二一	天津市	面粉壹袋	
学生	魏振华	二三	河北清苑	面粉壹袋	
学生	胡晓伯	二四	河北滦县	面粉壹袋	
学生	姜亚夫	二一	安东庄河	面粉壹袋	
学生	李星顺	二一	河北沧县	面粉壹袋	
学生	王泽华	二一	天津市	面粉壹袋	
学生	刘秉信	二一	河北丰润	面粉壹袋	
学生	谭振声	二四	天津市	面粉壹袋	
学生	佟孝功	二一	北平市	面粉壹袋	
学生	濮思凯	二三	江苏溧水	面粉壹袋	
工役	杨芳田	三三	山东胶县	面粉壹袋	
工役	姜培棠	三二	山东平度	面粉壹袋	
工役	刘恩泉	三二	天津市	面粉壹袋	
工役	董志文	二〇	河北静海	面粉壹袋	
工役	杨士文	五三	天津市	面粉壹袋	
工役	孙连魁	三五	河北雄县	面粉壹袋	
工役	王荣保	五六	天津市	面粉壹袋	
工役	赵松林	四三	河北沧县	面粉壹袋	
工役	王国江	二六	河北东光	面粉壹袋	
工役	刘振和	五三	河北东光	面粉壹袋	
工役	王凤山	二八	河北东光	面粉壹袋	
工役	轧荣光	一八	天津市	面粉壹袋	
共计	九十七名			面粉九十七袋	

张元第函送本校校长科主任姓名表

河北省立水产专科学校 公函（中华民国三十六年六月二十七日）

事由 函送本校校长科主任姓名表请查照由

案准贵局函嘱填送各大学负责人姓名表等由，兹经填送校长、科主任姓名表一份。相应函请查照为荷。

此致天津市政府教育局

附表一份

校长 张元第

河北省立水产专科学校负责人员姓名表

职别	姓名	别号	备考
校长	张元第	崧冠	
渔捞科主任	张震东		
制造科主任	田景崑		

(写于 1947 年 6 月 27 日)

张元第为添置学生桌椅费用等事呈河北省政府主席

查本校所存柴油前经运往塘沽七十二桶供给渔轮河北一号、河北二号应用,业经呈奉钧府,指令准予备查各在案。兹查该项柴油原为一百一十五桶,该油原名臭油水,含有砂块,经热滤后掺入上等油使用,手续极繁,品质既属不良,油量亦多渗漏短少。除选择七十二桶供给渔轮使用外,所余四十三桶油质多已不堪使用,油量则短少,有不足半桶者,亦有不足四分之一者,存储既已无用,拟即运往塘沽本校实习场设法变价,别做用途。查本校本年秋季始业,应招新生渔捞科四十人、制造科四十人,计共八十人,应用桌椅及合班所需,计应添置一百六十套,始足应用。兹以财力所限,拟先添置六十套,经招商估价,计需四百二十万元。是项柴油以油质不良,出售甚难,几经设法,平均每桶可得七万元,计共三百零一万元。复查本校渔轮前赴仁川,结余运费计共一百十一万余元,前曾呈奉钧府,指令准予拨充渔轮修理费在案。现河北一、二、三号渔轮均已与各渔业公司合营,此项修理费尚非急需,拟即改充添置桌椅费用,连同油款,计共四百十二万余元,所差之数另由本校设法筹补,庶此项学生桌椅可以早日添置而资应用。所有拟请柴油变价及动用渔轮修理费改充添置桌椅各缘由,是否有当,理合备文,呈请钧府鉴核示遵。

  谨呈河北省政府主席孙

    河北省立水产专科学校校长 张元第 谨呈

(据考写于 1947 年上半年)

张元第函送本校选举人名册

　　案准贵所送发字第一三一号公函抄发本校选举名单嘱即造送选举人名册以凭转报等由，准此相应造具选举人名册正副本两本，函送贵所查照办理为荷。

此致国民大会代表、立法院立法委员、天津市选举事务所

附送选举人名册二本

校长 张元第

（写于1947年10月）

张元第为接收渔轮事致河北平津区敌伪产业处理局函

(公函第 67 号)

径启者,查本校前由贵局拨交渔轮天和丸、大和丸二艘,业经全部验收,相应将贵局转拨证加盖关防,随函附送,即希查照为荷。

此致河北平津区敌伪产业处理局

附送转拨证一纸

校长 ○○○

(写于 1947 年)

张元第为教师租赁房屋事致行政院河北平津区敌伪产业管理局函

事由 为本校讲师居住本市第一区陕西路福缘里十四号房请更户名并恳准予洽购由

径启者,查敝校讲师王荫堂自于三十五年七月间在本市第一区陕西路福缘里十四号房居住后,因事离津,于本年一月间即将该房让其次子王馨泽居住。该王馨泽系中华酒精厂职员,前经该厂呈准贵局,发给清字第二百二十六号准住证,且已遵照向中央信托局办理租赁契约手续。惟以王荫堂现经本校聘充讲师,业于前日回津,而其次子王馨泽因故不久既将离津,该福缘里十四号房现仍由本校讲师王荫堂继续居住。相应函请贵局查照,通知中央信托局更正户名,以符实际,并恳准予洽购。至纫公谊。

此致行政院河北平津区敌伪产业管理局

河北省立水产专科学校校长 张

(写于 1947 年)

张元第为请拨还本校原有家俱致第五补给区营产管理所天津分所函

（北字642号）

事由 为请转函装甲兵战车工厂拨还本校原有家俱由

案查本校于七七事变后被迫停办，当时校舍及所有家俱□为日寇强占，胜利后均由国军装甲兵战车工厂所接收。本校曾借用省立师范校舍一部复校开学，至卅六年七月始经交□回原校舍。该战车工厂以校内家俱系由日寇手内所接收来，奉上峰命令，不复拨归本校，而此项设备原为本校旧有，且又适在应用，不得已为一时权宜计，乃由本校出具借字一纸。兹闻该战车工厂行将南迁，则该项家俱急应正式拨归本校，并应将借字退还，以明产权而清手续。相应函请贵所查照，转函该战车工厂照拨为荷。

此致第五补给区营产管理所天津分所

附家俱单一纸

张元第

（据考写于1947年末至1948年初）

张元第为呼吁制止军队强占校舍事致某某电

钧鉴：

　　查本校于五月二日实有苏西新军六百余人，由官长率领强占校舍一部，当时以妨碍教学，由校长经与该军官一再交涉，该新军于四日始行离去，余留一小部分尚在驻守。不料五日复来苏东新军二千余人占据本校教室办公室全部，因而秩序紊乱，扰攘喧嚣，什物摧残，随地遗溺，以致校务停顿，被迫休课，经校长与有关机关积极商请有效制止，无如互相推诿，迄无结果。学生以学业有关，群情愤慨。且闻苏西苏东尚有新军四万余人，将陆续来津之讯，则长此彼去此来，不惟影响校务，值此学潮荡漾，诚恐发生不良事态。为本校目前教学计，防患未然计，吁恳迅赐电令当□军事主管机关，勒限迁出，以维教育，并祈永远制止，以杜将来。不胜迫切待命之至。

　　　　　　　　　　河北省立水产专科学校校长 张○○
　　　　　　　　　　　　　　（卅七）辰鱼叩 印

（写于 1948 年 5 月）

张元第为推荐毕业生事致各机关函

事由 函为推荐本校毕业生请查照录用希见复由

查本校渔捞、制造两科学生业经于本学期毕业,兹为其就业起见,特分函向各有关机关推荐。查渔捞科杨有汉、王永前、郑嘉谟,制造科周启才、张鹄皋、董佩瑞等六名品学均优,堪以推荐,相应函请查照录用,谅能胜任,并希惠予赐复,至为纫荷。

此致台北基隆渔管处台湾分处陈同白、高公翰处长,台北基隆水产公司徐晴岚总经理,台湾渔管处厂务筹备处高雄分处杨扶青主任

弟张○○

(写于1948年6月29日)

张元第为省参会质询本校拍卖物资请派员调查事呈河北省政府教育厅长文

（北字 432 号）

事由 为本校并未拍卖及处理任何物资谨据实报请鉴核派员调查函转省参议会由

窃查于七月十日天津《益世报》登载九日冀临参会第三次大会第七次会议关于教育事项内，参议员王道质询："天津水专拍卖了一批渔具，不知这笔钱是否加入教育经费里？"阅后，不胜骇异。查本校自卅五年一月奉令复校，当时以校舍被占，经同仁惨淡经营，竭力筹划，始于卅五年十月暂假天津河北省师校舍一部，因陋就简，勉强开课。迨校舍交涉收回，破屋颓垣，器物荡然，复经积极筹谋修理，经费虽拮据万分，绝未拍卖任何物资赖以补助。于卅六年暑假后始迁入原址开课，以致迄未恢复旧观。至所接收物资，除塘沽冷藏库内存有日本式大谋网及流网一部，大多均残破毁损，无法应用，迄今仍妥为保存，未曾移动。此外并无接收任何渔具，更绝无拍卖处理情事。且本校未经呈准，何敢擅自处理接收物资。

王参议员作如此质询,恐系误传错指,如果有拍卖事实,自当有确凿证据,如此易惑社会听闻,影响校誉,殊为遗憾。谨据实报请钧厅派员澈查,俾明真相,并祈函转省参会予以纠正,不胜企盼待命之至。

  谨呈河北省政府教育厅长殷

       河北省立水产专科学校校长 张〇〇

(写于 1948 年 7 月 13 日)

张元第为临时参会质询本校处理渔具案复河北省政府教育厅长函

厅长钧鉴：

七月十五日示函奉悉。关于临参会质讯本校处理渔具一案，当《益世报》登载时即深为骇异，曾以北字第432号呈文报请派员澈查，俾明真相在案。本校接收物资并无私自处理情事，众目昭然，事实具在。至联总所拟分配渔业物资，虽曾一再向农、教两部及联总申请呼吁，并派人在京接洽，但迄未得丝毫物资之配拨。本年业生实习研究，因人数甚多，亦系临时在青岛，商同渔管分处，随轮作业性质。冀鲁区海洋渔业督导处今春于天津行总结束时曾领得一批渔网渔具，已呈请农林部，至今尚未分配。以上均有案可稽，讵容讳饰。王参议员质讯之处显系误传，决无根据。尚请转函临参会，俾释疑念，不胜感盼之至。谨复。祗颂钧安。

职 张元第 谨肃

(写于1948年7月26日)

张元第为答临参会质询本校处理渔具案复河北省政府教育厅长函

为临参会质询本校处理渔具，逐条解释，毫无事实由。

厅长钧鉴：

七月十五日示函奉悉。关于临参会质询职校处理渔具一案，当《益世报》登载时，即深为骇异。曾以北字第432号呈文报请派员澈查，俾明真相在案。兹谨遵照来示，将职校在复校后接收之冷藏库、渔船、渔具利用情形及行总联总之渔业物资分配实况晰陈如下：

一、冷藏库即塘沽实习场曾于卅六年四月与天津新太平洋渔业公司订有合同，正式合营冷藏事业。（已呈府备案）以地点过远，鱼价高昂，去年曾亏累五亿元，今年未能开业，现正办理解约中。

二、渔船：（1）河北一号、河北二号以无款经营，曾租与天津冀鲁及寰海两公司使用。（呈府备案）嗣以该公司交款不守信用，业经解约，现被租与烟台裕民水产公司使用，以保证人未曾盖印，尚未呈府备案。（2）河北三号以学员尽量实习，残破过甚，修理需款浩繁,于卅六年四月与天津新太平洋渔业公司订约,由其修理,无代价使用二年(呈府备案)。现以太平洋亏累甚巨,正办理解约中。(3)河北五号、河北六号以机器缺欠过多,船身太小,无人承租,现仍存放西大沽海滩益民水产公司内(原系东海渔业改组)。(4)长风一号本系无主木质驳船,接收后停于塘沽实习场河岸旁,以年久失修,沉没一半,可设法打捞,惟限于经费,尚未实行。(5)长风二号、三号、五号均系正式木质渔船,以船身太小,我国渔人不善使用,现仍存放西大沽益民水产公司海滩中。(6)长风六号系河北一号上之舢舨,现存放于塘沽实习场中。

三、渔具有日本大谋网半付,华人不善使用,现仍存于塘沽实习场中,外有日式流网,亦残破不全,仍存塘沽实习场。

四、联总所拟分配渔业物资,虽曾经职校一再向农、教两部及联总申请呼吁,并派人在京接洽,但迄未得丝毫物资之配拨。本年业生实习研究,因人数甚多,亦系临时在青岛,商同渔管分处,随轮出海实习性质。

五、冀鲁海洋渔业督导处今春于天津行联总结束时曾领得一批渔网渔具,已呈请农林部,至今尚未分配。

以上各情事实具在,众目昭然,讵容讳饰,有案可稽。王参议员质询之处当系空穴来风,误传误解,尚请转函临参会,释其疑念,不胜感盼之至。谨复。祗颂钧安。

职 张〇〇 谨肃

(写于1948年7月26日)

张元第为检送本校印模呈天津市政府人事处

案准

贵处人字第 1924 号公函嘱检送历届毕业盖用之校印、校长钤章等件,俾作办理各种考试审查学历证件之印证等由。准此。经查本校事变前所用关防早经截角注销,卷帙无存,难于查考,兹谨检送本校复校后关防及盖用毕业证明书上之校长名戳印模各一份,函复查照参证。

此致天津市政府人事处

附印模二份:本校复校后关防之印模、本校复校后盖用毕业证明书上之校长名戳印模

校长张元第
中华民国三十七年八月十一日

(写于 1948 年 8 月 11 日)

张元第请协助准在本市三区内指定配粮店供给食粮

事由 为请协助准在本市三区内指定配粮店供给食粮由

案查本校前蒙贵局配售次粉四十九袋维持至今已将用罄，外县采购缓不济急，只有仍恳请协助准在本市第三区内指定配粮店一所每日供给食粮三百斤，以延伙食。即希查照见复为荷。
此致天津社会局

校长 张元第
中华民国三十七年十月二十一日

（写于1948年10月21日）

附：呈张元第文

于秉新等为新港冷库事呈张元第报告

启者，弟等二人于本日上午八时一刻搭车，九时抵塘，即赴新港冷库，先略将校址视察一周，并细检冷库机器，至办公室见门窗玻璃多有破碎，室门亦不能锁，当即饬工人扫净，搬来办公桌一张，即将带来公函登簿送出，又至酒馆与该两号负责人接头。当日购买烧饼果子充饥，当晚拟即宿于冷库楼上，明日拟饬工人修补围绕刺丝，并拟叫木匠修理门窗，以便院内室内之禁严，并拟作较大木牌在校址角落及路口树立。一面联络电话局安装电话，并华北电业接电灯，一面拟即先赴双港警察所联络。总之，初到此荒凉地方，一切均属创办，加以弟等疏学疏浅，益感茫然，只有努力向前，尚望诸公在后督促，前途定可乐观。惟一切修补在在需要，购买用费恐有不敷，□尽力节俭，详情容回津再报。兹因朱经理之便，草函奉告，海风大起，办公室内纸笔飞扬，余不赘。即祝公祉不备。

弟 于秉新、霍莲池 顿首
四月十一日

（写于1946年4月11日）

于秉新等为校务等事呈张元第报告

谨将近日以来职等工作情形报告如次。

甲、已办事项。

一、秋山组大木桶十三个已运到,因路上风大,舢板倾覆,致将大桶散破两只,此项大桶据调查原为十五只,现有十三只。据看管人商姓声称,于某夜大风被人盗去两只,已向当地警察所报告,不知此事究应如何呈报(请问闽生兄知否)。又该商姓请求给予看管费(据称日人欠伊房租及食粮等费若干,现无法要求赔偿,拟请接收此桶之人出资作抵),究应如何办法,亦请示知。

二、前已搬完之山岗铁厂尚欠电力费共计法币五千四百零六元,此款电力公司(可开收条)已向山岗房东王姓索要,王姓又转向接收人索要,此款既为数不多,为免去麻烦计,拟可由营业所付给,究应如何办理,请示知。

三、打铁炉已安置妥当,并已打出门闩三付,将来熟铁活均可自做,杨、姜两人手艺尚属不错。

四、小变压器已连接完毕,由 6600v 变 220v。洋井打水机已开始运转水塔上水,惟各水管多已冻裂,水门亦多锈破漏水,拟购换之水门已另开详单,请即购办,交便人带来为盼(另有应购添物品亦列上)。

五、现正着工拆卸瓦斯发生大炉三个,拟搬出室外后安装天轴稳镞床等工作。

六、帮同卖鱼及调查柴油等工作,详情由家瑞兄口述。

乙、拟办事项

一、关于大变压器是否妥善,拟请李泽□先生来厂检视一番,并将缺少之零件及□□表、配电盘、线路等一起办妥,已约定于十七日来厂。又大变压器下船时水手不知小心,将隔电磁嘴撞坏五只,样子已交志伟弟带去天津配购。

二、关于定做桌椅,事前与木匠所说每套两万五千联钞,校中出材料,由木厂加配桌面,但迄未完毕。样子亦未带来,现于昨日又与接谈,据云工价每日增至法币二千五六至三千元,如欲再作,须法币八千至一万元之谱。务望速将桌椅样子带来为盼,以便定准。又厂中破木房除作鱼箱,将木板拆去外,所有木条方料等多被船上水手取去(两次取去约有数千斤之多,所存无几)。

(中缺)

八、如煤油价钱相宜,请购一小桶以备洗刷铁工厂床子及各项机件之用。

以上报告各节,谨呈校长核阅。

职霍莲池、于秉新

(写于1946年5月15日)

于秉新等为报告购油等事呈张元第文

查渔轮用油问题,经职等持函前往塘沽亚细亚煤油行直接洽购,据该该行华账房刘主任(少棠)面告,此项柴油迄未到货,函留转津,等经理一俟货到,当即通知,再为进行。复查该公司经理处系在天津中正路(旧中街)汇丰银行楼上,即货到亦需由经理处办理,塘沽不过系一厂栈性质,只管收发货物,对于营业方面则无其责,故欲商购即祈在津径与该行经理处直接办理似较妥便。美孚油栈移于新河,其经理处亦在天津。合并陈报,即希查知,着为办理呈盼。

塘沽今夜风雨交加,其势汹涌,沿河新置之校门及校牌皆被吹毁,房后拟留用之木屋亦被吹倒,凌乱不堪,实有碍观瞻。其次沿路之电线杆亦多有被吹倒者。午后雨止天晴,电灯话局工人则大行忙碌,从事鉴定工作,加上老美之协助,仅一下午即完成矣。而我校之整理则又将需款矣。塘沽鲶鱼已上市,每斤零售法币壹仟元,价钱实在可观,概亦因数量太少耳。吾校流网颇多,能否乘时利用,藉获小利而补所费,恳祈从速设法为盼。

  谨上校长张

职 霍莲池、于秉新上
五月十七日

（写于 1946 年 5 月 17 日）

于秉新等为报告修理桌椅等事呈张元第文

敬签呈者,查关于校用桌椅,饬由塘包做五十套,遵即招集塘大沽各木行商洽结果,由和记木号包妥,每套法币六千八百元(伪三四〇〇〇元),桌面用材、钉子、胶及油均由承包者自备,油系用西洋瓦尼斯。于本日业已来工做活,概于十日之内当可完工,对于款项,按三期付清,计开工付三分之一,中间付三分之一,余俟完工清算。此亦因近来物价飞涨所迫,恨不得早使工资而免受物价变动之损失。关于校用房舍(旧敌军用房)原由太平洋酒馆占用一所,刻以生意不佳,完全迁出。昨日前来交房,当即将门窗等坚密关闭,除屋内用具等据称系伊由新港借来交还外,其次窗门玻璃大体尚称完整。冀北电力公司塘沽分所李主任泽棠昨日来厂检查,关于压缩机用电等各问题,据谈来电系高压,危险性实大,必需妥为安装而后始能应用。伊计划将变压器均安于机关室后之小屋内(旧浴室),用凯布路线连于一〇〇马力之电滚上,以排管之限制,除此再无较好之办法,如此仅需二〇公尺之凯布路线而已。其次除配电盘及电表外,关于变压器用油尚属不足,且此油据检查亦不适用,纯系植物油,故油似亦成一问题。此种用油,美孚油行据调查有货,价钱不高,该行经理处在天津,就近洽购似较便当,用量约六百斤之数。合并签报,敬祈鉴核办理。

  谨呈校长张

职 霍莲池、于秉新谨呈
五月二十五日

(写于1946年5月25日)

李家瑞等为报告旧机器等事项呈张元第文

敬签请者,兹有数事谨分条签请鉴核。

一、新丰旅馆保存河北省府接收之船用旧机器一付,奉令搬至校内借用,遵即到塘大警察局连络,由该局派巡官曹锦贵会同于本月二十八日晨前往,先着本校工匠拆卸,雇短工及马车运来本校,暂置于冷藏机器房内,直至晚十时始搬运竣事。细检机内之三缸涨圈完全没有,且零件亦缺少很多,概当初亦系卸下修理者(并非新品),当时以警察局要求,给该局及陈文甫各去一证明函件,述运来机器情形,并给新丰旅馆收条一纸。

二、敌国民小学校舍经职等于二十七日上午前往经租处,接洽张世经主任,去津无人负责,于二十八日又去该校视察地势,约二三十亩,有红砖围墙,内有砖瓦房四十余间,整齐可观,体育场面积广大,原有之篮球架等设备俱全,校方索出足敷应用,且暂时亦不需浩大修费即成一良好之学校建筑。刻河北省宁河小学校占用一部份,闻亦系最近一月内迁入,据经租处人谈称,张主任世经总在天津,留塘时间很少,伊既在津,请即就津着人前往接洽商索,职等在塘亦时连络,以期早为索出而便整用。

三、冷藏库当此季节株守不动,良感可惜,且是种事业以地方需要情形论之,似刻不容缓。我校既有冷冻设备,可否乘时利用?经估试车开业,修理添置约需三百余万元,该项如由校方支垫固不无困难,然由商家商货则为数寥寥,似不成何大数目。兹草拟计划一纸,附呈核夺,如认可办,祈早示遵。

四、现在所请未准之敌军营房,内部设备破烂不堪,酒馆已向后勤部营产组退租,昨该组组员邢士清与职等晤面,并托代为照料该房(邢住三井离此很远),可否将其屋中木料拆下,备做校用饭桌、书架及床铺等?如可办即拟在塘找木铺包拆包做。以上各节是否有当,即恳示遵。

五、二十八日接得钧电,嘱令付起兴流网二十块,遵于该日下午六时由起兴来舢板装去流网二十块(带玻璃浮子)、桐木长浮子五十条,理合签请鉴核查知。

  谨呈校长张
  附计划单一纸

         职 李家瑞、霍莲池、于秉新谨呈
         五月三十日

(写于1946年5月30日)

王贻观等为汇报停泊青岛渤海渔轮等事致张元第函

嵩冠校长夫子钧鉴：

　　津门叩违教范忽已数日，念系之情无时或释。生于三日晨搭轮，当日下午抵塘沽，因装载煤斤停泊一日，四日下午六时始启□离塘。六日正午安抵青市，路中一切和顺，请纾远念。到青后晤王式钦同学，下午即雇船会同式钦赴青岛小港视察渤海渔轮。该轮停泊于小港西北岸侧，船主姜学山、大车王光坤等六名均系三十三年经敌海军派差时登船服务。惟生等抵港视察时姜学山（现开成新利轮去沪，王光坤搭昌利顺轮去津）等均未在，其余水手等亦未在，仅召伊等眷属六家约十人（女人小孩）分住船上看守。因彼等系威海、烟台等地人，现均有家归不得，且青市房屋奇缺，不得不寄宿船上。据敬之云，前数日伊曾与船主姜学山、大车王光坤见面，彼辈均谓关于渤海轮自仍应负责，勿念，现时伊等之开船驶津沪载货运输者，殆亦系生活所迫耳。据前船主等云，彼辈薪金自三十三年登船后未曾发给过，咸期清算以资维持，云云。生等视察该船时，当即虚与委蛇,嘱其眷属转告,今后作业航海可使彼等在船服务,欠薪一节容将来想妥善办法解决,以安其心,同时告知船主返青时前来一晤,俾便详询。现在该轮船底后部龙骨附近木板被虫侵蚀腐朽,每日浸水,须抽水两次,其前部底板较好,惟亦有腐蚀,目前如期开行须先修理船底,并补捻上部,否则恐出危险(船底腐蚀不禁机器振动也)。且时值夏令,小港水质不佳,船虫正多,倘不修缮,经此炎暑,恐益腐蚀不堪矣。至于甲板上部及船舷亦多待修理,惟机器尚佳耳。救急之计似应先行入坞修理,闻价正昂,据敬之云,□民四月到青时,曾嘱人估修,伊时需费四千万元,云盖因当地料少工缺,而估价复有虚冒,以生臆计,最少恐亦需修缮费千万元以上,日内拟找渔船修造厂(水产组附设工厂)估计再行奉报。此船现无人管理,市府亦不过问,其他方面亦如之,因是生等拟斟酌情形,或暂不必向市府交涉,恐成画蛇添足,反为不妙,拟再询之他人,再行决定耳。

敬之兄对师厚意甚为感谢,亦极期追随左右,努力事学,惟伊于生到青前,经钮□云先生(任善后救济总署青岛储运局局长)介绍,有去上海招商局商轮服务之机,伊意该事甫成,即行更辙,似有未便,将来有机自当随时报效也。是则青市必须派一人来筹划管理,倘生等离去,渔轮恐无人照管,敬之意,伊虽离青,拟介绍一同学前来顶替(能否成功不敢说)云,于秉新同学可否调派是方(因是间房屋甚难,找住处成问题),如何之处,祈卓裁。是年青岛春季出渔渔轮十对,成绩甚佳,每次可获鱼千箱以上,颇赚□。水产组曾购渔船修造厂一(七千万元),惟尚未开工。青岛接□渔轮甚多(处理局,海关,海军),破损者亦甚多也。毕秀□、温伯林等均在青,敬之曾嘱及绳武在烟闻被斗争二次,详请不悉。青岛渔业大可为,水产组正被改组,惟各方情形甚复杂耳。津中各校校舍解决否?念念。专此敬请道安。

生 王贻观 谨上

六、六日晚

阖第安告。王式钦同学附笔叩安。紫宸师及一白、真如等学兄请致意。

渤海一号渔轮人员概况

原职别	姓名	登轮年月	现在情形	船上住眷属人数	备考
船主	姜学山	33.6.6	成新利船主		不宿船上
大车	王光坤	33.11.23	昌利顺大车	2人	眷属中包括其本人。以下同。
头子	毕全礼	33.9.6		2人	
二车	李文岚	31.9.4		5人	
水手	姜炳生	32.9.26		2人	
水手(伙夫)	于成会	33.8.7			已离开本船
寄宿	姜树烟	35.		1人	系姜炳生之侄借宿
	王绪坤	35.		4人	系王光坤之弟眷借宿。王绪坤不在船上。

以上渔轮停泊青岛小港西北岸侧,船上簿册等均在姜学山手。

(写于1946年6月6日)

按:王贻观,博士,著名水产资源学家,留日学者,上海水产学院教授。

于秉新等为报告营业所内拟办事项呈张元第文

敬签呈者,兹将营业所内拟办事项条列于后。

一、河北一、二号卸下之渔箱多数破坏不堪,如此搁置其损失恐愈形加大,是否应找木工将其破坏之一部加以修整,而后保存之。

二、库内所存之汽车除车胎扫数被窃外,其余零件损失亦称浩大,如再不修理将来恐成废物,似甚可惜。兹经春茂汽车行估计,刻下修理约需法币二百万元,六只车胎在外,估价单另呈。是款校方筹之不无困难,是否可与汽车行合作,车由该行修理完整,先归该行经营若干时间,期满后整个再归校方。此办法固有问题,然在保持公物论之似无不可。恳祈据□□□。

三、冷藏库之房舍经年失修,□瓦损坏颇多,每雨必漏,其内部墙壁被美军所枪刺,坏处甚多,不但有碍外观,亦甚危险。□□大□,暂作小修理,以□应用而免损失之扩大。

以上三点理合签祈,鉴核祗遵。

谨呈校长张

职 于秉新、李家瑞

六月二十四日

(写于1946年6月24日)

于秉新等为校务等事呈张元第报告

一、奉谕饬调查塘沽中心小学旧址所住队伍番号事,以便进行交涉索用。遵即前往询查,该址现住系九四军一二一师后方勤务总司令部第一四一分站,该总司令部概在天津,祈即饬径往交涉索回应用是荷。

二、修理冷库房屋事。遍寻建筑作坊,结果估价皆涨出限价过高,致有延误。第以塘大地面小而生活程度高,欲求便宜实在够难,兹找到丁、宋二位泥水匠,经验颇丰,做事老练,经该二位估计所需仅在四十万元以内,价尚相宜,刻正在调查所需材料价格,是否由伊等包办或仅包工,现正磋商中,如有成,自应鉴核示遵。

三、稻草绳事经终日之奔询,无有结果,仅玉兴出价每斤二十元之谱,以价太小亦未续谈。

四、关于变压器用油,职带来塘之样,亲送至李主任泽棠处,经伊检验,据告如无水分尚可能用。是否可照样买一桶,随河北号渔轮捎来塘沽,以便应用?但买时祈注意27500V,藉保安全。

五、函资源委员会冀北电力公司选购之电力材料,除石材配电盘面告不能办理外,其次均允转请津总公司,俟有结果必有复函,该时再为奉告。

六、塘沽雨水颇繁,恰如初来时之风,概括言之可以说隔时不隔天,致地面几成泽国,尤其道路泥泞几难举步,对于工作影响匪浅。

七、塘沽商会新会长业已选出,闻系李华亭君,即玉兴经理李凤桐之大爷,为人如何,未曾接头不得知详。

八、新港捕鱼事,闻系督导处与新港直接办理,而由各渔户径行出渔,由督导处监督之。昨据玉兴谈,有渤海渔业公司所办者,与督导处办者无异,不过渔船三十只,此事是否有冲突?抑与督导处无关系。然既允督导处办理,复允渤海办理,似亦不像事矣。因恐有问题,藉此奉闻,合上奉报,恳祈查知。

谨呈校长张

职 于秉新、王林寿

八月六日

(写于1946年8月6日)

于秉新等为修理冷藏库房事呈张元第文

敬签呈者,查本校冷藏库房经年失修,砖瓦破坏,不仅漏雨且有危险,拟招工修理以保公产。前曾呈准招商包修,因包商估价过高,与限价不符,致有延误。兹有瓦工宋仕宽、丁复德二人,经识熟练,所估尚称可办。理合连同估价单一纸附呈,鉴核祗遵。

谨呈校长张

附估价单一纸

职等于秉新、王林寿

八月七日

(写于1946年8月7日)

于秉新等为冷藏库与塘沽鱼市场事呈张元第报告(第五号)

一、本校冷藏库除变压器、避雷器尚未修理及安装外，余均修妥。但用两个变压器所变之电亦可开车（两个变压器计100K.V.A、马达为100HP，毫无余力），但氨气压力增大时恐电力发生危险，再者遇雷雨天气时无避雷器时恐变压器连电，而有焚毁之可能。经数次与乙方商洽，总是延宕不办，技工仍未雇用，学生实习恐成问题，至今开工准备毫无，实不详其用意何在。

二、塘沽渔市场自本月六日开始营业，青岛所来之渔轮仍驶津销售。合上奉报，敬祈鉴核。

谨呈校长张

(写于1946年)

会计员葛呈报张元第关于冀鲁区海洋渔业督导处会计室成立事

事由 据呈报成立日期令准备查由
农林部会计处指令 亥三字 108 号
民国卅六年二月五日发
令冀鲁区海洋渔业督导处会计室三十六年一月二十日鲁字第一号呈件 为呈报本室成立日期由呈悉。准予备查此令。

会计长 ○○○

鲁计字第四号
为呈报本室尊令于一月二十日正式成立□鉴核备查由
案奉
农林部会计处三十五年七月二日戊字第 450 号训令内开："查本部云云此令"。等因。附发派令一件,奉此遵即由四川峨边县起程,不料交通困阻,于十二月十日抵京报到并实习办理接收手续,旋即由沪北上。复受交通不便困滞沪市,至一月廿日抵津到职。遵即依法将会计室正式成立,接办卅五年度未了工作,除分呈外,谨呈钧座鉴核备查。

谨呈主任 张

会计员 葛○○

(写于1947年2月)

王汝南为河北水专实习场事呈张元第报告

一、奉谕饬将本校冷藏库自三月一日起改名为河北省立水产专科学校实习场,已于该日起遵照实行。但大门木牌因工料关系尚未更改,拟日内购到铝油即找木工将原名刨去更改可也。

二、奉谕饬清查本场库存之残余物资事,已遵照查毕,共计十六件,另单附奉。

三、关于冷藏库之运用,奉谕后即积极接洽玉兴鱼行,据初次接洽该行经理,甚为有意投资合营,伊称待与该行同业公会商议结果如何,再行讨论。本月四日、六日两次前往接洽,经理因病未到柜,未能进行。七日电询经理病势如何,据称现已转愈,不日即可到柜。拟明后日再赴该行接洽,结果如何,再行呈报。

四、冷藏库发动力之安装已商洽和兴电料行先行估价,日内来场看活估价若干,再行呈阅。

五、寰海冀鲁渔业公司联营处所借之渔具十一种,尚未取去,河北一、二号亦不知到塘否。合上奉报,敬祈鉴核。

  谨呈校长张

职 王汝南 呈
三月八日

(写于1947年3月8日)

北塘泰发鱼店杨郁堂为报告存渔盐量呈河北省水产学校校长文

事由　呈为报告存渔盐估计概量由

呈为呈报事。窃民北塘泰发鱼店由民国三十四年四月有伪华北水产统制协会强租民店货厂存放鱼盐，除伊腌鱼之需外，约计尚存九十吨之概量，散波成堆，此是听闻数目。至同年七月间有共军"侵入"北塘，而伪华北水产看盐雇员不别而逃，亦未移交过秤准量，彼时北塘庄内状况业已惊恐万状，民避"共匪"，逃难津门。八月我国战胜，日寇投降后，民将此项存盐首先呈报贵校长接收查封在案。至同年十月，驻防塘沽盐警队开北塘，查考此项鱼盐，先遣护路军亦同时开来北塘，将"共产军"逐走，帖占民房货厂驻防，约有五个月之久，倒替换防数次，有无吃用该项鱼盐，不得而知。查此项鱼盐迄今约存两年之久，风日消耗，雨水浇渗，难免无不消耗，除此之外，看堆估量尚有概量八十一二吨之数目，为此据实呈报，并恳转请省府长官速为处理而勉悬虚。是为公宜。

谨呈河北省水产专科学校张校长

北塘泰发鱼店 杨郁堂 呈

(写于1947年3月。据《河北省渔业志》载,杨郁堂为北塘口著名渔户,经营渔业四十多年,兼自办渔铺数号,每年营业额五十多万元)

王汝南为河北水专实习场
诸事呈张元第报告

一、废铁及半制品汽缸头已售出,共计两吨,每吨八十万元,合国币一百六十万元整。机座等已售与北方铁工场,每吨七十二万元整,已交完洋一百万元,尚未起货,款均存场,俟赴津时送校。

二、河北三号所借物品除九分白棕绳二条、黑油棕绳二条、油嘴子一个、油磅一个、灯气包一个、红绿灯一个、马心油盒一个外,均如数收回,因该船现停于天津,未收回物品可否由校方直接收回?德荣号未收回物品计黑油棕绳一条、红绦灯一个、鱼钩六个,余均如数收回矣。

三、本场库存流网已全部晒竣,均移至一号仓库(楼上)。

四、本场门口码头于本月二十七日新港工程局派工拆除一部,谓系修理,关于产权恐更发生问题矣。

五、校址空地现有红旗标识,且新港运来红砖数量甚巨,似有兴工建物情势。

六、实习场空地与实习场原为一事,且为数无几,塘大警察局系负治安行政之机构,地政问题仍属宁河县府,请该局代为证明恐不可能也,若校址空地确为官荒,但证明甚不易得之。合上奉报,敬请鉴核。

谨呈校长张

职 王汝南

七月三十日

(写于1947年7月30日)

王汝南为钢丝缆事呈张元第报告

奉谕饬将库存四分钢丝缆付与安海公司二盘。查本校之钢丝缆大小共七盘。整盘者只有三盘,余均不够长,故将不够长之四小盘付与该公司李监西君,计重三百二十二斤半(市斤),尚不足两整盘(一整盘为二百八十余斤),整盘者除寰海冀鲁联营处借用二盘外,尚存一盘。特此报告。

谨呈校长张

职 王汝南 呈
十月二十六日

(写于1947年10月26日)

第四辑 信函

张元第电请河北省教育厅函知津海关拨给本校购置机器免税由

河北省教育厅厅长张钧鉴：职校为制造科学生实习制造工作，在日本大阪东洋制罐株式会社，定购罐诘二号足踏盖付机一架，二百五十元；换型二组，一百五十六元；硝子瓶三十箱，约一百元，统计价格日金五百零六元。以上各种器械，现接该会社函报，正在起运来华，驶入津海关卸货，理合电请钧厅就近函请津海关监督，按照教育用品免税成例，发给免税执照，或电请财政部颁发教育用品免税单照之处，伏乞迅予核转并候训示。

河北省立水产专科学校校长张元第叩 冬印

（见 1933 年 11 月《水产学报》第一期《本校重要公牍》）

张元第致天津市商会函

天津市商会 夕字第1720号 中华民国卅一年九月十八日下午四时到

来文机构：市立第三中学

摘　　由：函达校长视事日期由

决定办法：会长刘静山、常务董事焦士卿、屈秀章、邸玉堂、孙如冰
　　　　　函贺

径启者案奉

　　天津特别市公署任用令建亚字教第八号内开"兹任用张元第为市立第三中学校校长此令"等因，旋复奉令饬即前往新学中学接收，会同原任校长暨监交员郑镜沧会呈具报查核，等因各在案。元第遵于八月三十一日先行到校视事办理接收事宜，并于九月三日举行开学典礼，七日正式上课，除呈报并分函外，相应函达即希查照为荷。此致天津特别市商会

天津特别市市立第三中学校 启
九月十六日

信封上文字：
本市北马路天津特别商会 公启
天津法租界海大道天津特别市市立第三中学校缄
　　电话 三一三九〇
　　　张元第（签名）

　　（写于1942年9月16日，天津市商会1942年9月18日收到）

天津市商会函贺张元第就任市立第三中学校长

天津市商会函 中华民国卅一年九月二十二日 发文夕字第1076号
送达机关：张校长元第
事　　由：为函贺就任市立第三中学校长由

　　元第校长先生大鉴：敬启者接诵善函，藉悉荣任校长，主持教务。喜风普被，菁莪造多士之才，化雨同沾，桃李竞满门之誉。因材施教，百年树人，引詹榘范，欣颂式符，专肃喜笺，致贺任禧，并颂道绥。诸维朗照不宣。

天津市商会 启
九月□日

（写于1942年9月22日）

贺翊新致函张元第

元第吾兄台鉴：

天津体育场业经教育部指示，借作国立四术体育师范专科学校为校址，并派庞恩荣兄为复校筹备处主任。现急须接收，筹备开学，正与后勤部第五补给区交涉归还场址，从事修理。特介绍恩荣兄前往谒谈，即希惠予洽见，并赐协助为荷！专此即颂大安。

弟贺〇〇

（写于1946年2月22日，写信人为河北省教育厅厅长贺翊新）

按：贺翊新(1897—1994)，字仲弼，北京大学毕业，曾任国民党直隶省党务指导委员会委员、南京国民政府河北省教育厅长、国民党河北省参议会议长。后去台湾，担任台北市立建国高级中学校长。国民党原主席马英九1965年考入建国中学，他回忆："犹记新生训练时,当时老北大出身的贺翊新校长,是个谈吐风趣但非常注重细节的学者,有点现在最热门的电影《哈利波特》中霍格华兹校长邓不利多的味道,他那时穿着一件过长的老旧西装对我们讲话,年轻的学子们则怀着哈利初到霍格华兹魔法学校一般的兴奋心情听讲。我记得贺校长要求我们的一个重点就是服仪要整齐,规定左边裤口袋放手帕,右边口袋放钱,没有人质疑为何不是右边放手帕,左边放钱,我们顺从地照做。直到现在,我还是左口袋放手帕,但钱就放在皮夹中了。而今想来,当时的贺校长大概对我们施了注意细节的'魔法',让我们未来人生可以有礼有度,不失大体。"

谢书田给张元第函

元第主任吾兄勋鉴：

  贵处三十五年六月十五日筹字第一四一号呈府文，内有"本处所存黑油业运五十八桶至塘沽本校，以备随时混入柴油使用，前经呈报鉴核在案"一语。请将呈报时发文日期及字号查明见复，以便签办为荷。敬颂勋绥。

弟 谢书田 拜启
六月二十一日

（写于 1946 年 6 月 21 日）

张元第电贺市长杜建时副市长张子奇履新

市长、副市长勋鉴：

顷准钧函，敬悉荣膺简命，升任为天津市长、副市长，倾闻之下，无任雀跃，查津市绾毂南北、华洋杂处，非深识时务、应变有方者，不能胜任愉快。两公身兼文武，早裕经世之谋，念切闾阎益深，安民之策行见，外交弥臻友好，内政倍进安全，定如下颂。元第忝主冀鲁渔政，建树毫无，尚祈关于渔业进行事宜，逾格维护，俾资发展，而匡不逮，是所至祷。耑此奉贺，敬颂公绥。诸惟勋鉴不备。

农林部冀鲁区海洋渔业督导处主任张元第　鞠躬
十一月五日

（发于1946年11月5日）

按:杜建时(1906—1989),字际平。河北省武清县杨村(今属天津)人,南京国民政府时期任陆军中将。1945年任天津市副市长,1946年任天津市市长。1949年1月14日,天津战役攻城战斗打响后,向人民解放军自首。1961年获中央人民政府特赦。1962年任全国政协文史资料委员会专员。1983年任全国政协委员和中国国民党革命委员会中央委员,并担任全国政协文史资料委员会副主任。

杨郁堂致张元第函

冀鲁海洋渔业督导处张校长台启：

省府证明，北塘贫苦渔民既承省府体恤，吾代表渔民在诸位长官座前请求照省府一视体恤，沦陷百姓则感谢无涯矣。等等。约来董主任道约请产销科会谈后再定。奈董底下各员，他们上董说，此盐准按私盐□□，杨先生所求无办法。最后承董主任善言云，杨先生先回北塘听信，并饬郭区长必有达付等云。为此报告，此事谅无决定办法。专此即请台安。

杨郁堂 启

十一、十四

（据考写于1946年11月14日）

北塘镇公所致天津水产学校函

事由 为声明现被情势所迫不得不将省府封存粗料精盐即行变价以资救急而维地方至应拨之款俟变价后当如数照拨无误由

敬启者，查敝镇于本月五日夜突遭奸匪袭扰，地方自卫虽竭力抵御，终以力量单薄，布置难周，遂使奸匪得以蹈隙而入。除将敝所与电话局焚毁外，市面商号均被抢掠一空。肇事之后，敝与地方各界人士所组织之临时维持会协商维持办法，咸以北塘镇居塘沽之后，据北宁线之侧面，北塘保全则塘沽即无后顾之忧，而北宁线亦不致两侧俱遭威胁，庶几可免切断之虞。为地方免遭糜乱计，为保护交通计，自当尽力支持以冀保全。只因国军在此四处扫荡之际，不能抽调来此增防，不得不仍赖此力量虽属单薄，而实力尚未损失之自卫日夜加紧防卫，以支持现状。唯以敝镇人民专赖鱼产为生，而本年鱼产实属欠佳，入冬之后多有不能维持生计者，今又当此地方损失奇重，市面近期难望恢复，而人心惶惑，极度恐慌，筹款维持,实感困难万状。倘无法以维持地方自卫,即无以保全北塘,其影响所及,将有不堪设想者。日夜相舆筹商,苦无救急办法。迫不得已,乃经公决,将敝镇泰发鱼店所存省府封存之敌寇粗料精盐,已经省府许可配发渔民应用者,即日变价,以作维持用费。先被情势所迫,出此万不得已之举,业经备文,径向关系各方面声明,至应拨付贵校之价款,俟将该盐变价后定当按照原定之额如数照拨不误。事属地方救急措施,想贵校长救灾恤难,义气深重,当蒙予以礼谅也。兹谨肃函,声明缘由,希请查照为荷。

此致天津水产学校校长张

宁河县第六区北塘镇长刘唯尧 谨启

(据考写于1946年)

青岛振瑛致张元第函

元第吾兄台鉴：

敬启者，前呈芜函等情，计应早达台案光照矣。河北三号今有递价"奏货"四件，故拍上电云：转张元第河北三号出口四件，卖否，复海。等况。片刻即投转知会意耳，卖否莫妙，早电指知，以便有底。该轮前雇看工一再辞工，经敝说合看赏，当必随物价调整，刻下尚未规定。迩时当必看情照开矣。该轮锚缆据云非添不可，弟看种种情形，不如早日卖掉，省却一麻烦。再则船上户口查验特繁，每次统由弟前往办理手续耳。专此布达，重颂公安。

敝 海丰行
弟 振瑛

（据考写于 1946 年底至 1947 年初）

刘瑶章致张元第函

元第吾兄勋鉴：

本省师范专科学校奉令结束，各级学生除由国立北平师范学院考试收容外，其余各生拟由厅分发省立各院校收容，暂作旁听生。本年暑前参加所在院校学期考试，成绩……（后缺）

弟 刘瑶章 敬启
二、四

（据考写于1947年2月4日）

按：刘瑶章（1897—1993），河北安新人。1922年毕业于北京大学哲学系。曾任北京《益世报》编辑、天津《益世报》总编辑、南京中央通讯社编辑主任、国民参政会参政员、国民党中央执行委员、国民党河北省党部主任委员、河北省参议会议长。1948年6月22日至1949年2月4日任北平市市长。

刘瑶章致张元第函

元第吾兄大鉴：

中央为纪念故国府委员王法勤先生，特令在平创办法勤中学，弟任校长，惟以经费困难，设备尚甚简陋，可否烦兄搜集一部分水产动植物标本？如蒙惠允，赐复为感，嵩此奉恳，顺颂时祺。

弟 刘瑶章 敬启
1947年2月4日

(写于1947年2月4日)

按：私立法勤中学是为纪念已逝国民党中央常委王法勤而开办的学校。董事长是国民党中央常委张继，刘瑶章时任校长。校址在西四粉子胡同二号，为抗战前的成城中学旧址。

张元第复刘瑶章函

瑶章议长仁兄勋鉴：

　　大函奉悉。承嘱搜集水产标本一节，拟俟敝校渔轮出海实习时当代搜集，惟鱼类标本须备玻璃瓶装置，以便保存。尚希贵校先行自备，俾易准时办理也。统希谅察为荷。并颂春祉。

　　　　　　　　　　　　　　　　　　　　弟 张○○ 启
　　　　　　　　　　　　　　　　　　　　1947年2月12日

(写于1947年2月12日)

刘瑶章为请搜集标本事致张元第函

元第吾兄惠鉴：

接奉二月十二日手书，承允搜集海产标本，至感。所需玻璃瓶当自置备，请先惠示尺寸大小为感。耑此敬颂春祺。

弟 刘瑶章 敬启
1947 年 2 月

（写于 1947 年 2 月）

张元第复刘瑶章函

瑶章仁兄议长勋鉴:

　　接奉惠书,祗悉。海产物形状不一,致标本瓶尺寸互异,拟俟本年四五月间敝校学生出海实习时采集之,品类分判后,当再函商检寄瓶装可也。耑复并颂勋绥。

弟 张○○ 敬启
1947 年 3 月 8 日

(写于 1947 年 3 月 8 日)

张元第复贺厂长函

厂长钧鉴：

辱示祇悉。本校二年级生在本年暑期即行毕业，似未变参加旁听生额，望一年级渔捞、制造两科生额各四十名早经呈部备案，且无余额，至应如何办理，尚祈钧裁示复为荷。此颂勋绥，并敬春釐。

张○○ 拜启

1947 年 2 月 12 日

（写于 1947 年 2 月 12 日）

贺翊新致张元第函

嵩冠校长吾兄大鉴：

给本省各地夏令营员生、保安团队及永年被困军民食用。顷准财政部代电及长芦盐务管理局函，以水产公司接收之敌伪盐斤，准予分配食用，并须缴税款 19,012,000 元。惟此项盐斤品质如何，究系食盐，抑系渔盐，分配食用是否相宜，现在有无损失，即希我兄就近迅即查明见复，俾便处理为荷。专此顺颂近祺。

弟 贺翊新 启
4 月 2 日

（据考写于 1947 年 4 月 2 日）

张元第关于盐包拍卖事给教育厅长贺翊新函

厅长钧鉴：

  接奉谕示，敬稔勋履，泰和为祝。接收敌盐一九七吨，分存五处，现经派员调查，并函询各处存盐实况，均以该项渔盐数量只据当时日本水产统制协会及存户所报告，未能逐项清查即在原地封存，仍委该存户妥为保管。时经一年半之久，虽封存依然而风雨侵蚀，损失在所难免。盐之品质因系洗涤盐，较普通食盐为佳，日人前已完纳税款，为利于解决计，税款自可重行缴纳。惟各分配省属各机关食用则恐公文周转，往返需时，运输繁难，消耗尤大，拟请仍由本省面陈意见，另派专员就地拍卖，所得价款除纳税外，并请提出四分之一补助职校，购置仪器家俱，以利校务。是否可行，伏乞钧裁，无任企祷。耑此敬请钧安。

  附呈存盐户来函二件

职 张○○ 敬上
四、十五

（据考写于 1947 年 4 月 15 日）

张元第与殷祖英来往函

元第校长吾兄勋鉴：

接收处理敌盐一百九十六吨，价款五千三百万元一案，前经由府令准留用在案。兹奉交下长芦盐务管理局函嘱转知贵校将上项价款如数拨交该局，并称已径函贵校查照办理。等因。究竟吾兄如何办理，如何函复，请迅速示知，以便函复。专此顺颂时绥。

弟 殷祖英 拜启
四月十六日

私函复殷厂长

此事之起因系刘唯尧欲动用该项盐斤，筹作自卫团款惹起纠纷。

一、渔盐共计一百九十六吨，九十吨在北塘，由刘镇长唯尧所办自卫团留用，盐款径交盐务局，本校未经处理。

二、学校所收一〇六吨盐价，五千三百万，不□因奉省令准予留用,已添设备用去,盐管局既索此款,只好缓时分期付缴。

三、请府方函复该局,可用此种措辞应付,同时亦可令饬学校遵办,学校即可遵令函复该局。

厅长钧鉴：

奉谕祗悉。查奉令处理敌盐,原为一百九十六吨,除经由本校处理一百零六吨外,其中在北塘泰发鱼店存贮之九十吨一再迁延,不予缴款,后经北塘刘唯尧镇长拟为所办之自卫团筹款,动用盐税各款,即由其径交盐务局。至本校所处理之一百零六吨,价款五千三百万元,既经奉省令,准予留用本校,已遵令早经动用为补充设备之需。前该局函嘱如数拨交该款,而本校又一时难以筹措,不得已,拟请钧厅转呈省方,函致该局以本校经费拮据情形,请予宽假时日,分期缴付,一面再请由省方令知本校,饬分期缴付办法。一俟令到后,再由本校依照令因,径函该局查照,庶免本校有拖欠盐款之嫌。缘此事若非刘唯尧径缴盐价之举,该局或不致旧案重提也。所拟是否有当,统祈钧察此事经过情形,赐予核示祗遵。谨请钧安。

张〇〇 谨启

（据考写于 1947 年 4 月中旬，其中殷祖英致张元第函写于 1947 年 4 月 16 日）

张震东致张元第函

嵩公校座钧鉴：

　　生率学生廿四名于十五晨自长记码头开航，十六日午抵烟，下午离烟，十七日晚安抵青埠，渔管处派车来接，即赴山大二院宿舍，室内早经布置安妥，每人有一床位，生与学生同住一美式铁房内，一切均甚顺利。当晚朱主任来访，学生方面亦有代表前来。本日生去渔管处接洽实习船只问题，闽生兄去济，暂与一白、述武、秉新谈过，约三日内即有船回港，当依次分派上船，近三日内拟去各处参观览，以免空耗时间。惟青市物价高度惊人，学生吃最简单饭食每人每顿需十五万元，暂时又不能在"山大"包饭，因系五天一算，不是五天以五天计，如此三日内渔船返青，恐均不能吃满日限。不如令彼等暂行自理，每日由总款中分发拾万元，不够自行添补。现仲安仍未到镇南，次坚离此才三日耳，不知我师近几日尊体如何，念念。余容另陈。专此敬请台安。

生 震东 谨上
四月十八日

（据考写于1948年4月18日）

张震东致张元第函

崧公校长钧鉴：

前函谅达钧览。截至本日止，学生已上船者计已九人。

Flying Forlieen：董佩瑜、张士懋、杨子英

unRRA 851：王师良、张耀宗、赵文杰

unRRA 852：王文纪、郑嘉谟、马连后

一二日内仍将召船回港，预料在三日内续召六人上船。年前生来时知渔管处有油衣若干件，故由天津起程并未带来，到后始悉所召雨衣已被来青之拖围网船员领去。日前已电校方从速托马希尧先生由商轮带来廿四套。为免去上税手续（因系新衣），请在各衣上贴上人名及学校盖章之布条，并附一证明书，油衣装在麻袋内。此间仲安仍未到，闽生已自济反青，日前在青校友招待全体聚餐，颇为欢洽。现各轮均去烟台外海一带捕鱼，已接近长山八岛，不久当可入渤海。今年对虾特少，价格始终未下降，现廿万元上下（一对），黄花盛产，价二万上下（一斤）。生拟在各生全部上船后亦随船出

海，惟名轮人住太多，已毫无空地，至青方留用办法正讨论中，仍以成绩为转移也。余容再陈。专上敬请教安。

　　　　　　　　　　　　　　　　　　生 震东 谨上
　　　　　　　　　　　　　　　　　　四、廿六

(据考写于1948年4月26日)

贺翊新致张元第函

嵩冠校长吾兄大鉴：

近阅报端，京、沪、渝、蓉、牯岭等地时有火灾发生，延烧所及损失綦重，揆其来源，当系宵小分子别具阴谋，另有作用者之无耻表现。盖自近半年来，"奸党"于军事政治失利之后，乃不惜用各种鄙卑手段破坏社会秩序，扰乱国家治安，以图报复，藉洩私愤，极尽人间下流之能事。兹为防患未然，力求安全起见，凡我各院校馆俱应随时小心，严加防范，以期确保无虞。专此函达，即颂教祺。

贺翊新 启
四月二十二日

（据考写于 1947 年 4 月 22 日）

斯颂声致张元第函

松冠校长先生赐鉴：

　　善后救济总署渔业善后物资管理处最近因拟扩大训练计划，大量训练渔业技术人员，以应需要。惟以课程及教材各项均乏完善资料足资参考，用特函上，祈将贵校各种课程表及主要课程大纲统赐检寄一份，俾供参考，则公私均感矣。专此奉恳，并请教安。

弟 斯颂声 谨上
四月二十六日

（据考写于 1947 年 4 月 26 日）

福建省渔业管理局黄文澧校长致函张元第要求推荐二位老师

松冠主任我兄：

屡劳清神，铭感无已。刻下平津虽在多事，想近况必获安好耳。兹又启者，兼校专科技术教员曾请延揽南来者外，今渔捞及制造方面仍各悬缺一席，虽经多方约聘，均告落空。为此仍请就近鼎力代为罗致各一人，约定于八月间到校讲学，至薪津除照法定支给外，尚可以技术人员签请提高一、二级任用，并津贴其旅费。专此恳托，并希见复，俾便送聘为荷。谨颂勋安。

弟 黄文澧 启
五月一日

（据考写于 1947 年 5 月 1 日）

冶坚致张元第函

校长钧鉴：

任主任率各位同学来沪，敬悉政躬康复，殊感快慰。生处现值叙资，恳请赐给水专十六年毕业证，子毅亦需一份，送农林部时，生等自为□填从事（高职证件在手旁），可否之处，尚祈示复。本月底即需竣事，以便亲赴南京，请部同学协助。同学来沪参观，宿中华水产公司，冯立民先生甚帮忙，并借卡车一辆应用，来处时值同学均滞沪，大家欢宴共趣，殊兴奋，际兹离乱，我水专独得迈进不休，甚可为前途祝贺。昨日一部已登轮，即将返津，余剩因觅票须另轮回归，即此敬请公绥。

郑主任以及各位均致，不另。

生 冶坚 鞠躬

5.15

来示请寄沪愚园路宏业花园 65 号永益盛

（据考写于 1947 年 5 月 15 日）

张授卿(张渲)致张元第函

嵩冠吾兄校长：

前接保定师范专科学校韩主任来函，谓保定省立院校教员同人，因部章规定之学术研究费（曾经部审定之正副教授讲师等），省府迄未发放，拟联合此间省立三院校同人公呈省府请愿，嘱为转致此间同人等语。贵校同人如果赞同，请速推定代表一二人，早日见示，以便转达也。耑此顺颂教祺。

弟 张渲 启

（据考写于1947年6月7日前不久）

张元第致张授卿(张渲)信函

绶卿主任仁兄有道：

　　顷奉大札，拟联络同仁，请发学术研究费，自所赞同，惟以敝校教授等部审资格正在办理中，推派代表似有未便，即祈承兄斟酌进行，敝校同仁均所乐从也。专复，敬祈道绥。

弟 张〇〇 启
六、七

（据考写于1947年6月7日）

张元第复教育厅谢书田函

真味科长仁兄道鉴：

敬复者，顷奉手示，敬悉一切。承询前呈报将黑油五十八桶运至塘沽本校之发文日期、字号一节，当即查明系三十五年六月四日发出，筹字第136号，相应函复，即祈查照，并希时赐箴言，以匡不逮为荷。专此敬颂公绥。

愚弟 张元第 谨启
六月廿二日

（写于 1946 年 6 月 22 日）

河北省教育厅殷祖英致张元第函

元第吾兄惠鉴：

此次临参会第三次大会有质询本省渔业物资接收及利用情形者，弟当时答复："容转函张校长报告后以书面答复。"查本厅案卷不齐，且利用情形亦不及学校清晰，又前奉部令，抄发联总供应渔业物资、渔轮，及其配拨部分无偿利用办法纲要，及水产机关学校临时使用行总渔轮从事调查实习研究办法一案，前经由厅令校遵照办理，办理情形如何，统祈详细函复，以凭核转为荷。耑此即颂近绥。

弟 殷祖英 拜启
七月十五日

（据考写于1947年7月15日）

张元第致张宝树函

剑东仁弟台鉴：

别后甚念。本校前奉教部中字第 48032 号代电，配拨本校渔轮一艘，命派员径往渔管处洽办接管。以未能明了所配拨船只是否完好，及设备情形如何，诚恐派员前往，耗资费时，徒劳往返，因此先行函知校友刘景汉探询究竟。兹接回函，谓关于配拨本校渔轮，已代询黄组长鸿年，可能系 Matinalich（巾着网及拖网两用船）及 Kachikan（运输船）二艘之一。则二艘中 Matinalich 轮较优而适用，敬祈请向朱部长及左部长及有关分配人员极力争取 Matinalich 轮，务希鼎力协助，并请将办理情形早为见复，再定行止为祷。专此顺祝公祺。

兄 张○○ 拜启
九月十七日

（据考写于 1947 年 9 月 17 日）

张元第致鸿年函

鸿年仁兄台鉴:

久□雅望,弥加葵倾。敬恳者,农教两部顷配拨本校渔轮一艘,据查以 Mantinalich 轮最合本校渔捞之用,顷已烦本校校友张宝树君向有关方面联络,至希我兄从中关说,鼎力协助,俾使得如所请而资利用为感。所有分神之处,统容面谢,不备。祇颂台祺。

弟 张○○ 拜启
九、二五

(据考写于 1947 年 9 月 25 日)

张元第致上海渔管处赵君迈处长函

君迈处长仁兄勋鉴：

久违榘范，时切葵倾。敬维勋猷应著，随时日以俱弥；鼎祉增祥，视声华而并进。引瞻裔采，曷罄颂私。兹有恳者，农、教两部顷配拨本校渔轮一艘，命派员赴沪接领。按配轮中以 Mantinalich 轮为适合本校渔捞之用，曾托由本校校友张宝树君向有关方面接洽，拟请我兄鼎力协助，从中斡旋，俾如所请，以资利用，务请玉成，至为感荷。谨恳。祗颂勋祺。

弟 张〇〇 拜启
九、二五

（据考写于 1947 年 9 月 25 日）

张元第致青岛渔管处王闽生处长函

闽生仁弟勋鉴：

敬恳者，农教两部配拨本校渔轮一艘，因查配轮中以Manti-nalich轮作渔捞之用最为适宜，故曾分别呈请上峰及烦校友张宝树、刘景汉尊协力争取此轮。兹闻此轮观泊青岛，究竟机件若何，及渔具是否齐全能用，拟请公余分神查看，以作修理之准备。倘能趁此轮正在作业期间内由贵处尽力予以修补，使达完善之地步，俾接收后即能利用，尤为幸甚。即烦鼎力，并候回音，统容面谢，不备。祗颂勋安。

兄 张○○ 拜启
十月一日

（据考写于1947年10月1日）

张元第致张宝树函

剑东仁弟勋鉴：

此次农教两部配拨本校渔轮，谢承鼎力，无论师生同声感戴。惟顷据工读学校辛主任谈及配轮须与工读学校平分产权，亦谓奉有部令，殊为骇异。本校自卅五年冬季即着手交涉，兄曾赴南京、上海两次，呈文、代电不下十余次，且经在校同学卜□各处呼吁，始获配轮一艘，以视山大初创之校获得两艘者已觉汗颜，倘再分给工校半只产权，以弟我之关系固无论矣，但将来两校使用及实习，均实感诸多不便，且更无以应付在校同学及同仁。事关至巨，不得不详加致意。兹为工校筹思办法数则，幸祈我弟量纳。

1. 本校接收之日船以残缺故，曾呈请省府拍卖，现泊大沽，可尽量借与工校使用。

2. 河北三号渔轮虽机械较不完整，但稍加修理即能应用，可无代价借与工校使用。

3. 以后工校学生实习，可在本校渔轮。

4.工校亦可向善委会请求争取。

以上所拟办法如工校为临时计,可采纳前三项,为基础计,分以进行第四项为宜,至于一轮而共使,非一系统属之两校享有产权,即或今日因感情关系毫无争执,而他年人事变更,难保不意见参商也,恳明达。如我弟书能意会收之,余容再谈。祗颂勋安。

兄 张〇〇 拜启
十月五日

(据考写于 1947 年 10 月 5 日)

张元第笺函南京张宝树

剑东仁弟大鉴：

昨上芜函，谅邀青及。顷接渔管处及赵君迈处长函谓，配拨本校渔轮轮名仍未指明，尚待交涉。又闻乍浦水专业校亦获得配拨渔轮一艘，由渔管处在广东海面行使（驶）中触礁沉没，现亦正在向教、农两部争取此轮。故本校是否能如愿获得配拨 Mantinalich 渔轮尚属疑问，除继续向教、农两省呈请争取外，仍请我弟竭力为学校交涉，盼竟全功，不胜盼祷。兹照抄附渔管处公函，用备参考。专此顺颂台祺。

兄 张〇〇 拜启
十月七日

（据考写于 1947 年 10 月 7 日）

张元第致青岛渔管处王闿生处长函

闿生处长仁弟勋鉴：

　　前函烦调查 Mantinalich 渔轮装备情形，谅邀洞及。顷据渔管处赵君迈处长函称，配拨本校渔轮名称至今仍未指明，又闻乍浦水专业校亦获得配轮一只，而该轮由渔管处在广东海面行使时触礁沉没，现亦正在向教、农两部争取此轮。究竟此轮现状如何，是否已经确定配拨何校，仍请公余分神探询清楚，详细示知为感。又，冀鲁区渔业改进委员会在青专家应聘何人，亦□□□，伫候遵电。顺颂
刻祉。

兄 张○○ 拜启
十月七日

（据考写于 1947 年 10 月 7 日）

张元第致上海渔管处赵君迈处长函

君迈处长仁兄大鉴：

本月四日华章奉悉。适奉教育部西微代电，以请领渔轮仍须向贵处洽领，似轮名贵处已获底蕴，或径可由贵处酌量处理。前者奉烦索取之渔轮既已拨归他校，不知拨给本校者船名为何？及其装备情形如何？仍请公余费神示知，以便派员前往洽领。不胜感盼。专此顺颂勋祺。

弟 张〇〇 拜启
十月九日

（据考写于 1947 年 10 月 9 日）

张元第致黄鸿年刘仲安函

鸿年、仲安仁兄勋鉴：

敬恳者，本校前此所请领之渔轮，因争取较晚，闻已拨归他校。部电说请领渔轮仍须径向渔管处洽办，是配拨问题渔管处可斟酌处理，或已得有指定。现渔轮尚有几只，以后者装备较为完善，仍请我兄就近问明，鼎力协助。兹祈惠复，至为感佩。此恳，即颂勋绥。

弟 张〇〇 拜恳
十月九日

（据考写于 1947 年 10 月 9 日）

赵君迈致张元第函

元第校长仁兄勋鉴：

十月九日华缄谨悉。承再询配拨渔轮一节，自宜遵办，惟本处除教育部发文中字第四八〇三一号代电通知外，农林部迄未行文来此，一俟农教两部行文同意，并经善后事业委员会保管委员会核准，即当照办。本处待拨训练渔轮二艘，一为 MARTINOLICH，一为 6620，惟第一艘已有其他学校申请，但目前并未确定，第二艘为澳洲船，使用经济，颇合训练之用。知注特复。祗颂教安。

弟 赵君迈 顿首
十月十四日

（据考写于 1947 年 10 月 14 日）

张宝树致张元第函

校长赐鉴：

　　由京转来手示，敬悉一切。

　　一、生于十三日由京来沪，代表河北区会参加联合会成立大会，十五、六两日开会，若干重大向题故已作决定，并选举驻会常务委员，生为最多数之票当选，渔救物资预计两周内即可提领。

　　二、公读学校于一、二年前曾多次呈请教农各部拨发渔轮实习，并奉批示准予照拨，不料山大赵校长来京坐索两艘（时生未在京），主管人想出变通办法，天津仅拨一艘，归两校合用。生抵京后始知此事经过，曾多次向主管人员郑重表示，二校必须专用一艘，合用办法极不妥当，既允拨工校渔轮，何以中途变更，虽然已无渔轮再分，但生对农教两部之失信与不负责之措置，返京后仍将继续反对。事实经过如此，敬请鉴查为祷。

　　三、为处理联合会事务，生在沪尚有一周之停留，廿五日左右返京，通信时请注意。又有何指示或交办事项，请随时见示。

四、兹嘱工校辛代校长培生兄持函晋谒,说明实际经过,今后并请遇事多多指导协助为感。敬颂大安。

各位先生均此,不另。

生 张宝树 拜上

十、十七

(据考写于1947年10月17日)

张元第致景汉函

景汉仁弟如手：

　　顷接赵处长君迈函谓，待拨渔轮二艘中第一艘已有他校申请，第二艘为6620，系澳洲船，使用经济明合训练之用。究竟该船设备如何，有无残缺，是否尚待修整即堪应用之处，仍烦公余就便问明示复，俾作洽领之准备为荷。专此即祝勋安。

兄 张〇〇 拜恳
十月十八日

（据考写于1947年10月18日）

河北省教育厅谢学田给张元第函及张元第复函

元第校长吾兄勋鉴：

兹启者，前省府李委员锡九今在津组织有平安渔业公司，拟租贵校渔轮，嘱弟转询吾兄，现在出租之渔轮租期是否已满，目前有无可以出租之渔轮，租价约吾干，有何手续，尚祈承兄分别示知，以便转达。耑此顺颂近祺。

弟 谢学田 拜启
十月廿二日

真味科长：

河北一、二号于本年四月正租与烟台裕民渔业公司，尚未满期（本应将合同早呈省府备案，以该公司经理人返烟觅保，迟未送交本校，故此迟延），河北三号船舷较小，停泊青岛，内部机器须待修理，如平安公司欲租，□极端欢迎。又据弟调查，尚有可以应用之渔轮，□复略陈如左：

船名	吨数	马力	停泊地点	船东
恒奥利	五十余吨	八十马力	山东长山岛	青岛中华栈林阎氏
安海一、二号	九十余吨	一百六十	青岛小港	天津三友公司陕西路160号孙询君
安海三、五号	八十余吨	一百三十五	同右	同右

(据考写于1947年10月22日)

李祖超为推销著作事致张元第等函

元第、紫宸两兄同鉴：

敬启者，鱼雁久疏，时劳梦念，弟近日为著作事以致疏候起居，至以为歉，比惟动定咸宜为颂。拙著《V.D.式拖网渔业》一书业经脱稿，全书都拾万言，另有图说，因财力有限，目下出版成本人工高昂，故拟取预约方式似较妥善。素知兄等热心，且是项书籍近切需要，拟请兄等惠予协助，广为招徕华北及东北各学校，以及有关渔业机关、公司、鱼会等，尚乞兄等代为就近鼓吹是幸，并祈以预约金额见告（每册约国币拾万元），一俟集有成数，再行付梓。谨布区区，伫候明教，专颂时祺。

弟 李祖超 启

如蒙赐复，请寄上海市泰兴路四八一弄四四号

（据考写于 1947 年 10 月）

按：李祖超，水产学家。所著《V.D.式拖网渔业》，1947 年由台湾书店出版。

李祖超致张元第函

元第吾兄台鉴：

前上一函谅已收到，拙著业已付，大约二个月即可出版，每册暂定国币拾万元，兹附上目录二份，请鼎力鼓吹，广为推销是幸。如蒙赐予预约若册，不胜感谢之至，并希将册数示及是幸。各有关方面尚乞鼎力登高一呼是幸。草草。并颂大安。

扶青兄等均此。

弟 李祖超 启

（据考写于1947年10月）

张元第复李祖超函

祖超仁兄惠鉴：

两奉台翰，深胜企念，承示大著《V.D.式拖网渔业》一书，行见刊行，洛阳纸贵，应即暂照预约十册，俟当订购，至水产机构方面，便为鼓吹，用副雅嘱。耑复并颂撰安。

弟 张○○ 拜启

（写于1947年10月24日。李祖超地址：上海市泰兴路四八一弄四四号）

张元第致真味科长函

真味科长仁兄勋鉴:

接奉惠函敬悉。敝校修缮费核定拨发五千万元一节,至荷大力斡旋,爱护敝校之盛意。惟是自复校以来,经费奇绌,一切设施均感有捉襟见肘之势,自不得不勉力支撑,以副关照。至关于部发本省专科以上学校之补助费一案,敝校已奉发一亿元,规定以百分之五十为设备费,百分之廿五为教授之研究费,百分之廿五为补助办公费,而敝校以迁校之修缮及新购制罐机器等费已大部挪用,至于仪器、图书等设备,犹感困难,请将上项之修缮费至经准后,即希迅赐拨发,尤为纫感。耑复并颂勋绥。

弟 张元第 拜启

(据考写于 1947 年 10 月 29 日)

赵君迈致张元第函

元弟校长仁兄勋鉴：

十月二十二日华翰敬悉。关于贵校已呈农、教两部申请拨用渔雄号一节，俟农、教两部指拨，经善后事业委员会保管委员会核定行文到处，自当照办。知关锦注，特此奉复，祇颂勋祺。

弟 赵君迈 拜启

十一月一日

（据考写于 1947 年 11 月 1 日）

张元第致河北省教育厅谢科长（真味）函

真味科长仁兄勋鉴：

十月二五日大函奉悉。本校渔轮中河北一、二号于本年四月间正租与烟台祐民渔业公司，尚未满期，所以迄未呈报省府备案者，系因该公司经理带合同返烟觅保，即在该处领海作业，合同未经寄到，近来烟台国军撤守，该经理特随轮来津，致较迟延。现尚有河北三号渔轮停泊青岛，该船船体较小，内部机器须待修理，如平安公司愿租，极表欢迎，即来敝校商洽可也。此外据弟调查，尚有可以租用之渔轮数只，试略陈如左：

船名	吨数	马力	停泊地点	船主
1. 恒奥利	五十余吨	八十马力	山东长山岛	青岛中华栈 林阎氏
2. 安海一、二号	九十余吨	一百六十马力	青岛小港	天津三友公司 陕西路十六160号 孙询君
3. 安海三、五号	八十余吨	一百卅五马力	同右	同右

以上各轮均缺少渔网渔具,如平安公司愿租,弟亦可介绍,以副雅托。耑此敬复。祗颂勋绥。

弟 张〇〇 拜复
十一月一日

（写于 1947 年 11 月 1 日）

张元第致张宝树函

剑东仁弟惠鉴：

十月十七日大函敬悉。刻闻待拨渔轮中有渔雄号装备较好，本校已向农教两部呈请，并请我弟回京时就近代为交涉，捷足先登为佳。工读学校亦可力争渔轮一艘，务请坚决反对两校合用，以利业生实习。鄢云让弟顷由京来津，现在赋闲，请我弟向河北区渔委会推荐为技术员，职务较为适宜。又河北区渔委会秘书一席尚在虚悬，暂由建设厅魏科长兼代，可否推荐于介中先生专任，俾求进展。前书各项问题恐仍搁置，请斟酌行之。关于河北区渔业处理物资事，原包括天津市在内，讵王平贵拟争求天津市为一单位，并有天津市政府支援，兹闻渠去京沪两地有所活动，定与河北区渔委会前途有关，亦祈公余注意及之，随时函示为盼。专此藉颂勋安。

兄 张〇〇 拜启
十一月二日

(据考写于1947年11月2日)

张元第致张宝树函

剑东仁弟勋鉴：

　　我校于卅六年七月迁回原校舍时，因校内原有工厂机器系战车二厂由日寇手内所接收者，未奉上峰命令，不便拨还，而我校又均属需要，为一时权宜之计，缘由我校出具借字一纸，应用至今。兹该工厂奉命行将南迁，曾来校商讨此项机器问题。佥以为倘经支付，则该工厂既属无用，运输亦感困难。我校当此经费支绌，购置维艰之际，课业势将大受影响。为此除已分电国防部南京陆军装甲兵总司令部、教育部等处转饬驻津装甲兵战车工厂将此项机器正式接拨还，并将借字作废外，仍请我弟就近向上项有关机关代为交涉，务予拨还，以维学业为感。专此祗颂勋安。

兄 张○○ 拜启
十一月四日

（据考写于1947年11月4日）

张元第刘峄南往来函

峄南仁兄学长鉴：

奉书敬悉。贤劳清吉为颂。承惠寄国币五万元，业经照收作为会费矣。知关注念，用以奉闻，函复较迟，尚希原谅为荷。并颂台绥。

弟 张〇〇 拜启

十一、十

嵩冠校长兄鉴：

十日前弟去函一件，内装国币五万元作为校友会会费，不知可曾收见否？迄今未见面，至殊属闷，甚祈见草见核为荷。弟在农田局负总务科职务，事务实属麻烦，一时不能返津造访拜谒，未免欠周，料在多年老友概能见谅。倘我兄不弃，有用弟处，祈勿客气，尽量指示分派，弟决惟命是听。余不多赘。专此即颂教祺。并询诸位同学吉羊，不另。

弟 峰南 启
十一月九日

(据考,刘峰南致张元第函写于 1947 年 11 月 9 日,张元弟致刘峰南函写于 1947 年 11 月 10 日,时刘峰南在小站农田管理局总务科)

刘景汉致张元第函

校长钧鉴：

手谕谨悉。关于分配渔轮事，今晨询问费组长鸿年，据云可能系 Mantinalich，造于一九三八年，木壳，机器系 Eutespubc，马力二五四匹，净吨七十三吨，长七十二尺六寸，宽二十尺六寸，吃水九尺七寸，系巾着网及拖网两用船。现在青岛作拖网用，巾着网则未试过。船长为我同学尚步云。及 Ketchiken 一九三七年造，木壳，机器系 atlao，马力 200 匹，净吨六十五吨，长六十九尺六寸，宽二十尺，吃水九尺五寸，现沉于海南岛，正打捞中，此船系运输船。关于此二船系分配我校及国立水产学校者（校长系戴行悌，乃国大代表），当然第一艘较为合适，但此事总取决善保会，我校应向教育部及善保会去公事。上次山大之二艘即系直接由教育部及农林部向善保会指定者，故谁快谁先抢，此事除我校以公事外，再烦张宝树同学向朱部长力争。其余六条船则系澳洲船，无甚用项网具，连否则不一定，但船指定后再交涉网俱，此事于上次张宝树同学来沪开会时对母校事曾略谈及。如船得到后,生虽在此处作事,薪金较优,但为母校计,决即回母校作事,有张宝树及杨扶青、王闽生同学在座,决不食言。同时希望母校人事加强,诸师长共同努力,致毕业之新同学力谋出路。如津市南大之生物教员不妨请其教授一二小时以充门面,否则南邻之山大、上海之吴淞、浙江之国立水产诸校,皆我等之劲敌。迩来,闽生又调台湾,扶志调青岛之讯,生是学期上海市立吴淞有意每星期教授渔具四小时,但生之身体恐吃不消。于此期内亦深愿以教书所得,请人将此处英文渔俱课本再加以补充,帮忙翻一完本,以供献水校。但同时此处又有着生试调冀鲁之讯,但生所虑者即身体耳。尤其现在冯立民与杨月安不合,李同卿取其于己有利者而左右其事,故此间人事之摩擦甚据,对于闽生及扶志亦暗含攻击,因彼等系河北派也,最孤者为扶志,因彼等认为扶志为彼等之劲敌也,如常此以往,生不被搅入旋涡中恐不可能。山大朱树屏先生闻调上海研究院,遗缺以此处被裁之沈汉祥君替之,中央水产研究所、山东大学及此处究训所皆以合理想之船长未有,而曾征生之同意,但生皆以身体关系而未之恋,当然以母校为第一也。兹附上费组长谈话时之便条一纸,乞善保存之,以为以后之根据也。专此务请近安。

生 刘景汉 谨启
十五日

(据考写于 1947 年 11 月 15 日)

按:刘景汉,华胜网厂厂长,曾教授渔具学。

刘景汉致张元第函

校长钧鉴:

前拍一电,谅已达尊览。关于分配渔轮与各机械事,生初次与黄鸿年组长谈问时,当即快函报告。嗣王明康副处长由青岛"山大"讲学归来,又谈及该问题,及山大要船之经过,系朱树屏主任向朱教育部长及谢农林部次长将船名谈妥后,即致函委会。及候潮海先生闻知,则已无法挽及。故我校亦应采取同样步骤,故拍电致津请设法早办理。此事生忆记曾于春季报告校长,该船因现在青岛作业,故可由校方致函王闽生兄,将机舱另件尽力补充与修理,则至我校接收时便宜多多。关于渔具才面,生现接到命令,系为准备半年者,但文字含糊,生曾拟呈请单,现因网厂西人假满,由挪威回归,故生拟再作一详尽之清单,日内当即可寄与校方。此地同学柏行骞、孟广道及迟景鸿三人拟回津入校复读,因现此处训练班之航海实习船将拟赴津,故该生等拟乘该船赴津。但因手续问题,该船能否赴京,则尚未决定,但该生等最迟于十月中旬即可到校也。此事务请校长予以允准,因该生等对于将来我校接收渔船,需要船员时诸多便利也。此处渔捞组又将变动,网厂则有改变隶属,□此后职务或更加繁忙,尤其对于分配各处渔轮事,生于此机或更多得一步之认职。但生之身体时感不适,致吴淞授课事则拟推却。高雄杨扶青先生处因与西人意见相左,陈百里同学因而被撤职,费组长正设法为彼等维持中,拟调王敦序同学襄助。一切执志拟着生赴该处,费组长则又不允其行,此事则甚使生为难也。专此敬请近安。

生 刘景汉 草

廿六日晚

（据考写于1947年11月26日）

王敦序致张元第函及张元第批示

崧公校长钧鉴：

敬启者，前者沪上一睹芝颜，瞬将经年，职务关系时常出渔，以致疏于问候，实深歉仄。近维起居康泰是颂。前此，扶老过沪闽，生因公到申，经被二位之督促，京浙两地同学齐集沪上，校友会得以成之，皆扶老之功也。同学张子哲由京来沪参加，顺便告知在沪同学应趁时办理水产技师登记，关系前途至要。所惜生之证书于战时遗失，办理登记需要证件，毕业证书为最要证件之一，故特恳请设法补发证件，以便登记。肃此请恳，并请诲安。

生 王敦序 敬上

寄件时可由刘景汉同学转。

批示：新规定函复向教部申请补发。

十一、廿九

（写于1947年11月27日，批示于11月29日）

北塘泰发鱼店杨郁堂关于盐斤致张元第函

事由 呈为再呈催请速处理接收伪华北水产统制协会粗料鱼盐以免悬虚而保公物由

呈为再呈催请速处理接收伪华北水产统制协会粗料鱼盐,以免悬虚而保公物事。窃民店货厂在沦陷时强被该协会租妥,此项贵接收鱼盐除该需外,约计有九十吨之概量。此是听闻数目,并无负责移交过称准量。兹由贵校长于三十四年十月接收查封后,迄今两年之久,亦不来员看守。民店货厂在光复后,护路军及其他部分贴住二次,屡经倒替换防,有无吃用,民亦不得而知。况风日消耗,亦许有之。而北塘附近宁车沽、津溪河屡有不良之事叠出,亦不如塘沽太平。或将此项鱼盐雇大车拉运塘沽并存,或请配给军队,或请配给渔民,仍作腌鱼之需。照税价减低,奉纳官民,两有公宜而免日久雨水浇渗,而防大有损失。以上所请是否有当,催请上峰速为定夺处理而免悬虚。是为公便。

  谨呈华北水产张校长

          民 北塘泰发鱼店杨郁堂 呈

             （据考写于 1947 年）

刘景汉致张元第校长函

校长钧鉴：

前接两函谨悉。一是生自两月前即时患头痛，致工作不敢十分用力，致未能即复，现经此处及市立医院检院嘱配眼镜一付，以便夜间工作时配戴。关于渔轮事，上星期晤及朱树屏主任，据云，已由保管委员会拨得美式渔轮两艘，一个 Belland Pride 既仍在台湾，系巾着网及拖网两用船，一个 North Coat 系流网及拖网两用船，既正在海上作业，故何日能到手，及到手后是否网俱齐备，仍是问题。朱君嘱自分配单内为河北挑选一艘，彼当尽力帮忙，向教育及农林二部去说（分配之渔轮名单，上次生回津时，已交振东兄留底）。不过，好轮皆已由别人挑去，所剩者为小马力之美式渔轮及澳式渔轮，未知学校对于是项渔轮之运用目的为何？故必待校长亲自决定。网厂需用同学，因此处正值裁人，故对于技术员名额恐不能办理，生则另签呈技工名义，则尚未批下，有何结果再为函达。专此敬请近安。

　　附制造科前来□考□照□张

生 刘景汉 谨启
十三日

（录自信档17、48。据考写于1947年某月13日）

国防部关于腾迁校舍问题复张元第函

1947 年

事由 为电复装甲兵教导总队占用贵校校舍令饬迁让情形由

天津河北省立水产专科学校张校长鉴：

未世筹水舍字第 224 号代电诵悉。当经转饬该总队迅予迁址去后，兹据先后电复略称：该厂因占地甚广，天津市府恐一时难觅相当地址，经农林部冀鲁区海洋渔业督导处会同派员亲赴天津市商定，饬由警察局代觅校舍。至接受机器家具等项，均系关于修制车辆零件及工厂所需者，学校仪器既未接收亦无案卷可查，无法拨还。等情。除复悉外，复希查照为荷。

国防部
（卅六）余悚枢（五）丑支印

（写于 1947 年）

张元第致教育部朱家骅部长函

事由：电请转函分配本校渔轮等渔业物资由。

南京教育部朱部长钧鉴：

近闻行总渔业物资正在商订分配办法，本校历经变乱，一切设备已荡然无存，曾经有渔轮均系日本旧型，且残破不堪，现在学生需要实习，至为迫切，学校一无设备，殊无以符学子求学之志。务请钧部转函农林部及行总渔业物资管理处，分配本校新式渔轮两艘，罐头厂设备，冷藏设备各一单位，以资实习而利教育。不胜迫切企祷之至。

河北省立水产学校校长张元第 酉印

（据考写于1947年）

张元第致王汝南函

　　查寰海渔业公司联营处拟借渔网附属器具等项,另单开列,一俟该联营处派员持具正式借据到场,即行查明照借可也。
　　此致王助教汝南
　　附寰海冀鲁公司联营处借用渔网具种类数量单一纸
校长 张○○

(据考写于 1947 至 1948 年间)

大夏大学欧元怀给张元第信函

元第先生大鉴：

敬启者，怀参加专科以上学校教员团体立委竞选，渥承允予赞助，至感盛意！兹以选期即在本月廿一、二、三，三日，特检奉传单数份，即请察收，代为张贴于教员休息室及投票所等处，以利竞选。诸渎清神，不胜感纫！祗颂教绥。

欧元怀
元月十日

（据考写于1948年1月10日）

张元第致学哲科长函

学哲仁弟科长鉴：

　　转函接悉。关于收二日价款一千三百五十万元分配一节，以贾东率诸生赴青实习，除经由本校照准，开各项分别拨付照汇外，下余二百十七万五千元本应缴还，既承嘱惠付校友会捐款，未便违拂盛意，当代转交校友会照收，收据（随函附达）并列，要目如次，统希亮察为荷。手颂勋祺。

　　一、四百万元照拨作上年之旅费。

　　二、代寄滦县党部张荫国先生二百万元，唐山市府教育科田洞沈先生二百万元，□□开滦矿务局舒予舍先生三百万元，共计七百万元，均分别交汇。

　　三、除汇费□费外，下余二百十七万五千元交校友会（附发一纸）

兄○○ 启
三、十四

（据考写于1948年3月14日）

张元第致河北田粮处天津储运处函

径启者,关于本校寄宿生三月份配售面粉通知书,相应派由本校职员陈伯淤前往贵处洽领。即希查照为荷。

此致河北田粮处天津储运处

河北省立水产专科学校 校长 启
1948 年 4 月 16 日

(写于 1948 年 4 月 16 日)

贺翊新致张元第函

元第吾兄惠鉴：

　　四月十五日大函及附存盐户函二件均敬悉。本案已签请主席准予就地拍卖，所得价款除纳税外，拟提四分之一补助贵校，俟核准后即可派员赴津洽商办理。专此拜复，即颂勋绥。

　　　　　　　　　　　　　　　　　　　弟 贺翊新 敬复
　　　　　　　　　　　　　　　　　　　四月廿四日

（据考写于 1948 年 4 月 24 日）

李星颉致函张元第关于
补办毕业证书事

崧翁校长吾师钧鉴：

远别钧颜，瞬将半载，比维勋猷懋展，道履凝釐，为无量颂。生株守浙省已满十年，事业初基甫告粗定，原不愿再行跳跃，乃近以刘司长之征召，张子哲及张志洁二学兄之催促，不得已于本月二日来部承乏渔业司第一科科长，自惭材轻器隘，难以胜任，尚请吾师随时训诲，藉匡不逮。兹因办理送审手续，正在准备资历证明文件，惟生之毕业证书于抗战前存置故乡，迭遭敌匪搜查，业已毁灭。谨拟就证明稿一纸，附呈像片一张，敬乞俯准补发证明书，加盖母校关防寄下。又生前在浙省送审时，因证件不齐，叙级稍低，兹当转任改叙机会，拟恳师座推恩，破格发给相当于荐任之专科讲师证明书一纸，任期自廿一年七月至廿六年六月，薪修自二百廿元至三百廿元，敢冒昧拟就证明稿一件，随函寄奉，敬祈钧诺，迅赐裁示，沐恩之处，容当后报。肃此肃请崇安。

母校诸师友均请叱名问候

　　　　　　　　　　　受业 李星颉 顿首
　　　　　　　　　　　　卅七年五月七日

附呈证明稿二件、像片一张

批示：1. 函复专科毕业证书须呈部核发。
　　　2. 讲师证件由校办理。

　　　　　　　　　　　　　（写于1948年5月7日）

　　按：李星颉(1909—1991)，著名海洋渔业科学家，浙江水产学院主要创建人。1909年5月出生于天津静海县。1932年毕业于河北省立水产专科学校。先后担任河北省立水产专科学校渔捞科主任、教务主任，上海水产学院海洋渔业系副主任，浙江水产学院教务处长、副院长、顾问，《浙江水产学院学报》主编等。长期从事海洋渔业资源的教学和科研工作，是我国提出保护海洋资源的第一人。曾任全国人大代表、中国水产学会顾问。

欧元怀致张元第感谢函

元第先生道席：

　　敬启者，此次立委选举，怀以菲才，幸复膺选，实荷先生暨贵校诸同仁赞助支持之赐。云情隆谊，感纫无既，尚祈时惠教言，匡其不逮，曷胜企幸。专此布谢，顺颂教绥。

　　贵校诸同仁并希代为致意。

欧元怀 谨启
五月八日

（据考写于1948年5月8日）

　　按：国民党当局第一届立法委员于1948年1月21日至23日选出，应选773席，实选759席。未选出者包括新疆省缺1人，西藏地方缺2人，侨居国外国民缺11人。

张元第致李星颉函

毅之老弟台鉴：

辱获手书，□同面睹，并谂荣膺科长，以手加额，不惟本校之私庆，实为我水产界之庆得人也，至□□。承嘱毕业证明一节，以前迭奉部令，关于补发专科以上证明必须呈部核发，即或由校给予，而于铨叙亦不生效。当经依据事实，请部核发。至服务证明，一俟部复到校一并寄达。兄上年冬自申北旋，因心神劳瘁，几一病不起，虽经调治已愈，而体气不似从前，幸公私各事一切如常，堪以告注。耑此希复，并颂勋绥。

兄〇〇启
五、十

（据考写于1948年5月10日）

张元第致河北省田粮处天津储运处函

　　查报□贵处津储配字第 5907 号公告,关于配售五月份寄宿生面粉一案,查本校四月份寄宿生共计一五九名,五月份退学五名,尚余一五四名,相应递送名册三份,即请查照办理为荷。

此致河北省田粮处天津储运处

附寄宿生名册三份

校长 张元第

批示:另拟叙明有退学生五名。 五、十七

(据考写于 1948 年 5 月 17 日)

张元第致凌坚函

凌坚台弟惠鉴：

接获手书，极承存问，甚甚感。此次诸同学赴沪参观，多荷关顾。尤慰嘱件，以本校前后专科毕业者，补前各况，必须依照部令呈请办理，否则不能生效，且吾弟及子毅弟资历，部中又无备案。自不便由校呈请也，统希亮察。匆复，并颂夏祉。

兄○○启

五、廿

（据考写于1948年5月20日）

张元第以冀鲁区海洋渔业督导处主任名义复河北水专函

农林部冀鲁区海洋渔业督导处公函（冀区 一一三九）

径启者，顷准贵校北字第二九三号公函，为渔制两科学生行将毕业，附送学生名单，□查照量才征用，等由准此。查敝处员额已满，歉难安置，遇机自当广为介绍，俾展所学。谨先函复，即希查照为荷。

此致河北省立水产专科学校

主任 张元第

（写于 1948 年 5 月 22 日）

张元第致黄文澧函

文澧仁兄校长道鉴：

顷奉惠书，极知佳胜，甚慰远念。承嘱为渔制方向物色讲席，自当照办。敝校卅六年班渔制两科学生均将毕业，尚不乏优秀之才，当必负责遴选推介二名，届期到达，至关于所需旅费，即请兄予汇寄，俾利进行。耑此奉复，尚希赐函为荷。并颂道祺。

弟 张○○ 启
五、廿四

（寄至福建省渔业管理局。据考写于1948年5月24日）

王贻观致张元第函

崧翁校长尊鉴：

　　接奉谕书，敬悉道履清佳，惟清恙尚未十分痊愈，闻之深以为念，近日如何？延医诊治如何？均以为念。当恳善为珍摄，万勿过分操劳，是所切盼。生处渔轮此次赴津货鱼，关于一切手续及办公住宿，均承我师予以便利关拂，实深铭感。水校同学来青登轮实习，生未能过分照料，甚感有歉，蒙师奖勉，尤觉愧愧。刻此方各同学均已陆续返津，赴沪同学大约月底即可到达，当命其返津也。本届同学生处约可留用六七人，均系派在船上工作，以尤习惯海上生活者为第一要件。除同学鲍启运、王自敏两人外，其余人员当斟酌此次出海实习及报告选择，顷已函震东兄参商吾师开列决定。生意此次毕业同学为母校战后复校第一批人才，似宜尽量运之于技术方面较为妥当，生意派各同学上船者即在此，而工作须从最低级及艰苦之处作起，俾能体得海上各阶段之实际生活，养成将来海上干部也。惟是方待遇于学习期间仅数百万元（六、七百万）（供宿食），经过练习体得期间再行升补。志亮兄人极温和有礼,品格亦优,微闻不十分习惯海上生活,此间渔轮秋冬之季在船上工作极苦,一般船员多不能克服,以之登轮,恐将受苦,不若陆上技术工作较佳。景汉兄网厂可有二三人之练习位置,是否去该方为宜。生绝无推诿之意,谨以事实及工作实际论之也。如何,请卓裁之。青分处此次围网试验已告成功,外籍及南方人士已不作侧视矣。舍间拟暂来青居住,因亲久离,不克侍奉,此次来青拟尽子职,惟年迈之人登程亦颇不便也。专此敬请道安。

生 王贻观 谨上
五、廿七

(据考写于 1948 年 5 月 27 日)

杜建时致张元第函

（前缺）……赐教至感。此次学潮得未扩大，不独莘莘学子得免旷时废业，地方亦得安宁，曷胜欣幸。此皆出于台端热诚合作及训导有方之赐，感篆之余，特此申谢。专此。顺颂教安。

弟 杜建时拜启
六月四日

（据考写于1948年6月4日）

梁子青致张元第函

敬启者,此次学潮经学校当局及诸师长剀切劝导,得渐就平息。市长对诸先生爱护青年,循循善诱及维护社会秩序之热忱极为感佩。拟订期邀宴,聊申微意。敬请贵校长就劝导最力之教职员中推荐数人,并将名单开示,以便转陈照发请柬。无任感盼。顺请道安。

此致张校长

梁子青 敬启
六月五日

(据考写于1948年6月5日)

按:梁子青(1901—1972),别名绳筠。河北省行唐县人。1946年1月任天津市政府秘书长。1949年1月天津解放时向人民解放军自首。

张元第致葛瑞奇函

　　敬启者,前承台端热心教授,尤感赞助爱护,高谊隆情,至为纫荷。顷悉台旋,不胜依依,谨备湘绣成品,聊表敬意,即希惠纳,并祝程吉。
　　此致葛瑞奇先生

张○○ 拜启

六、四

（据考写于1947年6月4日或1948年6月4日）

杨扶青致张元第等函

崧冠、紫臣、叔洁、益三、振东、翁如诸学长并转诸位老师钧鉴：

久别疏甚念甚歉然□□□多祜，公私顺遂为祝。弟庸碌如常，乏善可陈，□总务在母校后谈讲，承诸兄督责教诲，谆谆不倦，弟身同感戴□。此次毕业校友请以公函分别向弟处暨台北水产公司台湾分处介绍渔捞、制造各三人，发文日期及学生名单抄一单交弟，弟当躬亲分头说项，以期迅速获得职业，内信请分神速转有汉或永前为恳。此请□安。

弟 杨扶青 启
6.14

（据考写于1948年6月14日）

张元第向福建黄文沣校长推荐二名毕业生

文沣仁兄校长惠鉴：

上月间肃□奉嘱，推介敝校本届毕业生二名，备充讲席一节，谅邀台察，兹经缜密遴选，制造科王兴维、渔捞科张森品学尚属优秀，堪以胜任愉快，特以报命，希即聘用。至应需由津至闽旅费，请惠予汇寄，转促遄行。匆此奉达，敬俟赐教，并颂道绥。

弟 张〇〇 启

六、十五

（据考写于1948年6月15日）

按：黄文沣，为水产学家，水产教育家。时任福建水产学校校长，后任山东大学水产系副教授。著有《鱼学略谈》等。

张元第致杨扶青推荐毕业生函

台湾渔管处高雄分处扶青仁兄主任：

　　大函奉悉。至慰。谒恳承示。已于六月卅日分别函致台湾分处陈、高二公及基隆水产公司徐经理并贵处惠予录用。此次推介毕业生，渔捞科杨有汉、王永前、郑嘉谟，制造科周启才、张鹤皋、董佩瑞等六人品学均优，如蒙量才援引，当能胜任愉快。尚希吾兄予以斡旋关照，俾获玉成其事。无任同感，并企赐复为荷。顺颂勋绥。

　　附基隆渔管处及水产公司函请，转致另感。

弟 张○○启
六、廿九

（据考写于1948年6月29日）

按：杨扶青（1891—1978），原名永兴，字辅卿。毕业于直隶甲种水产学校，留学日本入东京水产讲习所，与李大钊、周恩来有交往。

回国后创办新中罐头食品有限公司。1948年,出任他为上海渔业管理处专员,兼任高雄厂务筹备处主任。新中国成立后先后任河北省农林厅副厅长、商业厅副厅长和水产局局长,国家水产部副部长等职。

张元第致天津市统一检查组函

查本校渔捞科二年级学生廿六名,由教授李寅尧率领,赴塘登专轮去青,作舵海驾驶实习,往返在船食宿,须经三星期,所带面粉十三袋、大米三包,纯系自用食粮。相应函请查照放行。至纫公谊。

此致天津市统一检查组

校长 张元第

1948年11月15日

(写于1948年11月15日)

张元第复柏行骞等九人函

上海复兴岛渔管处：

　　来书颂悉。诸同学离校后，本校奉令限期呈报全体学籍名册，业经于上月下旬呈报，准予休学一年在案。事已至此，歉难照办。元以为诸同学既从事水产事业，即唯学所用，努力迈进，成功可期，固不斤斤于毕业与否之过程也。承函特复，即望谅察。并问诸同学安好。

兄○○启
十二、一

（据考写于 1948 年 12 月 1 日）

张元第署名的证明信

兹有本校制造科学生卅一名,由教授冯致安率领赴塘沽旅行参观,带有行李、食粮等物,敬希沿途军警宪卡予以协助放行。

此证

河北省立水产专科学校校长 张元第

(据考写于 1948 年)

后 记

《水产教育家张元第集》作为《水产教育家张元第》的姊妹篇，其编辑出版工作在《水产教育家张元第》出版不久即完成，现在也要与读者见面了。把著名水产教育家张元第尘封散落的史料挖掘出来，编辑整理成书，是年过古稀的张元第子女多年心愿，也是关注张元第的专家学者及弟子的孜孜追求。在成书过程中，我们张元第家属及弟子与文史专家、学者密切合作，探索了一条搜寻史料、编辑成书的新路。

为了编辑《水产教育家张元第》《水产教育家张元第集》，于2014年3月17日成立了由多位专家学者及张元第亲属、弟子组成的编委会(详见书前编委会名单)，并在水产前街第十四中学会议室召开了第一次编委会。会后即开始了紧张有序的工作。在2010年纪念水产教育百年资料搜集的基础上，继续在天津档案馆、天津图书馆对张元第档案资料进行了更深入、全面的搜集。5月27日至29日，张绍祖、张志壮、周利成、王勇则冒着42℃的炎炎酷日在石家庄河北省档案馆查档，此行收获颇丰，给《水产教育家张元第集》奠定了扎实基础。天津图书馆刘桂芳、张文琴二位女士费尽心思，找到了六十余年前张元第参加1950年河北省第一届各界人民代表会议与各级领导的合影及《大公报》《天津日报》刊登的张元第及河北水专资料。在图书馆民国杂志打包封存的情况下,千方百计找出了《水产学报》,解决了编辑中的难题。南开大学历史学院学生利用暑期录入张元第亲笔信函、呈文百余篇,天津档案馆周利成除了提供本馆收藏的张元第档案资料外,还与刘轶男一起帮助校对学生录入的张元第信函、呈文,对出书起到了至关重要作用。王勇则通过网络等手段搜集了许多珍贵、鲜见的张元第档案资料。张建虹整理录入了大量张元第文章、书信、呈文、文献资料。书法家孙肇净对信函、呈文录入中辨认不清的文字进行了识别。于滨扫描了大批有关张元第的书刊资料、照片,编排修整了《水产教育家张元第集》书前的图片。问津书院理事长王振良先生和天津古籍出版社唐舰女士一直关注本书的编辑出版。在此我代表张元第家属及亲朋好友,对关注该书的各方人士及付出的辛劳一并表示衷心感谢和真诚敬意!

  本书收集的著述文稿旨在存真,除了对异体字和标点符号进行适当统一规范外,尽量保留原始行文风格。尤其是有关渔业科技的文章,术语称谓用字与现今通行表述大异其趣,存此原貌亦可略窥科技文章演进之轨迹。

  《水产教育家张元第集》所要搜集的专著、文章、呈文、信函等档案资料多在七八十年前,资料难寻,寻到的资料有的文字难识别。该书肯定存在已有资料遗漏、文字识别有误等问题。希望专家、学者、读者关注张元第史料,继续搜寻并指正本书谬误。

张元第次子张志壮

2015年9月21日

《问津文库》已出书目

(总计 47+2 种)

◎ 天津记忆

沽帆远影　刘景周著	59.00 元
苤苻芳华：洋楼背后的故事　王振良著	49.00 元
津门书肆记　雷梦辰原著/曹式哲整理	49.00 元
故纸温暖：老天津的广告　由国庆著	28.00 元
沽上文谭　章用秀著	38.00 元
百年留踪：解放桥的前世今生　方博著	39.00 元
南市沧桑　林学奇著	79.00 元
津沽漫记：日本人笔下的天津　万鲁建编译	39.00 元
忆弢盦：来新夏先生纪念文集　焦静宜编	92.00 元
与山河同在：天津抗日杀奸团回忆录　阎伯群编	38.00 元
楮墨留芳：天津文化名人档案　周利成著	30.00 元
布衣大师：允文允武的艺术名家阎道生　阎伯群著	30.00 元
口述津沽：民间语境下的堤头与铃铛阁　张建著	28.00 元
大地史书：地质史上的天津　侯福志著	29.00 元

丹青碎影：严智开与天津市立美术馆　齐珏著　　　　28.00元
立宪领袖：孙洪伊其人其事　葛培林著　　　　　　　30.00元
津门开岁：徐天瑞日记解读　王勇则著　　　　　　　58.00元
水产教育家张元第　张绍祖编著　　　　　　　　　　36.00元
八年梦魇：抗战时期天津人的生活　郭文杰著　　　　28.00元
沽文化诠真　尹树鹏著　　　　　　　　　　　　　　48.00元
圈外谈艺录　姜维群著　　　　　　　　　　　　　　38.00元
记忆的碎片：津沽文化研究的杂述与琐思　王振良著　38.00元
水产教育家张元第集　张绍祖编　　　　　　　　　　58.00元

◎ **通俗文学研究集刊**
望云谈屑　张元卿著　　　　　　　　　　　　　　　39.00元
还珠楼主前传　倪斯霆著　　　　　　　　　　　　　38.00元
品报学丛.第一辑　张元卿、顾臻编　　　　　　　　 38.00元
云云编：刘云若研究论丛　张元卿编　　　　　　　　38.00元
品报学丛.第二辑　张元卿、顾臻编　　　　　　　　 32.00元
刘云若评传　张元卿著　　　　　　　　　　　　　　32.00元

◎ **三津谭往**
三津谭往.2013　王振良主编　　　　　　　　　　　 39.00元
三津谭往.2014　万鲁建编　　　　　　　　　　　　 39.00元
三津谭往.2015　孙爱霞编　　　　　　　　　　　　 48.00元

◎ **九河寻真**
九河寻真.2013　王振良主编　　　　　　　　　　　 59.00元

九河寻真.2014　万鲁建编　　　　　　　　　　59.00元
　　九河寻真.2015　万鲁建编　　　　　　　　　　88.00元

◎ 津沽文化研究集刊
　　《雷雨》八十年　耿发起等编　　　　　　　　55.00元
　　陈诵洛年谱　张元卿著　　　　　　　　　　　48.00元
　　碧血英魂：天津市忠烈祠抗日烈士研究　王勇则著　98.00元
　　都市镜像：近代日本文学的天津书写　李炜著　38.00元

◎ 津沽名家诗文丛刊
　　王南村集　王焵原著/宋健整理　　　　　　　68.00元
　　严范孙先生古近体诗存稿　严修原著/杨传庆整理　48.00元
　　星桥诗存　苏之銮原著/曲振明整理　　　　　58.00元
　　退思斋诗文存　陈宝泉原著/郑伟整理　　　　88.00元
　　待起楼诗稿　刘云若原著/张元卿辑注　　　　42.00元

◎ 津沽笔记史料丛刊
　　严修日记(1876—1894)　严修原著/陈鑫整理　138.00元
　　桑梓纪闻　马鸿翱原著/侯福志整理　　　　　42.00元
　　天津县乡土志辑略　郭登浩编　　　　　　　　98.00元

◎ 随艺生活
　　方寸芸香：藏书票里的书故事　李云飞编　　　98.00元
　　问津书韵：第十三届全国读书年会文集　杜鱼编　78.00元